本书是国家社会科学基金一般项目
"全球价值链视角下中非建立深度自由贸易区的动力机制与模式选择"
(19BJY190) 的研究成果

全球价值链视角下中非建立深度自由贸易区的动力机制与模式选择

孙志娜　◎著

中国财经出版传媒集团
经济科学出版社
Economic Science Press
·北京·

图书在版编目（CIP）数据

全球价值链视角下中非建立深度自由贸易区的动力机制与模式选择/孙志娜著 . ﹣﹣北京：经济科学出版社，2024.5

ISBN 978 - 7 - 5218 - 5888 - 4

Ⅰ.①全… Ⅱ.①孙… Ⅲ.①自由贸易区﹣研究﹣中国、非洲 Ⅳ.①F752.74

中国国家版本馆 CIP 数据核字（2024）第 098868 号

责任编辑：刘　莎
责任校对：王京宁
责任印制：邱　天

全球价值链视角下中非建立深度自由贸易区的动力机制与模式选择

Quanqiu jiazhilian Shijiao Xia Zhongfei Jianli Shendu
Ziyoumaoyiqu De Dongli Jizhi Yu Moshi Xuanze

孙志娜　著

经济科学出版社出版、发行　新华书店经销
社址：北京市海淀区阜成路甲 28 号　邮编：100142
总编部电话：010 - 88191217　发行部电话：010 - 88191522
网址：www. esp. com. cn
电子邮箱：esp@ esp. com. cn
天猫网店：经济科学出版社旗舰店
网址：http：//jjkxcbs. tmall. com
固安华明印业有限公司印装
710×1000　16 开　15.75 印张　230000 字
2024 年 5 月第 1 版　2024 年 5 月第 1 次印刷
ISBN 978 - 7 - 5218 - 5888 - 4　定价：72.00 元
（图书出现印装问题，本社负责调换。电话：010 - 88191545）
（版权所有　侵权必究　打击盗版　举报热线：010 - 88191661
QQ：2242791300　营销中心电话：010 - 88191537
电子邮箱：dbts@ esp. com. cn）

序
建立开放包容的贸易规则
落实中非达累斯萨拉姆共识

2024 年 3 月 8 日，在坦桑尼亚达累斯萨拉姆由浙江师范大学非洲研究院主办的第十三届会议中非智库论坛会议上，中非 50 国学者联合发表了"中非达累斯萨拉姆共识"，该"共识"根植于相互尊重、团结合作、开放共赢和共同繁荣等原则，强调了在全球范围内培育包容性伙伴关系、共享发展成果的重要性。王毅部长称该共识是迄今首个诞生于南方而非北方强加的国际共识，表达了全球南方国家的共同心声，体现了全球南方国家对自身发展规律和前途更加自觉的认识。建立开放包容的贸易规则是"共识"的重要内容之一，它呼吁建立普惠包容的经济全球化，共享发展红利。加强全球经济治理，消除经贸壁垒，建立更具韧性和包容性、畅通高效的全球产供链。支持非洲等世界各国发挥比较优势，不断提高工业化和农业现代化水平，更好参与国际产业分工，共同为促进全球经济循环、助力世界经济增长、增进各国人民福祉作出积极贡献。当前，以美国为代表的西方国家试图脱离原有的世界贸易组织框架，通过寻求制定更高标准的区域贸易协定，意图控制全球新一轮贸易规则制定的主导权，导致包括中国和非洲在内的发展中国家处于不利的地位。中非通过自由贸易区建立开放包容的贸易规则具有重要的现实意义，主要体现在以下三个方面：

一、推进高质量共建"一带一路"机制

党的二十届三中全会报告提出，要"稳步扩大制度型开放，完善推进高质量共建'一带一路'机制"。非洲是共建"一带一路"倡议的重要参与方。目前，在53个同中国建交的非洲国家中，有52个国家及非盟已经同中国签署共建"一带一路"的合作文件，几乎在非洲实现了全覆盖。"一带一路"建设所倡导的"五通"（政策沟通、设施联通、贸易畅通、资金融通和民心相通）和"三同"（利益共同体、责任共同体、命运共同体）理念，为非洲国家可持续发展创造新机遇。不过，"一带一路"倡议尚不属于国际法上的国际协定，制约了"一带一路"建设的全面推进。自由贸易协定是一种重要的国际法治形式，它可为多个议题设定实体性和程序性规则，因而适宜以其为支撑建立"一带一路"的长效合作机制，为"一带一路"不同的建设内容如基础设施和产能合作等领域提供法律保护，确保中非合作的稳定连续发展。

二、推动新形势下中非经贸高质量发展

经贸合作是中非关系的"压舱石"和"推进器"。近年来，中非经贸合作领域实现了跨越式发展。中国自2009年起已经连续15年成为非洲最大贸易伙伴，自2013年起成为非洲直接投资流量最大来源国。同时，非洲也是中国对外工程承包第二大市场和产能合作的重要区域，双方经贸合作正逐步扩展至服务贸易、数字经济和绿色经济等新领域。目前，中国正在实施的国内国际双循环战略将为中非经贸高质量发展提供新动力，如加强中非产业链协作、稳固非洲能源供给国地位、扩大非洲非资源类产品输华。为了将非洲打造成为中国双循环格局的关键点，中非双方需要以自由贸易区建设为抓手，通过相互实施更大范围、更宽领域、更深层次开放，构建共赢的区域大市场，为双方经济持续健康发展提供制度保障，推动中国和非洲双循环相互促进。

三、消减非洲贸易规则重构的不利影响

当前，非洲内部正在积极加强区域经济一体化，2018 年该地区建立了非洲大陆自由贸易区，旨在在通过消除关税等贸易壁垒,？创造单一的商品和服务市场。不仅如此，世界主要经济体也正在寻求与非洲国家建立自由贸易协定，以维护自身在该地区的利益。欧盟从 2002 年就开始致力于与非洲国家开展经济伙伴关系协定谈判。截至 2023 年底，在参与谈判的 48 个非洲国家中，15 个国家已经签署并批准了此协定。美国在 2006 年就与摩洛哥建立了自由贸易区。2022 年，美国与肯尼亚开始实质推进自由贸易协定谈判。此外，非洲还与英国、阿联酋、南方共同市场、土耳其、印度和巴基斯坦等主要贸易伙伴建立自由贸易区。然而，目前中非自由贸易区建设明显滞后，中国仅与非洲 1 个国家毛里求斯签署了自由贸易协定，无法为双方的经贸活动提供更充分的制度性保障。中国积极探索与非洲建立自由贸易区有助于消减非洲区域内外贸易规则重构带来的不利影响。

孙志娜博士在入职浙江师范大学时初涉非洲研究，我建议她从非洲区域内贸易开始进行研究，并告诫她要具备"非洲情怀、中国特色和全球视野"治学精神。今天，我很欣喜地看到她完成了国家社科基金一般项目《全球价值链视角下中非建立深度自由贸易区的动力机制与模式选择》书稿。该书具有三个方面的创新点：（1）创新地从全球价值链视角研究了中非建立深度自由贸易区的动力机制以及模式选择，通过建立深度自由贸易区推动双方在全球价值链地位的提升，为发展中国家之间建立深度自由贸易区提供一个新的研究视角和理论分析框架；（2）重视非洲区域经济一体化进程，将非洲国家参与的区域经济共同体视为一个整体，并克服多重成员国身份问题，从大陆、次区域和国家三个层面在非洲构建中国自由贸易区的空间布局；（3）结合中非经贸合作实践，并兼顾非洲国家发展水平的巨大差异，采用先易后难和循序渐进方式推动双方以 WTO 为框架在货物贸易、服务贸易、投资合作、电子商务、"一带

一路"倡议等多个重点领域开展自由贸易区合作。因此，从整本书来看，该书所倡导的中非建立开放包容的贸易规则，有助于消除双边经贸壁垒，支持非洲国家发挥比较优势，助力中国和非洲提升全球价值链地位，是落实《中非达累斯萨拉姆共识》在贸易合作的积极实践。

浙江师范大学非洲研究院创始院长

2024 年 5 月于浙江金华

前　言

　　加快实施自由贸易区战略，是中国新一轮对外开放的重要内容，也是实现地区和全球经济共享繁荣的重要路径。党的二十大报告提出要"推进高水平对外开放，稳步扩大规则、规制、管理、标准等制度型开放，扩大面向全球的高标准自由贸易区网络"。党的二十届三中全会报告进一步提出要"稳步扩大制度型开放，优化区域开放布局，完善推进高质量共建'一带一路'机制"。近年来，中国自由贸易区网络的空间布局不断扩大。截至2024年7月底，中国已经签署了20份自由贸易协定。作为"一带一路"的重要参与方，非洲也是中国自由贸易区网络的重要拓展方向。在2004年和2015年中国先后发布的两份对非洲政策文件中，中方均提到与非洲国家和区域组织探讨建立制度性贸易安排。2018年9月2日，中国与毛里求斯结束自由贸易协定谈判，建立了中国与非洲国家首个自由贸易区。同年，9月4日，在中非合作论坛北京峰会上，中方提出"继续同非洲有意愿的国家或地区探讨开展适度雄心水平的自由贸易协定谈判"是未来对非洲"八大行动"的重要计划之一。2021年1月1日，中国与毛里求斯签署的自由贸易协定正式生效，协定实现了"全面、高水平、互惠"的目标，涵盖货物贸易、服务贸易、投资、经济合作等众多领域，一体化向深度发展。这与传统自由贸易区存在显著差别，后者仅限于在货物贸易自由化开展合作。今后，中毛深度自由贸易区将成为中国对非洲实施自由贸易区战略的示范模板。

　　在此背景下，一些问题有待解决：作为发展中国家的代表，中非建立深度自由贸易区的动力机制是什么？面对非洲55个具有不同国情的国家或地区，中国应该选择哪些国家或地区、在哪些领域、采取什么模式与推进策略继续开展自由贸易区合作？理清这些问题具有重要的学术和应用价值。在学术价值方面，早期以欧洲为研究对象的传统区域经济一体化理论不适用于解释发展中国家之间建立的自由贸易区，而基于全球价值链视角对深度自由贸易区的形成动因及效应进行研究是当前国际贸易学科的前沿领域，但是研究对象侧重选择北北型以及南北型自由贸易区，忽视了南南型自由贸易区的特殊性。本书选择中国与非洲作为研究对象，从全球价值链视角为研究发展中国家之间建立深度自由贸易区的动力机制和模式选择提供一个理论分析框架，这对于完善深度自由贸易区的理论研究具有重要的学术价值。在应用价值方面，非洲是当前世界政治经济格局中的重要一极，也是共建"一带一路"的重要参与方。随着国内生产要素价格的上涨，中国需要遵循发展规律将失去比较优势的价值链环节转移到以非洲为代表的欠发达国家，实现全球价值链地位的攀升，同时也有助于非洲国家更好地融入全球价值链。但是，非洲多数国家的关税水平较高且法律不健全，亟待中国与其建立深度自由贸易区为双方合作提供制度保障。本书为中非建立深度自由贸易区的空间布局、合作领域及次序安排提供了模式参考，有利于推动中非经贸合作提质增效。

鉴于此，本书主要包括八章，每章的主要内容和重要观点如下：

第一章导论。本章阐述了选题背景及研究意义，梳理了全球价值链的内涵及测量、深度自由贸易区的内涵及测量、全球价值链与深度自由贸易区的关系、中非自由贸易区等与本研究相关的文献并进行了评述。在此基础上提出本书的研究思路、框架、研究方法以及研究中的重难点、创新点和研究的不足及未来的展望。

第二章中非建立深度自由贸易区的理论基础。本章首先结合已有研究将深度自由贸易区定义为两个以上的主权国家或单独关税区，在 WTO 最惠国待遇基础上，通过签署协定将自由贸易区涵盖的内容从传统的边境上措施如关税、非关税壁垒等扩展至边界后措施如投资、竞争政策、知识产权保护等方向。其次，通过梳理和评析自由贸易区的相关理论基础，包括区域经济一体化的传统理论和非传统收益理论、发展中国家参与经济一体化的理论和深度自由贸易区理论等，为中非深度自由贸易区建设提供理论支撑。

第三章中国与非洲在全球价值链中的分工地位与依赖关系。区别传统的贸易核算方法，本章基于贸易增加值核算方法构建全球价值链地位、上游依赖度和下游影响度三个指标，测算中国与非洲各国在全球价值链中的分工地位与双方之间的上下游依赖关系，为后续研究提供宏观背景和现实基础。从全球价值链的地位来看，中国在全球价值链的地位正在由低端向中高端转变，而非洲在全球价值链的地位仍位于最低端；从全球价值链依赖关系来看，中国与非洲分别与欧洲和亚洲（不包括中国）形成了较强的上下游依赖关系，但两者之间的价值链依赖关系相对较弱。不过，中国在非洲国家中间品上游供给中所占的份额有较大的提升，中国正在成为非洲国家主要的上游供应国。因此，为了突破"低端锁定"困境、避免"高低挤压"竞争，中国与非洲国家需要加强双方之间的价值链合作，打破现有分工体系重构全球价值链，提升各自在全球价值链中的分工地位。

第四章中非建立深度自由贸易区的动力机制。本章结合双流环价值链体系理论，提出中非建立深度自由贸易区提升价值链合作的理论逻辑，然后构建模型评估影响中非价值链合作的积极和消极因素，并分析突破限制因素所需的政策支撑，进而为解释中非深度自由贸易区的动因提供理论基础。结论显示，在当前以中国为枢纽点的双流环价值链体系中，中国与位于"下环流"的非洲国家建立自由贸易区顺应全球价值链的发展规律，通过降低贸易成本、促进直接投资以及扩大服务贸易三个渠道促进中非价值链合作；在影响中非价值链合作的因素中，中国与非洲国家实施的关税对其产生的负向影响尚不显著，而中国经济自由度、中国对非洲直接投资、中非基础设施差异和产业结构差异对其产生显著的促进作用。因此，为了促进中非价值链合作，中非自由贸易区建设不应仅限于降低关税，还需要在投资、基础设施、产业合作和国内规制等方面加强深度合作。

第五章中非建立深度自由贸易区的空间布局。本章首先梳理了中国自由贸易区的发展历程，初步了解每个阶段中国在选择自由贸易区伙伴时的依据和标准；其次，建立二值选择模型，在考虑经济、政治和地理等传统因素的基础上，引入反映两国全球价值链依赖关系的指标，定量评估中国自由贸易区伙伴选择的影响因素；最后，结合非洲国家的实际情况筛选出中国适宜与之建立自由贸易区的国家或区域组织，进而对中国在非洲建立深度自由贸易区进行空间布局。研究发现，价值链关联尤其是下游影响度是影响中国自由贸易区伙伴选择的重要因素，除此之外贸易关系以及营商环境对其也产生了显著的促进作用。在此基础上，考虑到非洲国家数量众多且区域一体化复杂等特殊情况，本章从国家对国家以及国家对区域两个层面提出中国在非洲自由贸易区的空间布局方案，并构建了一个由政治和平、营商环境、贸易关系、价值链关联和区域经济一体化组成的指标体系，利用因子分析法计算得到的综合得分，筛选出中国适宜与之建立自由贸易区的国家和区域组织，中国可以与毛里求斯（已建）、摩洛哥、吉布提、安哥拉、赞比亚、津巴布韦、埃及、突尼斯、马达加斯加、莫桑比克、马拉维等未加入关税同盟的国家优先建立国家对国家层面的自由贸易区，中国可以与南部非洲关税同盟和中部非洲经济与货币共同体等已经建成关税同盟的区域组织优先建立国家对区域层面的自由贸易区。

第六章中非建立深度自由贸易区的合作领域。本章将选择中国和非洲国家各自已经签署的自由贸易协定，对比和分析这些自由贸易区合作领域存在的异同点，并选择区域全面经济伙伴关系协定、欧非经济伙伴关系协定、非洲大陆自由贸易协定、中国—东盟全面经济合作框架协定和中毛自由贸易协定五个典型案例进行分析，提炼这些自由贸易区的创新做法，进而确定中非自由贸易区可以在 WTO 框架下开展货物贸易、服务贸易、投资合作、电子商务和一带一路倡议等多个领域的深度合作。在货物贸易领域，针对非洲国家经济发展水平差异较大的特点，允许这些国家分阶段地、有差别地消减关税；在服务贸易领域，双方可以在建筑、通信服务、金融服务、旅游和运输等相对重要的五个领域作出优先承诺，还可以选择在教育、文化和医疗等已有基础的领域开展更富有成效的合作；在投资合作领域，以加强投资合作为重点，积极推动已生效双边投资协定的升级，并结合国际投资条约的发展趋势，将劳工标准和环境保护等方面的内容纳入其中；在电子商务领域，双方积极推进在关税、透明度、贸易便利化、电子认证和数字证书、网络消费者保护、数据保护、网络安全和争端解决等领域开展合作；在"一带一路"倡议领域，为"一带一路"倡议提供长效合作机制，探讨以促进基础设施互联互通、加强发展政策对接、促进可持续发展为目标的潜在合作领域。

第七章中非建立深度自由贸易区的次序安排。本章将基于全球贸易分析模型，结合第五和第六章确定的潜在伙伴和合作领域设定多个自由贸易区情境，模拟各自由贸易区对成员国的经济增长、福利、贸易条件和产业产出等产生的影响，并根据各方案的综合经济收益大小，提出中非建立深度自由贸易区在空间布局、合作领域和产业开放等方面的次序安排。结果显示，在同时考虑降低关税和非关税壁垒的情景下，各自由贸易区会对中国和非洲国家的 GDP、贸易条件以及福利均产生显著的正向影响，并且非洲从中获得的收益大于中国。进一步对比发现，从对中国 GDP 和福利带来的影响看，中国与非洲发展水平较高的国家建立自由贸易区对其产生的促进作用大于中国与非洲最不发达国家建立自由贸易区产生的促进作用。从对成员国不同产业产出的影响来看，各自由贸易区对中国各产业产出的影响不大，但是对非洲国家各产业产出的影响存在明显差异，其中对制造业产生较大的负面冲击，对初级产品产生相对较小的负面冲击，对服务业产生正向促进作用。因此，中非建立深度自由贸易区的次序安排可以遵循，在空间布局方面中国应优先与非洲经济发展水平较高的国家建立自由贸易区，在合作领域方面将降低非关税壁垒作为中非自由贸易区货物贸易领域的重点合作方向，在产业开放方面应优先促进农业、矿产业和服务业的开放，然后是制造业的开放。

第八章中非建立深度自由贸易区的模式选择。本章梳理了中非建立深度自由贸易区所面临的挑战，并在此基础上确定中非建立深度自由贸易区的模式选择和推进措施。当前，中非建立深度自由贸易区面临诸多挑战，比如基于全球价值链建立深度自由贸易区的逻辑局限性、西方渲染中国威胁论带来的舆论压力、发达国家与非洲自由贸易区建设带来的竞争压力、非洲区域内加强经济一体化带来的法律障碍、国家间政党制度和文化差异带来的沟通成本、自由贸易区可能产生利益分配不均带来的发展担忧等。为此，中非建立深度自由贸易区在模式选择上应以促进双边发展为目标导向、基于非洲区域经济一体化构建空间布局、在 WTO 框架下开展多领域深度合作、采用先易后难和循序渐进的推进方式；在推进措施上可以强化中非合作论坛的机制保障、巩固高层交往的政治互信、重视民间交往的桥梁作用、加快培养中国"非洲通"和非洲"中国通"商务人才。

　　本书基于全球价值链视角研究了中非建立深度自由贸易区的动力机制以及由空间布局、合作领域和次序安排三个维度构成的模式选择，为研究发展中国家之间建立深度自由贸易区提供一个新的研究视角和理论分析框架。尽管如此，本研究还存在一些不足。一方面，主要从经济学视角探究中非建立深度自由贸易区的动力机制和模式选择，较少考察政治和外交因素在其中发挥的作用；另一方面，由于非洲多数国家数据缺失较为普遍，在研究中只能将这些缺乏数据的国家进行删除处理，导致无法对整个非洲国家进行系统全面的研究。因此，我希望本书能够为相关学者研究发展中国家建立深度自由贸易区带来启发和借鉴，也希望读者对书中的不足和错误之处提出宝贵意见，以便进一步完善。

孙志娜
于金华
2024 年 5 月

目录

Contents

第一章 导 论

第一节 研究背景与意义

一、研究背景

（一）全球自由贸易区加速扩容升级

经济全球化和区域经济一体化是当今世界经济发展格局的两个重要特征。然而，进入21世纪，伴随着世界贸易组织（World Trade Organization，以下简称WTO）多哈回合谈判的失败，保守主义、单边主义和民粹主义等逆全球化思潮泛起，经济全球化的进程持续受挫。与之形成鲜明对比的是，以自由贸易区为主要组织形式的区域经济一体化凭借其较大的灵活性与自由度呈加速发展趋势，并在地域和议题范围上呈现一些新特点。从数量上看，根据WTO统计数据，1990年有效实施的区域贸易协定累计仅45个。截至2022年12月底，已送达WTO的区域贸易协定通知累计达806个，正在生效实施的协定累计582个。其中，自由贸易协定326个，经济一体化协定196个，关税同盟21个，局部贸易协定29个。从地域范围看，部分自由贸易协定启动重新谈判，巨型自由贸易区成为主流之势。在北美地区，为了更好地维护美国自身利益，2018

年，时任美国总统特朗普决定废除 1994 年生效的《北美自由贸易协定》，并签署新的《美国—墨西哥—加拿大协定》。在欧洲，英国和欧盟在 2020 年底达成了《欧盟—英国贸易与合作协定》，为英国"脱欧"后双方继续维持互惠的贸易关系提供了行动框架和法律依据。不仅如此，英国还积极与澳大利亚、日本、智利和墨西哥等国签署自由贸易协定，打造"全球化英国"。在非洲，《非洲大陆自由贸易协定》于 2018 年签署，2021 年 1 月 1 日正式启动，该自由贸易区成为 WTO 成立以来按成员国数量计最大的自由贸易区。在亚太地区，《区域全面经济伙伴关系协定》于 2020 年签署，2022 年 1 月 1 日正式启动，标志着当前世界上人口最多、经贸规模最大、最具发展潜力的自由贸易区正式成立。曾被称为当今世界最高标准的《跨太平洋伙伴关系协定》在美国退出后重新更名为《全面与进步跨太平洋伙伴关系协定》，并于 2018 年 12 月 30 日正式生效，是亚太国家组成的自由贸易区。不仅如此，发达经济体之间也通过谈判达成了历史上从未有过的双边自由贸易协定，《欧日经济合作伙伴关系协定》和《美日贸易协定》分别已于 2019 年 2 月和 2020 年 1 月生效，呈现强强联合之势。从议题范围看，自由贸易协定所涵盖的议题日益广泛。大多数自由贸易区已经不再囿于传统的货物贸易自由化及其所涉及的关税和非关税壁垒减让，而是涵盖了服务贸易自由化、农产品贸易自由化、投资自由化、贸易争端解决机制、竞争政策、知识产权保护标准，甚至包括环境标准和劳工标准等超越 WTO 框架的内容（全毅，2015），广覆盖、高标准、深拓展已经成为当前自由贸易区的发展方向。当前，积极参与区域经济一体化，组建更深层次的自由贸易区已经成为各国应对全球化挑战、参与全球经贸规则制定、构筑地区协调发展和趋利避害的现实选择。

（二）中国和非洲均将自由贸易区建设视为重要的发展战略

加快实施自由贸易区战略是中国新一轮对外开放的重要内容，也是实现地区和全球经济共享繁荣的重要路径。自加入 WTO 之后，中国积极顺应区域经济一体化潮流，并将自由贸易区视为对外开放的新形式、新起点，以及与其他国家实现互利共赢的新平台。2007年，中国共产党第十七大报告提出要"拓展对外开放广度和深度，提高开放型经济水平"，并首次将自由贸易区建设上升为国家战略。2012年，党的十八大报告提出要"统筹双边、多边、区域次区域开放合作，加快实施自由贸易区战略"。分别于2013年和2015年召开的党的十八届三中、五中全会进一步要求以周边为基础加快实施自由贸易区战略，形成面向全球的高标准自由贸易区网络。2017年，党的十九大报告将自由贸易区建设作为重要的内容，并提出"逐步构筑起立足周边、辐射'一带一路'、面向全球的高标准自由贸易区网络"。2022年，党的二十大报告提出要"推进高水平对外开放，稳步扩大规则、规制、管理、标准等制度型开放，扩大面向全球的高标准自由贸易区网络"。截至2022年12月底，中国已经与26个国家和地区签署19份自由贸易协定，另有10份正在谈判、8份正在研究。① 作为"一带一路"的重要参与方，非洲也是中国自由贸易区网络的重要拓展方向。2018年9月2日，中国与毛里求斯结束自由贸易协定谈判，毛里求斯成为首个与中国商签自由贸易协定的非洲国家。同年9月4日，在中非合作论坛北京峰会上，中方提出"继续同非洲有意愿的国家或地区探讨开展适度雄心水平的自由贸易协定谈判"是未来三年及今后一段时间对非洲"八大行动"的重要计划之一。2021年1月1日，中国与毛里求斯签署的自由贸易协定正式生效，这对于中非经贸合作的深入发展具有里程碑式的意义。根据已公布的信息，中毛自由贸易协定谈判实现了"全面、高水平、互惠"的目标，涵盖货物贸易、服务贸易、投资、竞争、知识产权和经济合作等众多领域。可以预见，中毛自由贸易区将会成为今后中非建立深度自由贸易区的示范模板。

另外，非洲国家长期重视推动区域经济一体化进程，并将区域经济合作视为建设更强大和可持续的非洲经济之重要动力来源（朴英姬，2020）。根据WTO统计数据，截至2022年12月底，非洲国家共参与44

---

① 中国自由贸易区服务网. http://fta.mofcom.gov.cn/.

个自由贸易区。这些自由贸易区可以划分为两个层次。一个层次是非洲与区域次区域内国家建立的自由贸易区，共10个。在区域层面，非洲联盟一直致力于推进非洲大陆的经济一体化，由其前身非洲统一组织制定并在1994年生效的《关于建立非洲经济共同体条约》（又称《阿布贾条约》）为非洲的经济一体化正式制定了具体的路线图，计划在34年内分6个阶段逐渐完成非洲经济共同体的建立。为了加速非洲经济一体化进程，非盟于2015年6月将非洲大陆自由贸易区作为《2063年议程》的旗舰项目，宣布启动非洲大陆自由贸易区谈判，其建立标志着非洲经济一体化迈入里程碑式的新阶段。在次区域层面，数量众多的区域经济共同体在《阿布贾条约》框架下推进各地区的经济一体化，这些组织或已成立自由贸易区、关税同盟，甚至共同市场。另一个层次是非洲与区域外国家或集团建立的自由贸易区，共33个，这些国家或集团包括欧盟、欧洲自由贸易联盟、英国、美国、阿联酋、南方共同市场、土耳其、印度、巴基斯坦和中国。通过与这些国家建立自由贸易区，非洲国家希望能够获得优惠的市场准入、金融支持、吸引投资，以及增强区域合作。

由此可见，当逆全球化思潮在欧美国家兴起并发酵之际，中国和非洲国家在贸易自由化问题上立场一致，双方均主动顺应经济一体化发展趋势，不断加快自由贸易区建设。中国和非洲国家是经济全球化的维护者和贸易自由化的践行者。

（三）中非合作提质增效需要自由贸易区提供制度保障

近年来，中国发展的国内外环境正面临着深刻而复杂的变化。在国内，中国经济已进入新常态。随着人口红利逐渐消退、资源环境问题日益突出、生产要素优势趋于减弱，中国经济已由高速增长阶段转向高质量增长阶段。在国外，外部环境复杂严峻。一方面，自2007年金融危机爆发以后，欧美传统市场复苏乏力、需求疲软，孤立主义和保护主义频频抬头；另一方面，2018年爆发的中美经贸摩擦由贸易向投资、人才、科技、金融与地缘政治等多领域扩展，给中国的出口产品竞争力和制造供应链带来严重的负面冲击。同时，受 2020 年新冠疫情影响，全球供应链断裂问题凸显。各国为保障国内供应链安全，开始让更多的产业链环节和终端留在或靠近本国市场（岳文和韩剑，2021）。在此背景下，党的十九届五中全会和十二大报告明确提出，要加快构建以国内大循环为主体、国内国际双循环相互促进的新发展格局。构建双循环新发展格局是中国面对国内外环境变化的重大战略调整，是推动中国经济社会向更高层次发展的重大战略部署。

非洲作为全球发展中国家最集中、市场发展潜力最大的地区，在中国双循环格局构建中发挥着重要的作用。一方面，非洲为中国构建双循环格局提供了重要的政治保障。中非长期保持着良好的传统友谊，非洲国家常在国际场合就涉及中国核心利益和重大关切问题时给予支持，是中国维护多边主义和核心利益、倡导国际争议的最大票仓（刘恒，2022）。另一方面，非洲为中国构建双循环格局提供了重要的市场和资源。当前，非洲正处于社会经济结构快速变化期，其经济、人口与城市化增长快速。虽然受到新冠疫情影响，非洲的经济增长速度有所放缓，但是其发展势头不减，仍是世界各地区中复苏幅度最大、最强劲的地区之一，超过欧洲、北美、南美和世界平均水平（王进，2023）。同样，根据联合国数据显示，非洲人口到 2050 年预计将从当前的 14 亿增长至 26 亿。其中，超过一半属于不到 25 岁的年轻人，城镇人口将达到 13.4 亿，具有更加庞大的人口红利和消费市场。非洲自然资源丰富，拥有世界约 30% 的矿产储量、8% 的天然气和 12% 的石油储量①，能为中国经济实现高质量发展提供重要的资源保障。不仅如此，中国构建双循环格局也给非洲国家带来了发展机遇。一方面，双循环格局将充分激发中国市场潜能，为非洲对华出口创造更多空间。在中非合作论坛框架下，中国一直重视非洲经济的发展，通过为非洲国家提供贸易优惠措施，特别是给予非洲 33 个最不发达国家 97%

---

① 非洲中青年干部最看重哪些中国经验. 参考网，https：//www.fx361.com/page/2022/0921/10602628. shtml.

的商品零关税待遇，有力推动了非洲对华贸易的增长。在推动国内大循环的过程中，中国将进一步释放国内消费潜力，非洲国家将从中国多样化进口趋势以及潜在消费市场中获益。另一方面，双循环格局将进一步加强中国与非洲产业链的融合对接，提升非洲在全球价值链的地位。借助于非洲在劳动力和土地等方面的比较优势，中国可以将部分产业转移到非洲地区，帮助其发展农产品加工业和制造业，提升技术水平，还可以通过参与非洲基础设施建设，协助其改善投资环境，带动更多产业资本流入非洲，最终推动非洲地区更好地融入全球价值链（宋微，2022）。

为了加强和提高中非合作实效，将非洲打造成为中国双循环格局的关键点，中非双方需要以自由贸易区建设为抓手，通过相互实施更大范围、更宽领域、更深层次开放，构建共赢的区域大市场，为双方经济持续健康发展提供强劲动力，推动国内国际双循环相互促进。

二、研究意义

（一）理论意义与学术价值

早期自由贸易区理论以传统关税同盟理论为基础，该理论以西欧发达国家的经济一体化为研究对象，以贸易创造和贸易转移效应为主要内容，认为自由贸易区通过扩大区域内贸易进而提高成员国的福利水平。然而，由于发展中国家的经济发展阶段或经济贸易结构与欧洲工业化国家存在很大的差异，导致传统关税同盟理论并不适合解释发展中国家之间建立的南南型自由贸易区。实践也证明，南南型自由贸易区的贸易福利效应远低于北北型和南北型自由贸易区的贸易福利效应（全毅，2015），这意味着在发展中国家之间建立自由贸易区需要新的理论支撑。当前，由跨国公司主导的全球价值链分工是世界经济和国际贸易发展的重要特征，它以生产过程分节化和中间品贸易为主要特征，推动了世界贸易从"货物贸易"向"任务贸易"的转变，后者使得附加值在不同的国家或地区被创造，并通过国际贸易在价值链网络中传递，进而形成了增加值贸易。这在客观上要求参与全球价值链分工的国家不仅要消减关税与非关税壁垒，而且要推动贸易与投资便利化，进而使改革领域逐渐从传统的"边境上壁垒"延伸至"边境内壁垒"，这构成了深度自由贸易区建立的理论基础。目前，基于全球价值链视角对深度自由贸易区的形成动因及效应进行研究是国际贸易学科的前沿领域。已有研究表明，深度自由贸易区对南北和南南国家增加值贸易的影响高于北北国家（Laget et al.，2019；李艳秀和毛艳华，2018），这一结论为南南型国家建立深度自由贸易区提供了内在的驱动。为此，本研究选择中国与非洲作为研究对象，从全球价值链视角为研究发展中国家之间建立深度自由贸易区的动力机制提供了一个理论分析框架，这对于完善深度自由贸易区的理论研究具有重要的学术价值。

（二）现实意义与应用价值

非洲不仅在中国外交战略上位于重要的战略地位，而且与中国的经贸关系日益紧密。中非贸易额从 1978 年的 7.65 亿美元上升到 2021 年的 2 542.89 亿美元，扩大了 331 倍；中国对非洲直接投资存量从 2003 年的 4.9 亿美元上升到 2021 年的 441.9 亿美元，扩大了 90 倍。截至 2021 年 12 月底，中国已经连续 13 年成为非洲第一大贸易伙伴，非洲成为中国第二大海外承包工程市场和中国企业新兴的对外投资目的地，中国在非洲设立的境外企业超过 3 400 家，在 55 个国家的覆盖率达到 86.7%。然而，目前中非自由贸易区建设明显滞后于中非经贸关系快速发展的现实状况，中国仅与非洲 1 个国家签署了自由贸易协定，无法为中国在非洲的经贸活动提供更充分的制度性保障。不过，从非洲与区域外国家已经开展的自由贸易区建设经验来看，中非自由贸易区建设需要克服两大障碍。（1）非洲复杂的区域一体化状况。区域一体化一直被独立后的非洲各国政府视为实现经济转型和内生性经济增长的重要发展战略。经过近 70 年的发展，非洲在大陆和次区域建立了数量众多的经济一体化组织，这些组织已经建立自由贸易区、关税同盟或共同市场。因此，中国在非洲进行自由贸易区空间布局时，需要以这些区域一体化组织为基础，以支持非洲区域一体化发展。（2）非洲国家之间发展水平的巨大差异。非洲是世界上发展中国家最集中的大陆，同时也是世界上最贫困的地区。截至 2022 年 12 月底，全球共有 46 个最不发达国家，其中 33 个位于非洲。这些最不发达国家由于长期依赖关税收入以及获得中国给予的单边零关税待遇，因而倾向于拒绝与中国开展双边自由贸易区谈判，并且不能充分、有效参与有关投资、竞争政策、政府采购透明度和贸易便利化等超出其发展承受能力的深度议题谈判。除此之外，非洲国家在政治、社会和文化等方面也存在巨大差异，必将给中非自由贸易区建设增加复杂性和困难度。为了克服上述障碍，本研究以整体性、包容性和互惠性为原则，借鉴中非各自参与的自由贸易区建设实践经验，为中非建立深度自由贸易区的空间布局、合作领域及次序安排提供模式参考。

第二节　相关文献综述

全球价值链和深度自由贸易区是当前世界经济的两大显著特征，学术界已围绕这两个领域展开了大量研究，而将两者结合起来考察是目前研究的发展趋势。相关研究如下。

一、全球价值链的内涵及核算

价值链的概念最早是由波特（Porter，1985）提出的，他从企业的角度对价值链进行定义，认为企业是设计、生产、销售、运输和辅助产品生产过程的集合体，通过一连串互不相同但又相互关联的增值活动共同创造利润。克鲁格曼（Krugman，1995）最先提出了价值链中各环节的片段化与空间重组问题，指出在全球生产网络中每个国家或地区通过从事产品的特定生产阶段而获得增加值，其研究蕴含着全球价值链的分析思维。格里菲（Gereffi，2001）率先对全球价值链的概念进行了界定，即在全世界范围内为了实现某个商品或者服务的价值而整合设计、加工生产、营销推广和售后服务等全过程的跨国企业网络组织。在国际贸易领域，全球价值链的出现促使中间品贸易迅猛增长，导致以贸易总值为基础的传统贸易统计存在严重不足（王直等，2015）。为了克服传统贸易统计的不足，增加值贸易成为当前全球价值链核算的主流方法，该方法可以全面体现贸易产品在全球价值链中不同地域和不同生产环节的增值分布，追踪贸易产品中增加值的来源，进而还原全球价值链中各个国家之间真实的依赖关系。增加值贸易统计方法最早可以追溯到胡梅尔斯等（Hummels et al.，2001）的研究，他们使用单国投入产出表测量一国出口中的进口投入品价值，通过构建垂直专业化指数对全球价值链进行测度。但是，该指数的研究对象为单个国家，无法刻画全球化分工下各经济体之间的产业关联及生产分布。而且，胡梅尔斯等（2001）关于外国含量的"同比例"和"100%来自国外"的两个关键假设，在加工贸易盛行的情况下导致估计结果产生严重偏差。在此基础上，库曼等（Koopman et al.，2014）基于国家间投入产出模型将出口总值按照价值流向分解为增加值出口、返回的国内增加值、国外增加值和纯重复计算的中间品贸易等组成部分，对全球价值链进行了较为系统的追踪，并通过比较一国产业向别国出口的中间品与其从别国进口的中间品，构建了全球价值链参与度和地位指数。库曼等的核算方法在官方贸易统计（以总值计算）和国民经济核算（以增加值计算）之间建立了对应关系，为经济学家和政策制定者提供了一个从官方贸易统计数据背后解析全球价值链信息的有力工具。除此之外，少数学者还利用出口产品价格指数、出口技术复杂度指数，以及上游度指数测度全球价值链地位（徐姗和李容柔，2020）。

二、深度自由贸易区的内涵及测量

自由贸易区是区域经济一体化的主要组织形式，传统的定义是国家之间相互取消关税和非关税壁垒，但对外保留独立的贸易保护措施。长期以来，学者们普遍将自由贸易区视为同质的。劳伦斯（Lawrence，1996）首次将深度一体化定义为边界后的一体化。劳埃德（Lloyd，2005）进一步划分了浅度一体化和深度一体化的范围，前者包括边境或跨境贸易壁垒的消减和消除，后者包括国内法律与政策的一体化。东艳等（2009）根据一体化深度将全球自由贸易协定分为三个层次：第一个层次是货物贸易自由化，第二个层次是包括货物贸易、服务贸易和投资三个方面的贸易投资一体化，第三个层次在贸易投资一体化基础上涵盖了更为广泛的内容。因此，涉及第二个和第三个层次的自由贸易协定体现了区内国家间合作空间的扩大，可以称为深度自由贸易区。霍恩等（Horn et al.，2010）进一步将自由贸易区所涵盖的政策条款划分为 WTO + 和 WTO - X，前者是基于 WTO 框架下条款、义务和承诺的深入和拓展，后者是在条款内容上完全超越了 WTO 框架。杜尔等（Dür et al.，2014）沿着货物贸易、服务贸易、投资、标准、政府采购、竞争和知识产权 7 个核心领域对世界主要自由贸易区的深度进行测量，结果显示 20 世纪 90 年代以来自由贸易区的平均深度不断上升。霍夫曼等（Hofmann et al.，2017）在此基础上对这些自由贸易区涵盖的所有政策条款进行测量，发现涵盖 20 个以上政策条款的自由贸易区数量逐渐增多，并且北北型与南北型的深度高于南南型。

三、全球价值链与深度自由贸易区的关系研究

（一）全球价值链对深度自由贸易区形成的影响

早期关于浅度自由贸易区形成原因的观点主要是利益驱动说，这些利益不仅包括贸易创造、贸易条件改善、规模经济、竞争加剧、国内外投资增加，以及经济增长等传统经济利益（Viner，1950），而且还包括提供市场准入保险、保持政策连贯、释放信号、增强谈判能力，以及改

善安全等非传统利益（Fernández & Portes，1998）。除此之外，格罗斯曼和霍普曼（Grossman & Helpman，1994）基于保护待售模型从政治经济学角度解释了建立自由贸易协定与否反映了一国国内利益集团的政治力量对民众福利关心的程度。鲍德温（Baldwin，1997）提出区域化的多米诺理论认为已有自由贸易协定带来的贸易转移效应会激励非成员国的加入。拜尔和伯格斯特兰德（Baier & Bergstrand，2004）首次利用距离、经济规模、要素禀赋等纯经济因素构建理论模型解释了两国建立自由贸易区的可能性，并利用定量分析方法发现两国距离越近、离剩余世界越远、经济规模越大且越相似、要素禀赋差异越大、与世界其他经济体的要素禀赋差异越小，两国建立自由贸易区的可能性越大。此后，不少学者在此基础上进行了拓展研究。恩多（Endoh，2006）发现两国签订自由贸易区的可能性随着政府管理质量的改善而提高。艾格和拉尔克（Egger & Larch，2008）验证了已有自由贸易区增加了非成员国参与此自由贸易区或组建新自由贸易区的可能性。加亚西拉卡和基姆比亚赫蒂（Jayathilaka & Keembiyahetti，2009）证明政治越稳定、没有共同边界、进口关税水平越高、邻国已建立的自由贸易区数量越多，两国建立自由贸易区的可能性越大，而殖民关系和贸易密集度等因素的影响不显著。马尔克斯–拉默斯等（Márquez-Ramos et al.，2011）发现民主和经济自由度越高的两国建立自由贸易区的可能性越大，而是否存在共同语言以及关税水平等因素的影响并不显著。对于深度自由贸易区形成的原因，不少学者从全球价值链视角进行了解释。安特拉斯和施塔格尔（Antràs & Staiger，2012）以及盛斌和陈帅（2015）认为中间产品的多次跨境会带来关税成本的放大效应，国际生产分割的顺利开展受边境内政策的影响，这要求贸易政策改革从"边境上壁垒"延伸至"边境内壁垒"，而这些问题在多边贸易体制下不能有效解决，因而推动了深度自由贸易区的迅速发展。WTO（2011）表明中间品贸易越高的国家越倾向建立深度自由贸易区。奥利菲斯和罗恰（Orefice & Rocha，2014）显示中间品贸易份额增加10%会使自由贸易区深度增加6%。程大中等（2018）从全球价值链分工的视角探讨以自由贸易区为代表的区域主义的发展机制，认为全球价值链分工演进是导致区域主义兴起，进而导致 WTO 多边贸易体制边缘化的根本原因。卢晓菲和章韬（2020）认为全球价值链贸易通过影响跨国公司规范运作以及国民收入，进而影响自由贸易协定的签署。

（二）深度自由贸易区对全球价值链的影响

早期研究普遍基于瓦伊纳（Viner，1950）的贸易创造和贸易转移概念对自由贸易区的贸易效应进行定量评估，随后一些学者还基于大市场理论、规模经济效应和协定性分工理论定量评估自由贸易区的投资、经济增长与产业发展等经济效应，使用的方法多为事后引力模型和事前可计算一般均衡模型（Computable General Equilibrium，CGE），得到的主要结论是南南型自由贸易区的收益普遍低于南北型和北北型自由贸易区（Limao，2016）。最近几年，学者们侧重评估深度自由贸易区对全球价值链的影响。奥利菲斯和罗恰（2014）发现深度自由贸易区使成员国之间的中间品贸易份额平均增长 12%。奥斯纳格等（Osnago et al.，2016）发现自由贸易区每增加一项条款会使中间品贸易提高 1.5%。拉格特等（Laget et al.，2018）发现深度自由贸易区对南北和南南增加值贸易的影响高于北北增加值贸易，边境内条款对南北增加值贸易影响最大，边境上条款对南南增加值贸易影响最大。李艳秀和毛艳华（2018）定量检测了 G20 签署的深度自由贸易区对不同经济发展水平成员国间价值链贸易的影响，发现深度自由贸易区对发展中国家间的价值链贸易影响最大。彭冬冬和林钰（2021）实证检验"一带一路"沿线贸易协定深度的提升对区域价值链合作的影响，发现自由贸易协定深度的提升通过降低贸易成本和促进直接投资显著推动了区域价值链合作。吕越等（2022）发现自由贸易协定深度的提高可以通过延长生产长度以及促进研发创新，显著促进一国在全球价值链网络中建立更广泛的联系，并且在一定程度上抵御金融危机对增加值贸易的负面冲击。

四、中非自由贸易区的相关研究

（一）中国自由贸易区研究

已有文献主要围绕中国自由贸易区的影响因素、经济影响，以及建设路径进行相关研究。针对影响因素，不少学者从贸易关系的角度进行了考察，并将其作为一国自由贸易区伙伴选择的重要标准。黄鹏和汪建新（2009）使用贸易占比和贸易偏斜度选择中国潜在的自由贸易区伙伴。刘岩（2013）计算了中国与潜在自由贸易区伙伴国的贸易效应及其产品分布，进而提出中国潜在自由贸易区伙伴国的选择战略和可行路径。李董林和张应武（2016）基于贸易结合度指数和双边贸易情况，从共建"一带一路"国家和地区中选择出中国与之优先建立自由贸易区的合作伙伴。此外，部分学者还考察了政治、外交和一体化等因素对中国自由贸易区空间布局的影响。赵金龙和王斌（2015）发现政治战略、经贸获利，以及和平安全等是影响中国自由贸易区战略形成与发展的主要因素，并在此基础上确定了中国"一带一路"自由贸易区倡议的最优潜在合作伙伴。陈兆源（2019）基于外交战略视角对中国自由贸易区的伙伴选择展开了理论探讨和实证评估，认为中国在选择自由贸易区伙伴时主要存在对外释放信号及国际制度竞争两大外交考虑。许培源和罗琴秀（2020）基于"一带一路"沿线各次区域参与贸易一体化的差异条件探索中国构建自由贸易区网络的思路与路径。王江杭等（2021）设计经济引力、全球价值链嵌入、自由贸易区间关联及政府治理水平四个维度为中心节点评价指标体系，并将计算出的"一带一路"中心节点国家作为自由贸易协定的选择对象。针对经济影响，余淼杰和高恺琳（2018）认为中国—东盟自由贸易区在贸易、投资和基础设施方面的合作推进了双边贸易与投资自由化，促进了中国与东盟各国的经济增值，并推动了全球减贫事业的发展。李春顶等（2018）评估并比较了中国现有大型区域贸易协定谈判的潜在经济影响，发现这些协定都会提高中国的福利、产出、就业和贸易，其中贸易效应最强、产出和就业效应其次、福利效应相对较小。张恪渝和周玲玲（2021）考察了区域全面经济伙伴关系协定对中国区域经济格局的影响，发现协定会导致中国劳动力向东南沿海区域转移，加速"孔雀东南飞"的转移浪潮，农业和劳动密集型产业获益较多。针对建设路径，岳文和韩剑（2021）从中国已有自贸协定的有效升级、新签自贸协定的有序推进、不同自贸协定的深度融合、与国内自贸试验园区的有机对接、与"一带一路"倡议的相互呼应等方面提出加快中国高标准全球自由贸易区建设的现实路径。

（二）非洲自由贸易区研究

现有文献主要围绕非洲区域内外自由贸易区的推进情况及其影响进行相关的研究。针对非洲区域内自由贸易区，大多学者将研究对象聚焦于非洲大陆自由贸易区。阿吉伯（Ajibo，2019）认为《非洲大陆自由贸易协定》的签署将导致区域内货物和服务贸易实现最大规模的自由化，有利于降低贸易成本，促进非洲社会经济发展，提高工业竞争力。但非洲国家的生产能力不足、工业缺乏竞争力，并且基础设施落后，这导致协定的实施充满挑战。恩东加等（Ndonga et al.，2020）考察了非洲大陆自由贸易区对区域内最不发达国家的潜在影响，认为自由贸易区消减关税的条款将会导致这些国家损失大量的财政收入，迫使这些国家申请实施特殊与差别待遇。黄梅波和胡佳生（2021）指出，虽然非洲各国对非洲大陆自由贸易区的参与意愿很高，但其对自由贸易区的承诺和准备程度存在明显不足。非洲自身的历史、政治和经济问题，各国对自身利益的患得患失，基础设施水平、贸易效率、制造业水平、金融市场发达程度，以及贸易融资等便利度低下障碍抑制了非洲大陆自由贸易区的顺利推进。朴英姬（2022）提出在未来推进非洲大陆自由贸易区建设的策略，包括推动包容性区域经济一体化，确保所有成员均受益；加速产业结构转型，弥补基础设施发展赤字；提升贸易便利化水平，增强私营部门的参与度；充分发挥区域协同发展效应，推动区域价值链的深入发展；

加速推进数字化转型，确保数字革命成为新驱动要素。针对非洲区域外自由贸易区，已有文献侧重研究非洲与欧盟商谈的经济伙伴关系协定。米尔纳等（Milner et al.，2011）认为欧非经济伙伴关系协定能够为非洲国家带来直接收益（输欧商品免关税和免配额的市场准入、相对宽松的原产地规则和金融支持）、重要承诺（免关税获得欧盟的商品和服务、透明的和可预测的商业规则），以及中长期机遇（扩大出口、增加投资和增强区域合作）。比拉尔和伍弗雷（Bilal & Woolfrey，2017）认为，欧非经济伙伴关系协定通过改变市场准入、吸引外商投资，以及改善经济环境会对非洲参与区域和全球价值链产生影响。简军波（2022）认为，欧非经济伙伴关系协定对非洲初步工业化进程、财政资源和社会治理能力、大陆经济一体化及对外关系多元化等均会造成不同程度的损害，并最终加深非洲对欧盟在经济和政治方面的依赖。

（三）中非之间自由贸易区研究

目前，关于中非之间的自由贸易区的研究还比较缺乏。李秀娥和孔庆峰（2013）利用 CGE 模型预测了中国与南部非洲关税同盟成立以关税消减为主要内容的自由贸易区所产生的经济效应，结果显示自由贸易区的建立使各成员国互利共赢。李霞等（2020）利用 PEP-w-t 模型发现，无论非洲国家之间是否建立自贸区，中非自贸区的建立在长期均会促进中国劳动力和资本报酬的增加。计飞（2020）定性地描述了中非自由贸易区建设的机遇、挑战和路径，指出中国在对非自贸区建设布局过程中，应审慎地推进双边贸易协定谈判，加快推进多边贸易协定谈判，重视非盟的政策协调作用。金晓彤和金建恺（2021）提出非洲大陆自由贸易区的启动为中非自由贸易区的建设带来了新机遇，但也带来非洲各国政府贸易自由化意愿差别大、非洲大陆自由贸易区全面建成仍需时日、非关税壁垒能否得到有效规制仍存变数等挑战。未来，中国可以采取合理平衡取予关系，积极参与非洲大陆自贸区建设，并行推进与非洲国家多边、双边自贸区建设，以先易后难的方式推进中非自由贸易谈判。贺鉴和杨常雨（2021）从法律的角度分析了构建中非自由贸易区的障碍，包括非洲完备统一的经贸法律体系尚未形成、中国与非洲国家已签署经贸协定的牵绊、第三方经济体的法律干预等，并提出从推动合作理念法治化、调和相关规则的冲突、借鉴中国—东盟自贸区法律模式，积极吸收多边贸易体制法治建设成功经验等方面解决这些障碍。

五、文献评述

综上所述，随着国家之间自由贸易区议题的不断深化，早期有关自由贸易区的研究已远滞后于现实的新发展，而从全球价值链视角探讨深度自由贸易区的形成动因和效应已成为当前学术界研究的前沿，不过现有研究还存在以下有待进一步拓展的不足：（1）形成机制，学者们定性地分析了消除全球价值链中间品贸易和国际生产分割的壁垒是深度自由贸易区形成的主要原因，但是定量的证据支撑相对较少；（2）效应评估，学者们侧重考察了深度自由贸易区对全球价值链贸易的影响，但很少涉及反映全球价值链的深度自由贸易区产生的长期经济效应，而后者对于一国判断是否参与自由贸易区或安排与不同国家开展自由贸易协定谈判的优先次序十分重要。此外，全球价值链是否影响深度自由贸易区的伙伴选择以及合作领域的研究较少涉及；（3）研究对象，有关中非之间建立自由贸易区的研究还比较缺乏，且对于其建设模式仍停留在设想阶段，鲜有学者从全球价值链视角针对中非深度自由贸易区做出系统和全面的研究。

第三节　研究方案

一、研究思路和框架

本书基于全球价值链相关理论，运用多种研究方法考察中非建立深度自由贸易区的动力机制及模式选择，并在此基础上提出中国的推进方案。因此，本书是沿着理论基础——现实背景——理论机制——定量评估——实施策略的思路展开的。第一，结合已有文献对深度自由贸易区的概念进行界定并梳理相关的理论基础，为中非深度自由贸易区建设提供理论支撑；第二，测算中非在全球价值链中的分工地位与依赖关系，为后续研究提供宏观背景和现实基础；第三，结合深度自由贸易区提升价值链合作的理论逻辑，解释中非建立深度自由贸易区的动力机制；第四，运用多种研究方法分析中非建立深度自由贸易区的空间布局、合作领域和次序安排，为政策的实施提供定量依据；第五，提出中非建立深度自由贸易区的模式选择和推进策略。技术路线见图 1-1。

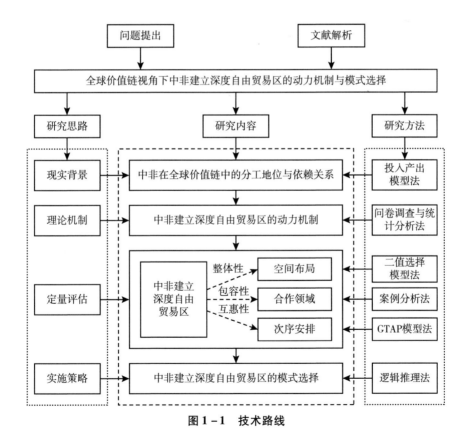

图 1-1　技术路线

二、主要内容

本书有八章内容，各章主要内容如下。

第一章：导论。本章阐述了选题背景及研究意义，梳理了全球价值链的内涵及测量、深度自由贸易区的内涵及测量、全球价值链与深度自由贸易区的关系、中非自由贸易区等与本研究相关的文献并进行了评述，并在此基础上提出本书的研究思路、框架、研究方法，以及研究中的重难点、创新点和研究的不足及未来的展望。

第二章：中非建立深度自由贸易区的理论基础。本章首先结合已有研究对深度自由贸易区的含义进行界定，其次通过梳理深度自由贸易区的相关理论基础，包括区域经济一体化的传统理论、发展中国家参与经济一体化的理论和深度自由贸易区理论等，为中非深度自由贸易区建设提供理论支撑。

第三章：中国与非洲在全球价值链中的分工地位与依赖关系。区别于传统的贸易核算方法，这部分基于贸易增加值核算方法构建全球价值链地位、上游依赖度和下游影响度三个指标，测算中国与非洲各国在全球价值链中的分工地位与双方之间的上、下游依赖关系，为后续研究提供宏观背景和现实基础。

第四章：中非建立深度自由贸易区的动力机制。这部分结合双流环价值链体系，提出中非建立深度自由贸易区提升价值链合作的理论逻辑，然后构建模型评估影响中非开展价值链合作的积极和消极因素，并分析突破这些限制因素所需要的贸易政策支撑，进而为解释中非建立深度自由贸易区的动因提供理论基础。

第五章：中非建立深度自由贸易区的空间布局。这部分基于全球价值链影响深度自由贸易区建立的理论机制，先建立一个二值选择模型，在考虑经济、政治和地理等传统因素的基础上引入反映两国全球价值链依赖关系的指标，实证评估中国自由贸易区伙伴选择的影响因素，并结合非洲情况筛选适合与中国建立自由贸易区的国家或区域集团，提出中非建立深度自由贸易区的空间布局方案。

第六章：中非建立深度自由贸易区的合作领域。这部分将选择中国和非洲国家分别签署的自由贸易协定，结合世界银行深度自由贸易区数据库数据将其涵盖的政策条款划分为 WTO + 和 WTO - X，对比和分析这些自由贸易区合作领域存在的异同点，并选择区域全面经济伙伴关系协定、欧非经济伙伴关系协定、非洲大陆自由贸易协定、中国—东盟全面经济合作框架协定和中毛自由贸易协定五个典型案例进行分析，提炼这些自由贸易区的创新做法，进而确定中国与非洲潜在伙伴建立深度自由贸易区的主要合作领域。

第七章：中非建立深度自由贸易区的次序安排。这部分将基于全球贸易分析模型，结合第四章和第五章确定的潜在伙伴和主要合作领域设定多个自由贸易区情境，模拟各自由贸易区对成员国的经济增长、福利、贸易条件和产业产出等产生的经济效应，并根据各方案的综合经济收益大小，初步提出中国与不同非洲国家或区域集团建立深度自由贸易区在空间布局、合作领域和产业开放等次序安排。

第八章：中非建立深度自由贸易区的模式选择。第四～七章分别从动力机制、空间布局、合作领域，以及次序安排三个维度为中非建立深度自由贸易区的模式选择提供了理论基础和定量依据。不过在确定模式之前，还需要充分考虑中非自由贸易区建设所面临的挑战，特别是非洲复杂的区域经济一体化状况以及国家之间巨大的发展差异。这意味着整体性、包容性和互惠性是中非建立深度自由贸易区必须考虑的重要因素。结合这些因素，本章将最终确定中非建立深度自由贸易区的模式选择，并从中国角度提出推进方案。

三、研究方法

（一）多区域投入产出法

多区域投入产出法可以用来构建全球价值链地位、下游影响度、上游依赖度等相关指标，测算中国与非洲国家在全球价值链中的地位和依赖关系。

（二） 二值选择模型法

以两国签署自由贸易协定的概率作为被解释变量，以两国在全球价值链中的依赖关系为解释变量，建立二值选择模型预测中国在非洲建立深度自由贸易区的潜在伙伴。

（三） 问卷调查法

用来收集有关中国在非洲从事贸易和投资的企业在价值链升级过程中面临的限制因素，解释全球价值链下中非建立深度自由贸易区的动力机制。

（四） 案例分析法

选择五个典型的深度自由贸易区案例并分析其涵盖的政策条款，通过对比分析确定中非建立深度自由贸易区的主要合作领域。

（五） GTAP 模型法

评估设定自由贸易区情境方案的经济效应，为确定中非建立深度自由贸易区的次序安排提供定量依据。

四、研究的重点、难点及创新点

（一） 研究重点

第一，中非建立深度自由贸易区的空间布局。结合非洲区域经济一体化的进展及非洲国家的实际情况，在非洲选择合适的自由贸易区伙伴。

第二，中非建立深度自由贸易区的合作领域，通过借鉴已有的自由贸易区案例及其涵盖的政策条款，确定中非自由贸易区的主要合作内容。

第三，中非建立深度自由贸易区的次序安排，根据各种自由贸易区方案可能产生的经济效应，判断建立中非自由贸易区的难易程度和时序安排。

（二）研究难点

第一，在测算中非在全球价值链中的依赖关系时，对区分进口品具体来源国的世界投入产出表进行处理是本书的难点之一，它对数据和方法的要求较高。目前，学术界常用的世界投入产出表来自世界投入产出（WIOD）数据库以及 OECD-WTO TiVA 数据库，但是这两个数据库包含的国家较少，且对大部分非洲国家的数据都有所欠缺。为此，本书将采用 Eora-GVC 数据库，其提供的世界投入产出表包含 189 个国家，涵盖大部分非洲国家，这在一定程度上弥补了数据的缺失。

第二，利用 GTAP 模型评估包含新规则的深度自由贸易区的经济效应是本书的难点之一。标准 GTAP 模型仅用来计算基于货物贸易自由化所带来的经济效应，不能充分考虑除关税以外的贸易政策变化所产生的经济效应。为此，本书将采用 GTAP10 模型，它将 GTAP 模型扩充至分析包括非关税壁垒等行为，可用来考察中国与非洲国家或区域集团建立不同层次深度自由贸易区的经济效应。

（三）创新点

第一，学术思想新颖。区别于已有研究基于福利效应和非传统收益的视角，本书基于全球价值链视角研究了中非建立深度自由贸易区的动力机制以及由空间布局、合作领域和次序安排三个维度构成的模式选择，为研究发展中国家之间建立深度自由贸易区提供一个新的研究视角和理论分析框架。

第二，学术观点全面。本书认为中非建立深度自由贸易区有利于双方在全球价值链中地位的提升，但在模式选择上，既要重视中国与非洲各国均属于发展中国家的现实情况，包容性和互惠性是建设的前提；也要重视非洲的经济一体化进程，将非洲国家参与该地区的主要区域经济共同体视为一个整体，避免"分而治之"。

第三，研究方法多样。本书采用了多种反映全球价值链的研究方法，例如基于投入产出模型测算中国与非洲国家在全球价值链中的地位和依赖关系，基于含有全球价值链依赖关系指标的二值选择模型评估深度自由贸易区的影响因素，基于含有全球价值链模块的 GTAP 模型评估各自由贸易区方案的经济效应等。

五、研究的不足与未来展望

本研究存在三点不足：一是由于部分非洲国家的数据缺失严重，因此在研究中只能将这些缺乏数据的国家进行删除处理，导致无法对整个非洲国家进行系统全面的研究；二是非洲国家数量众多，且政治、经济和社会等情况复杂，因此在评估中非自由贸易区空间布局的影响因素时如果仅依托有限指标进行预测，难免存在误差。同时，在评估中非自由贸易区经济效应时，仅考虑关税和非关税贸易壁垒的冲击，而未涉及其他合作领域也会造成一定的估计偏差；三是由于新冠疫情暴发，本人及团队无法到非洲进行实地调研，因此研究缺少田野调查数据的支撑，不能从非洲国家、区域集团和个体视角考察推进中非自由贸易区的过程中所遇到的障碍和不利因素。未来，我们需要进一步为研究提供更翔实的田野调查数据，积极与非洲和欧美等研究机构开展相关的学术交流。

第二章　中非建立深度自由
贸易区的理论基础

　　自由贸易区是区域经济一体化的主要组织形式之一，是 WTO 多边贸易体制倡导的全球贸易自由化严重受挫情况下，各国退而求其次，寻求在区域内合作的一种次优选择。早期的自由贸易区主要涉及传统的货物贸易自由化及其所涉及的关税和非关税壁垒减让。近年来，自由贸易区所涵盖的议题日益广泛，除了上述内容外，还包括服务贸易自由化、农产品贸易自由化、投资自由化、贸易争端解决机制、竞争政策、知识产权保护标准，甚至包括环境标准和劳工标准等超越 WTO 协定的内容，目的是促进区域内市场的进一步整合。从议题覆盖范围来看，自由贸易区正呈现出深度一体化的趋势，这种形式被称为深度自由贸易区。不过，目前专门针对深度自由贸易区概念及理论的研究还相对零散。为此，本章结合已有研究对深度自由贸易区的含义进行界定，并梳理与深度自由贸易区相关的理论，包括区域经济一体化的传统理论、发展中国家参与经济一体化理论和深度自由贸易区理论等，为中非深度自由贸易区建设提供理论支撑。

第一节　深度自由贸易区的相关概念

一、区域经济一体化含义

　　"一体化"的英文"integration"来源于拉丁文"integratio"，原意为

"更新"。根据《牛津英语词典》记载，"一体化"的含义为"将各部分结合成一个整体"。在国际经济学领域，丁伯根（Tinbergen，1954）首次提出经济一体化概念，认为经济一体化就是消除有关阻碍经济最有效运行的人为因素，通过相互协作与统一，创造最适宜的国际经济结构。他还将经济一体化分为消极一体化（negative integration）和积极一体化（positive integration）。前者只包括消除贸易歧视；后者除实现前者之外，还包括为达到经济和福利目标而实施的政策协调甚至制定共同经济政策。巴拉萨（Balassa，1961）提出的经济一体化含义被学术界广泛引述，认为经济一体化是商品、资本和劳动力在相关国家内移动的所有人为限制的完全消除。他将经济一体化定义为既是一个过程，又是一种形式。作为一个过程，一体化包括采取各种措施消除各国之间的歧视；作为一种形式，一体化表现为各国间各种形式歧视的消失。在此基础上，不少学者对区域经济一体化的内涵进行解释。从字面上来看，区域经济一体化由"区域""经济""一体化"三部分构成。"区域"指一个能够进行多边或双边经济合作的地理范围，这一范围往往大于一个主权国家的地理范围，因此区域经济一体化具有超国家性；"经济"强调的是区域经济一体化为实现经济发展目标而成立；"一体化"则指产品或生产要素在特定区域内的自由流动和合理配置，表现在取消关税和贸易壁垒、实现经济政策的协调统一等。因此，区域经济一体化是由特定地理范围内的两个或两个以上国家（地区）建立的跨国性经济区域组织，通过消减关税和贸易壁垒以及实现经济政策协调统一等手段，最终实现产品或生产要素在特定区域内的自由流动和合理配置（李玉举，2008）。

二、深度一体化含义

深度一体化（deep integration）最早是由劳伦斯（1996）作为浅度一体化（shallow integration）相对应的概念而提出的，他根据通向经济一体化过程中消除壁垒的类型进行定义，认为浅度一体化是指消除关税与配额等边境上壁垒；深度一体化则不限于此，还包括消除那些专属于国家管辖的、制约跨境贸易和服务转移的法律和管制政策的行动，即边境后一体化。WTO（2011）从广延边际和集约边际两个维度对深度一体化的概念进行界定。从广延边际来看，深度一体化指在降低关税的基础上，扩大区域贸易协定条款的覆盖范围，这些条款根据霍恩等（2010）的做法可以分为 WTO + 和 WTO - X 两类（见表 2 - 1），前者是已存在于 WTO 框架之下的第一代贸易政策规则，包括制造业、农业、海关程序等 14 个具体领域；后者指全新的、尚未包含在现行 WTO 框架与规则之下的第二代贸易政策规则，其核心主要包括竞争政策、投资、环境、劳工及知识产权问题等 38 个具体领域。从集约边际来看，深度一体化指协定的机构深度，某些政策特权被赋予一个超国家机构，例如成立关税或货币同盟。这两个维度是相互关联的，扩大协定的覆盖范围可能需要建立一个共同的机构以及一个新的更加复杂的共享主权方式。金（Kim，2015）认为深度一体化具有保护、自由化和协调三个共同特征。保护是指外国企业在一国国内市场上的经济利益应得到保障，包括提高外国企业的法律权力、外国企业的利益受损时可获得救济与赔偿的保障机制等；自由化是指提高外国企业的市场准入，允许外国企业参与国内生产各阶段的经济活动；协调是促进各国管理国际生产与贸易的规则与体制协调一致。马学礼（2015）归纳了不同发展水平经济体参与深度一体化的三种划分标准（见表 2 - 2）：政府让渡经济主权的程度、超越多边贸易体制的程度和经济对外开放的程度。第一种划分标准主要参考发达国家之间参与的北北型区域经济一体化经验，比如欧盟的建立过程，深度一体化要求废除专属于边界内制约跨境经济活动的管制措施，政府需要在更大程度上放弃经济主权。第二种划分标准主要参考由发达国家主导的南北型区域经济一体化实践，深度一体化就是超越 WTO 已有义务的政策措施。第三种划分标准体现了发展中国家参与的南南型区域经济一体化进程的渐进性特征，深度一体化要求实现贸易投资一体化，并在此基础上加入更为丰富的内容。

表 2 – 1　　　　　　　　　　经济一体化协定包含的条款

分类	包含条款
WTO +	制造业关税减让、农业关税减让、贸易便利化、出口税/补贴、动植物卫生检疫、技术性贸易壁垒、国有企业、反倾销、反补贴、国家援助、政府采购、与贸易有关的投资措施、服务贸易、与贸易有关的知识产权
WTO –	反腐败、竞争政策、环境、知识产权、投资、劳动市场监管、资本流动、消费者保护、数据保护、农业、立法、视听、公民保护、创新、文化合作、经济政策对话、教育培训、能源、金融援助、健康、人权、非法移民、毒品、产业合作、信息合作、矿业、洗钱、核安全、政治对话、公共管理、区域合作、研发、中小企业、社会事务、统计、税收、恐怖主义、签证庇护

资料来源：Hofmann C. , Osnago A. , Ruta M. Horizontal Depth：A new database on the content of preferential trade agreements ［R］. The world Bank policy research working paper No. 7981，2017.

表 2 – 2　　　　　　　　　　深度一体化的划分标准

划分标准	经验基础	具体内容		
		浅度一体化	初级深度一体化	高级深度一体化
政府让渡经济主权程度	欧盟的建立过程（北北型）	消除关税和配额等边境壁垒，实现跨境贸易自由化	消除专属于边界内制约商品贸易和服务转移的法律和管制措施	政府在更大程度上自愿放弃在某些特定领域的管辖裁量权
超越多边贸易体制的程度	美欧等发达国家主导的区域经济合作（南北型）	关税减让和消减配额等传统的自由化措施	对 WTO 框架下已有规则进行深化的政策议题（WTO +）	独立于现有 WTO 义务之外的政策议题，大多涉及社会领域（WTO –）
经济对外开放的程度	发展中国家之间开展区域经济合作（南南型）	货物贸易自由化	包括货物贸易、服务贸易和投资一体化	在贸易投资一体化基础上，包括更为丰富的内容

资料来源：马学礼. 重塑规则还是整合地缘：亚太经济深度一体化的模式之争 ［J］. 东南亚研究，2015（5）：54 – 62.

三、深度自由贸易区含义

深度自由贸易区是深度一体化的组织形式和重要载体。目前，学术界很少有深度自由贸易区的提法，类似的概念有深度贸易协定（WTO，

2011）、自由贸易协定深度一体化（东艳等，2009；彭水军和曾勇，2022）等。事实上，深度自由贸易区仍属于自由贸易区范畴。结合已有研究对自由贸易区和深度一体化含义的界定，这里将尝试给出深度自由贸易区的含义。目前，针对自由贸易区的含义，被广为接受的解释主要有三个。

一是按照传统国际经济学的解释，区域经济一体化的组织形式根据其发展程度可以划分为优惠贸易安排、自由贸易区、关税同盟、共同市场、经济联盟和完全经济一体化6种形式（谈毅，2008）。其中，自由贸易区是指两个或两个以上的国家或独立关税体之间通过达成协定，相互取消关税和与关税具有同等效力的其他措施而形成的经济一体化组织（梁双陆和程小军，2007）。与区域经济一体化其他组织形式相比（见表2-3），自由贸易区的一体化水平处于初级形态，其成员国在实行内部自由贸易的同时，对外不实行统一的关税和贸易政策，不涉及生产要素的跨国自由流动、经济政策协调一致、政治和法律方面的统一。

表2-3　　　　区域经济一体化不同组织形式的特点对比

组织类型	成员国间关税优惠	成员国间自由贸易	共同对外关税	生产要素自由流动	各种经济政策协调一致	经济、政治与法律统一
优惠贸易安排	√	×	×	×	×	×
自由贸易区	√	√	×	×	×	×
关税同盟	√	√	√	×	×	×
共同市场	√	√	√	√	×	×
经济联盟	√	√	√	√	√	×
完全经济一体化	√	√	√	√	√	√

资料来源：谈毅. 国际区域经济合作［M］. 西安：西安交通大学出版社，2008.

二是按照WTO的解释，区域经济一体化组织签署的协定统称为区域贸易协定，根据其合作水平可以划分为局部范围协定、自由贸易协定、关税同盟协定和经济一体化协定4种形式，这些形式的组织根据WTO规则成立，需通报 WTO 认可，具有排他性、机制性和约束性特征（杨勇，2011）。其中，局部范围协定又称局部自由贸易区协定，是指成员方之间有限数量的产品关税减让或取消的协定安排。这类协定往往是一些发展中国家实行贸易自由化的起步阶段，例如中国—东盟自由贸易协定中的"早期收获计划"，相当于关税及贸易总协定（General Agreement on Tariffs and Trade，GATT）第 24 条①第 5 款所规定的"过渡性协定"。因此，局部范围协定也可以归入自由贸易协定。自由贸易协定可以理解为在两个或两个以上的一组关税领土中，对成员领土之间实质上所有有关产品自此类领土产品的贸易取消关税和其他限制性贸易法规。与区域贸易协定其他形式相比（见表 2 - 4），自由贸易协定的成员国之间仅限于实行商品贸易自由，对外不实行统一的关税和贸易政策，不涉及服务贸易自由。

表 2 - 4　　　　　　　　区域贸易协定不同形式的特点对比

协定类型	部分商品贸易自由	商品贸易自由	共同对外关税	服务贸易自由
局部范围协定	√	×	×	×
自由贸易协定	√	√	√	√
关税同盟协定	√	√	√	√
经济一体化协定	√	√	√	√

资料来源：作者根据各类型的定义进行制作。

不过，在 GATT 第 24 条第 5 款中提到一个非常重要的概念，即"其他商业性规则"。该款（b）项规定"就自由贸易区或过渡到自由贸易区的临时协定而言，在建立任何自由贸易区或采用临时协定之时，对与非此类自由贸易区成员或协定参与方的缔约方的贸易实施的关税

---

① GATT 第 24 条是 WTO 关于区域贸易协定多边规则的基础与核心。通过 GATT 第 24 条，GATT/WTO 多边贸易规则确立了自由贸易区、关税同盟和旨在建立关税同盟或自由贸易区的过渡性协定三种区域贸易安排的具体表现形式。

和其他商业性法规，总体上不得高于或严于在形成此种自由贸易区或临时协定之前，各成员领土实施的关税和贸易法规的总体影响范围"。虽然 WTO 并没有对其他商业性规则的概念进行解释，但是它的含义直接决定了 GATT 第 24 条第 5 款这一实体外部标准的纪律内涵和宽严程度，也直接涉及确定一项自由贸易安排是否符合 GATT/WTO 规则问题。在 1996 年土耳其纺织案中，WTO 专家组对其他商业性法规进行了定义，认为其涵盖影响贸易的任何法规，例如被 WTO 规则所管辖领域的措施，诸如卫生和植物卫生措施、关税估价、反倾销、技术性贸易壁垒，以及其他任何与贸易有关的国内法规，诸如环境标准、出口信贷计划等（蒋成华，2011）。这个定义为自由贸易协定覆盖范围的扩大提供了一定的法律基础。

三是按照中国商务部和海关总署于 2008 年联合发布关于《规范自由贸易区表述的函》① 的解释，自由贸易区是指两个以上的主权国家或单独关税区通过签署协定，在 WTO 最惠国待遇基础上进一步相互开放市场，分阶段取消绝大部分货物的关税和非关税壁垒，改善服务和投资的市场准入条件，从而形成的实现贸易和投资自由化的特定区域。它与在国内某个城市或区域划出一块土地，建立类似于经济开发区、出口加工区、保税区等实行优惠经贸政策的特定园区有着本质区别。

对比上述关于自由贸易区的三种概念，传统国际经济学和 WTO 所定义的自由贸易区仅涉及货物贸易领域，因而仍属于浅度一体化。中国商务部和海关总署对自由贸易区的解释，不仅涉及货物贸易，而且还包括服务、投资等领域，因此从条款涵盖范围上来看属于深度一体化。因此，在此基础上，深度自由贸易区可以定义为两个以上的主权国家或单独关税区，在 WTO 最惠国待遇基础上，通过签署协定将自由贸易区涵盖的内容从传统的边境上措施如关税、非关税壁垒等扩展至边界后措施如投资、竞争政策、知识产权保护等方向。

---

① 商务部. 海关总署关于规范"自由贸易区"表述的函. http：//www. mofcom. gov. cn/article/b/e/200805/2008 0505531434. shtml.

第二节　深度自由贸易区的相关理论

一、传统区域经济一体化理论

传统区域经济一体化理论是在 20 世纪 50～60 年代形成的。当时，以 1956 年成立的欧洲经济共同体为标志掀起了区域经济一体化高潮。关税同盟理论被认为是传统区域经济一体化理论的核心，它由美国普林斯顿大学经济学教授维纳（Jacob Viner）提出。维纳（1950）在其《关税同盟问题》一书中提出：关税同盟的静态福利效应由贸易转移效应和贸易创造效应共同决定。贸易创造效应是指缔结关税同盟后，因成员国之间相互减免关税而带来的同盟内部的贸易规模扩大与生产要素重新优化配置所形成的经济福利水平提高的效果。贸易创造表现为由于关税同盟内实行自由贸易后，产品从国内成本较高的企业生产转往成本较低的成员国生产，从而使进口增加，新的贸易得以"创造"。贸易转移效应是指缔结关税同盟后，由于对内减免贸易壁垒、对外实行保护贸易，导致某成员国从世界成本最低的国家进口转向同盟内成本最低的国家进口所造成的整个社会财富浪费和经济福利水平下降的效果。贸易转移表现为由于建立了关税同盟，成员国之间的相互贸易取代了成员国与非成员国之间的贸易，导致从外部非成员国较低成本的进口，转向从成员国较高成本的进口，发生了"贸易转移"。

如图 2-1 所示，A、B 和 C 分别代表三个国家。纵轴 P 表示价格，横轴 Q 表示数量；S 和 D 分别表示 A 国国内的供给和需求曲线。P_T 表示 A 国的价格，P_C 表示 A 国从 C 国进口产品的价格；P_B 表示 A 国从 B 国进口产品的价格。A 国与 B 国组成关税同盟前，A 国从 C 国进口商品，进

口价格是 P_C，加上关税 t，就等于 A 国的国内价格，即 $P_T = P_C + t$。在 P_T 价格条件下，A 国国内生产供应量 S_0，国内需求量 D_0，供需缺口 S_0D_0 通过从 C 国进口的商品来满足。A 国和 B 国组成关税同盟之后，两国间取消关税，并实施共同的对外关税，导致 A 国从 C 国进口加上共同对外关税后的实际价格高于从 B 国进口的价格。因而，A 国就不再从 C 国进口，而转向从 B 国进口，这就是贸易转移。此时，A 国国内价格下降至 P_B 水平。在 P_B 价格下，A 国国内生产供应量减少至 S_1，国内需求增加至 D_1，供需缺口 S_1D_1 通过从 B 国进口的商品来满足。将 A 国参与关税同盟前后的进口量进行对比，可以看到 A 国进口量增加 S_1S_0 和 D_0D_1，这两部分增加的进口量就称为贸易创造效应。

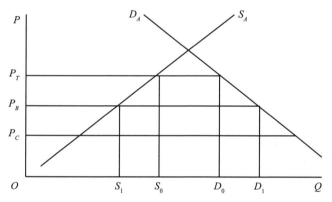

图 2 - 1　关税同盟的贸易创造效应和贸易转移效应

关税同盟静态福利效应的大小取决于以下因素：（1）同盟前关税水平越高，同盟后的贸易创造效果越大，社会福利效果越高。（2）关税同盟成员国的供给与需求弹性越大，贸易创造效果越大。因为建立同盟后，进口品的国内价格下跌，如果供给与需求弹性越大，则生产减少越多，消费增加越多，贸易创造效果越大。（3）关税同盟成员国与非成员国成本差异越小，贸易转移的损失越小。（4）关税同盟成员国的生产效率越高，贸易创造效果越大，关税同盟后社会福利水平越有可能提高。（5）关税同盟成员国对非成员国出口品的进口需求弹性越小，非成员国对关税同盟成员进口品的出口供给弹性越小，贸易转移的可能性越小；非关税同盟成员国对成员国出口品的进口需求弹性越小，对成员国进口品的出口供给弹性越小，关税同盟成员国对非成员国的贸易条件改善可能性越大。（6）关税同盟成员国对外关税降低，贸易转移的可能性越小。（7）参加关税同盟的国家越多，贸易转移的可能性越小，资源重新配置的利益越大。（8）关税同盟前成员国彼此间的贸易量越大，或与非成员国之间的贸易量越小，关税同盟后贸易转移的可能性越小，福利越可能提高。（9）一国国内贸易的比重越大，对外贸易比重越小，则参与关税同盟获利的可能性越大，福利越有可能提高。（10）关税同盟成员国的经济结构竞争性越大、互补性越小，关税同盟成立后福利水平越有可能提高。即经济发展阶段相似的国家成立关税同盟的贸易创造效应比较大，而经济发展差距很大的国家不宜结成关税同盟（谈毅，2008）。

除了静态贸易效应，关税同盟还会对成员国产生动态效应，主要包括规模经济效应、竞争效应和投资效应。（1）规模经济效应。关税同盟的建立突破了单个国内市场的限制，原来分散的国内小市场形成了统一的大市场，使得市场规模迅速扩大。各成员国的生产者可以通过提高专业化分工程度，组织大规模生产，降低生产成本，使企业获得规模经济递增效应。（2）竞争效应。关税同盟的建立激化了成员国之间的竞争。参加关税同盟后，由于各国的市场相互开放，各国企业面临来自其他成员国同类企业的竞争，导致一些企业被淘汰，进而在关税同盟内形成垄断企业，有助于抵御外部企业的竞争。（3）投资效应。关税同盟的建立会促使投资的增加。一方面，市场规模的扩大将促使同盟内企业为了生存发展而不断地增加投资；另一方面，同盟外的企业为了绕开贸易壁垒，纷纷到同盟内进行投资，进而增加了来自关税同盟以外的投资（梁双陆和程小军，2007）。

传统区域经济一体化理论是以欧洲传统工业国家之间的市场一体化为研究对象的。不少学者指出，与欧洲工业国在经济发展阶段或经济贸易结构方面有根本差异的发展中国家之间的经济一体化，不适合用这些理论进行解释。罗布森（2001）认为，有利于贸易创造的条件，恰好是许多发展中国家在区域一体化起步时通常并不具备的。在这个起步时期，这些国家的外贸对它们的国内生产往往很重要，而集团内部贸易只占其贸易总额的一小部分。许多这类发展中国家都严重地依赖于在世界市场上自由买卖的初级产品的出口，一体化不太可能对此类产品生产的资源配置产生重大影响。另一方面，发展中国家进口的产品主要是它们根本不生产的或只能在高贸易壁垒保护下有限生产的中间产品和制成品。因此，根据传统关税同盟理论的收益标准，发展中国家的一体化，除非是其中较为发达的国家，否则搞得好是不对路，搞得差又肯定有害。刘力和宋少华（2002）指出，根据传统区域经济一体化理论，一方面竞争性经济一体化的贸易创造效果大于互补性经济一体化，所以产业结构和发展阶段相似的欧洲诸国间的一体化很大程度上依赖贸易创造，但是工业化程度低、初级产品出口依赖度高的低收入国家就难以期待贸易创造效果。另一方面，发展中国家之间经济一体化的贸易转移效应很大。与发达国家不同，发展中国家的主要生产还依赖于自然资源，有一定工业发展的国家因技术、资本、经营能力的劣势，其生产成本比发达国家高。在这种条件下，发展中国家相互间结成经济一体化，实现区域内贸易自由化、对区域外国家采取贸易差别化措施，高成本的区域内产品的消费者价格会比低成本的发达国家产品低廉，导致贸易转移效果。从资源配置的效率分析，发展中国家的经济一体化反而增大负面效应的可能性。

二、区域经济一体化的非传统收益理论

区域经济一体化的非传统收益理论是 20 世纪 80～90 年代形成的，当时以北美自由贸易区和亚太经合组织的建立为标志掀起了新一轮区域经济一体化高潮。以费尔南德斯和波特斯（Fernandez & Portes，1998）

以及希夫和温特尔斯（Schiff & Winters，1998）为代表提出区域经济一体化的非传统收益理论，认为区域经济一体化不仅会带来传统经济收益，还能够带来提供保险安排、保持政策连贯、发出各种信号、提高议价能力、发挥协调机制和改善安全环境等非传统收益（陈雯和卢超铭，2009）。具体含义如下：

（一）提供保险安排

当经济发展水平差别较大的国家之间签署区域贸易协定时，对小国来说签订区域贸易协定的最根本目的是获得进入大国市场的保障。由于小国的议价能力较弱，其获得稳定进入大国市场的条件需要做出单边支付（side-payments）。而大国与小国在达成区域贸易协定后，同时也失去了向小国实施报复的能力，单边支付便是对这一情况的补偿。这种协定被称为保险安排，可以防止大国对小国实施其他的贸易壁垒，也避免了整体性贸易战爆发的危险。

（二）保持政策连贯

一国政府由于各种诱导，例如，利益集团的压力、政治家的利己动机、稳定经济发展的考虑等，都会修改或取消已经制定好的国内政策，这种行为将削弱政府政策的可信度，增加投资者对未来预期的不确定性，进而导致投资下降和社会福利损失。区域贸易协定对成员方的责任和义务等有明确的规定，在国际上享有充分的法律地位，它可以通过惩罚机制和奖励机制有效约束一国政府对政策朝令夕改的行为，进而提高政府政策的连贯性和可信性。一方面，区域贸易协定的成员必须遵守共同制定的规则，频繁改动政策而违反规则的国家会因此受到其他成员国的报复与惩罚；另一方面，一国加入区域贸易协定保持政策稳定性，可以给外国投资者提供一个相对透明且稳定的政策环境，进而吸引更多外国直接投资的流入，促进当地经济的发展。

（三）　发出多种信号

由于存在信息不对称，外界对于一国政府的政策偏好、经济状况以及本国与他国关系等信息并不了解，并对该国是否会履行其自由化承诺、是否会坚持改革存在疑虑。加入区域贸易协定这一行为可以向外界发出多种信号。（1）表明政府坚持贸易自由化的政策立场；（2）反映该国某些产业具有较高的竞争力，能够抵御贸易自由化之后带来的外部冲击，是值得外国投资者投资的；（3）表明国家间较为稳定的外交关系，减少了国家间未来发生冲突的不确定性。

（四）　提高议价能力

一国参与区域贸易协定有助于该国提高其在国际经济事务中的议价能力。对于小国而言，在一个区域性组织中这些国家的呼声更容易得到尊重，并通过一体化组织在全球范围的谈判中得到放大；对于大国而言，通过推进区域经济一体化进程，不仅可以获得区域合作的内部收益，在区域内寻求经济事务的主导权，而且可获得区域合作的外部收益，增加与区域外国家贸易谈判中的筹码，进而获得制定国际经济规则的主导权，提高其在国际经济事务中的地位。

（五）　发挥协调机制

根据国际贸易理论，贸易自由化可以促进生产要素在全球范围内更为有效的配置，有利于各国发挥比较优势，提高经济增速和福利水平。不过，贸易自由化也会导致国家或集团之间的收益分配不均衡，部分受损，部分受益。一般而言，从贸易自由化中获益的人范围广、带有不确定性，而且获益的效应在短时间内无法显现。而贸易自由化所带来的损失是即时的、显著的，能够立刻被发现。这些因素使得支持自由贸易的人比反对自由贸易的人更难协调。区域贸易协定能把那些从贸易自由化获益的国家组织起来，协调其行动，动员支持自由贸易的力量，减少自由贸易利益分散和不确定带来的负面影响。

（六）改善安全环境

以推动贸易自由化为目标的区域贸易协定可以在两个层面成为推动国家间和平的力量。一方面，它加深了成员国之间的贸易依存程度，从而削弱了一国运用武力手段来实现国家利益的决心；另一方面，它包含了具有一定约束力的规则、规范和制度，通过消除内部分裂或内战等国内安全威胁以及来自第三国的安全威胁，改善成员国的安全。

综上所述，非传统收益理论丰富了国际经济一体化理论，从新制度经济学视角强调区域经济一体化组织作为一种制度创新的约束力。不仅如此，该理论的提出比传统区域经济一体化理论更符合现实的假定和描述。一方面，它强调一国参与区域经济一体化的目标是多元的，不仅为了经济利益，而且也为了非经济利益；另一方面，它考虑到不同规模的国家参与区域经济一体化的比较优势差异，追求目标的侧重点也有所差别。大国更看重对国际经济规则的影响力，而小国因实力有限更关注大国市场是否对其开放，并且小国需要对大国提供单边支付。不过，非传统收益理论还不是一个系统的理论，没有指出各类非传统收益之间的相互关联。而且，非传统收益理论主要采用描述法和列举法，无法包含国家参与区域经济一体化的全部动因（席艳乐，2006）。

三、发展中国家区域经济一体化的理论

伴随着发达国家之间以及发达国家与发展中国家之间开展区域经济一体化，20 世纪 50～60 年代，以拉美为代表的发展中国家之间也在积极开展一体化合作。针对此现象，学者们专门针对发展中国家之间的区域经济一体化，提出了中心—外围理论、国际依附理论和综合发展理论。

（一）中心—外围理论

该理论由普雷维什（Prebisch）和辛格（Singer）提出，它的核心思想是发展中国家贸易条件恶化论。"中心"是指富有的资本主义工业国家，它们建立为自身利益服务的国际经济体系；"外围"则指通过初级产品的生产和出口而与"中心"发生联系的参差多样的发展中国家。普雷维什和辛格认为，百余年来，初级产品在国际市场上的价格相对于制成品的价格大大下降，而发展中国家的贸易结构则主要是出口初级产品和进口制成品，故发展中国家的贸易条件呈长期恶化趋势。贸易条件的这一变动趋势使实际国民收入从发展中国家向发达国家转移，同时也阻碍着发展中国家的资本积累和经济成长。因此，这种"中心—外围"关系是一种不平等的"支配—依附"关系。为了摆脱发达国家的控制，该理论强调。第一，发展中国家必须实行进口替代的工业化战略，以打破旧的国际经济体系。同时，外围国家应联合起来采取国际行动，建立新的国际经济新秩序，以迫使中心国家提高对初级产品的需求。第二，以发展中国家之间的合作取代旧的国际经济体系。发展中国家要实现进口替代工业化战略，首先要解决国内市场狭小的问题。而解决这一方法的重要途径就是发展中国家之间的区域经济一体化，以发展中国家的相互合作和开放市场来满足工业化的要求（李玉举，2008）。

（二）激进主义的国际依附理论

以巴兰（Paul Baran）、阿明（Samir Amin）、弗兰克（Ander Gunder Frank）等为代表，从不平等力量去观察发达国家与发展中国家的关系，而通过对发达国家与发展中国家的内部条件与外部条件、制度、历史、政治与现状的分析对比，进一步认为二者的关系是富国支配穷国、穷国依附于富国并受之剥削的"支配—依附"关系，这是不平等的国际资本主义制度历史演进的结果。中心支配和剥削外围，并在外围确立其代理人；外围依附中心，其中心的代理人又在不平等的制度中获得利益。这种不平等的权利关系的统治，使穷国不能独立自主地决定自身的经济发展战略和政策。因而，穷国要走上独立自主、自力更生的发展道路将十分困难，以至于不可能。另外，国际依附论者也不同意"中心—外围"理论提出的发展中国家依靠工业化来实现经济发展的观点。他们认为，随着外围国家工业化的发展和劳动生产率的提高，中心与外围的差距不但不会趋于缩小，受支配的外围工业化的结果反而是对中心经济上的依附性和附属性进一步加深，在这种不平等的国际资本主义体系中，发展中国家要独立自主发展，几乎不可能。按照这些学者的观点，发展中国家要实现真正的经济发展，就必须进行内部彻底的制度和结构改革，同时实行内部各国的经济一体化，彻底摆脱对发达国家的依附。尽管"中心—外围"理论与激进主义的国际依附理论存在明显的差别，但二者在理论内容和政策主张上存在很多共同点，即认为现代国际经济体系是不合理的，发展中国家要谋求经济发展的成功，就必须摆脱这种不合理的国际经济体系，实行内部的区域经济一体化（刘力和宋少华，2002）。中心—外围理论和国际依附理论共同构成了第二次世界大战以后发展中国家区域经济一体化的主要理论基础。

（三）综合发展战略理论

该理论由鲍里斯·赛泽尔基（1987）提出，其原则、主要因素及主要问题表现如下：

（1）综合发展战略理论的原则：①经济一体化是发展中国家的一种发展战略，它不限于市场的统一，也不必在一切情况下都寻求尽可能高的其他一体化形式；②两极分化是伴随一体化出现的一种特征，只能通过强有力的共同机构和政治意志制定系统的政策来避免；③鉴于私营部门在发展中国家一体化进程中占的统治地位是导致其失败的重要原因之一，故有效的政府干预对于经济一体化的成功是重要的；④发展中国家的经济一体化是它们集体自力更生的手段和按新秩序逐渐改变世界经济的要素。

（2）发展中国家地区实施经济一体化应考虑经济和政治方面的因素：经济因素：①区域内经济发展水平及各国间的差异；②各国间经济的相互依赖程度；③新建经济区的最优利用情况，特别是资源与生产要素的互补性及其整体发展潜力；④与第三国经济关系的性质，外国经济实体（如跨国公司）在特定经济集团中的地位；⑤根据特定集团中的实际条件选择的一体化政策模式和类型的适用性。政治因素：①各国间社会政治制度的差异；②各国间有利于实现一体化的政治意志状况及稳定性；③该集团对外政治关系模式；④共同机构的效率及其有利于集团共同利益的创造性活动的可能性。

（3）制定经济一体化政策应注意的问题：①各国发展战略和现行经济政策应有利于经济一体化发展；②生产和基础设施应该是经济一体化的基本领域，集团内的贸易自由只应该是这个进程的补充；③在形势允许时，经济一体化应包括尽可能多的经济和社会活动，以便创立和加强有关国家的区域统一性；④应特别重视通过区域工业化来加强相互依存性，并减少发展水平的差异；⑤通过协商来协调成员国利用外资的政策；⑥对较不发达成员国给予优惠待遇，以减轻一体化对成员国两极分化的影响。

综合发展战略理论突破了以往经济一体化理论的研究方法，抛弃了用自由贸易和保护贸易理论来研究发展中国家的经济一体化进程，主张用与发展理论紧密相连的跨学科的研究方法，把一体化作为发展中国家的发展战略，不限于市场的统一。充分考虑了发展中国家经济一体化过程中国内外的制约因素，把一体化当作发展中国家集体自力更生的手段和按新秩序变革世界经济的要素。在制定经济一体化政策时，主张综合考虑经济和政治因素，强调经济一体化的基础是生产及基础设施领域，必须提供有效的政府干预。不过，该理论将民营企业的统治地位作为发展中国家一体化失败的原因之一，存在一定的不合理之处。

四、深度自由贸易区理论

（一）传统自由贸易区理论

在关税同盟理论框架的基础上，彼得·罗布森（2001）结合自由贸易区不同于关税同盟的基础特征专门提出了自由贸易区理论。与关税同盟相比，自由贸易区具有两个显著的特征。（1）自由贸易区成员国在实行内部自由贸易的同时，对外不实行统一的关税和贸易政策；（2）实行严格的原产地规则，以避免贸易偏转，即自由贸易区外第三方国家将货物通过区内关税最低的成员转运至较高的成员。如图 2 - 2 所示，假设两个国家，H 国和 P 国。在某些产品的生产上，H 国的效率比 P 国低。这两个国家对该产品的进口实施不同的关税：H 国实施非禁止性关税，P 国实施禁止性关税。D_H 为 H 国的需求曲线，S_H 为 H 国的供应曲线，S_{H+P} 为 H 国和 P 国全部供应曲线，P_H 是 H 国加入自由贸易区前的国内价格，P_W 是世界价格。H 国在加入自由贸易区前，以 P_W 价格从世界市场进口，征收关税后，国内价格为 P_H。在 P_H 价格水平下，H 国国内生产供

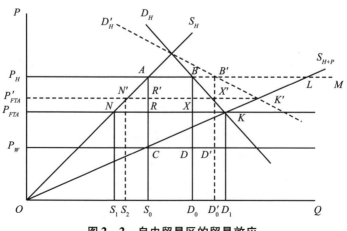

图 2 - 2　自由贸易区的贸易效应

资料来源：彼得·罗布森. 国际一体化经济学 [M]. 上海：上海译文出版社，2001.

应为 OS_0，需求为 OD_0，进口数量为 S_0D_0。H 国与 P 国组成自由贸易区后，P_{FTA} 是两国组成自由贸易区后的区内价格。在此价格水平上，H 国的生产供应为 OS_1，需求为 OD_1，S_1D_1 为从 P 国进口商品的数量。其中，S_1S_0 和 D_0D_1 是贸易创造的结果，S_0D_0 是贸易转移的结果。不过，传统自由贸易区理论是以传统区域经济一体化理论为基础的，并且仅考虑自由贸易区关税和非关税壁垒等边境上措施的消除，没有涉及成员国边境后措施的一体化，对解释发展中国家之间的深度自由贸易区存在一定的局限性。

（二）深度自由贸易区的理论逻辑

与传统区域经济一体化理论提出的背景有所不同，深度自由贸易区的建立主要受到全球价值链分工的驱动。自 1980 年以来，伴随着信息通信技术的革新以及贸易壁垒的下降，生产中的跨国分工与合作日益频繁。为了实现成本最小化以及最优化利用全球资源，许多企业选择将产品的各个环节分散至全球不同国家进行，附加值在每个环节上被依次创造和累加，并通过国际贸易传递至下一个国家。由此，导致国际分工形态从以最终产品为界限的传统分工模式逐步转向以产品价值增值为界限的全球价值链分工模式（霍伟东等，2018），国际生产体系也由传统的一国生产、全球销售模式转变为国际生产、全球销售新模式，并促使生产、贸易、服务与投资融入"一体化综合体"。其中，生产分割根据要素禀赋差异在全球进行配置。在贸易结构中，中间产品贸易成为主体，服务统筹了生产分割和离岸外包，跨国公司通过外国直接投资实现全球战略布局（盛斌和陈帅，2015）。因此，全球价值链分工客观上不仅要求消减关税与非关税壁垒（特别是对于中间产品和服务），而且要推动贸易和投资便利化，这必然会使国际贸易政策改革领域逐渐从传统的"边境上壁垒"延伸至"边境内壁垒"，这形成了深度自由贸易区的体制基础（程大中等，2017）。

根据盛斌和陈帅（2015）的研究，全球价值链分工与深度自由贸易区建立的内在机制可以呈现在图 2－3 中，具体表述有这几点。（1）全球价值链分工要求贸易自由化和便利化。一方面，在全球价值链下，中间品要进行多次跨境贸易，其面临的贸易壁垒会产生累积和放大效应。通过大幅度消减中间品关税和非关税壁垒，能够有效抑制关税升级，降低下游加工制造行业的生产成本，提升一国的出口竞争力，这对于一国融入全球价值链尤为重要；另一方面，提高贸易便利化有助于降低贸易通关与物流费用、节省贸易时间、增加透明度与可预测性，进而使全球价值链平稳运行，减少企业对库存的依赖以及对世界需求变化作出快速回应。（2）全球价值链分工要求服务贸易自由化。在全球价值链中，研发、产品设计、品牌和营销等附加值较高的服务环节被领先企业控制，领先企业借助这些环节可以控制整个价值链。不仅如此，生产性服务业作为中间投入品进入生产环节，发挥着调节生产的功能，有效提升货物贸易竞争力。服务贸易还促进了价值链内资本、人员与信息流动，有效协调价值链不同环节的联结。因此，促进服务贸易自由化，有助于服务贸易在全球价值链中充分发挥控制、协调和联系功能。（3）全球价值链分工要求投资自由化和便利化。在全球价值链体系下，投资与贸易具有很强的互补性，并有助于技术和知识的转移及外溢。因此，促进投资自由化和便利化，对于一国的出口能力提升以及知识转移的承接具有非常重要的作用，进而推动其融入全球价值链分工。（4）全球价值链分工要求促进标准和规制融合。当企业参与全球价值链时，各国产品标准和认证体系差异会给企业带来额外的生产和协调成本。为了促进企业融入价值链，国家之间需要确立统一的标准和认证要求，并改革本国的规范和标准以符合最佳国际惯例。与此同时，国家间的规制差异会造成不公平竞争和经济扭曲。比如，腐败和权力关系会损害公平竞争，不合规的环境与劳动标准会造成社会倾销，因而通过完善国内的竞争政策、健全法律法规制度，有助于构建一个透明、公正与竞争性的商业环境，推动全球价值链健康发展。

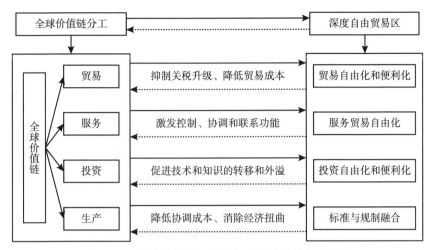

图 2 - 3 全球价值链与深度自由贸易区的内在机制

资料来源：作者自制。

不仅如此，基于全球价值链分工视角还可以将自由贸易区进行分类。结合全球价值链微笑曲线（见图 2 - 4），程大中等（2017）将自由贸易区划分为基于全球价值链垂直分工而构建的垂直型自由贸易区（简称 *GVC* 垂直型 *FTA*）以及基于全球价值链水平型分工而构建的水平型自由贸易区（简称 *GVC* 水平型 *FTA*）。后者还可以进一步划分为全球价值链高端水平自由贸易区（*GVC* 高端水平型 *FTA*）与全球价值链低端水平自由贸易区（*GVC* 低端水平型 *FTA*）。相比较而言，各类自由贸易区的发展绩效和风险存在差异。*GVC* 垂直型 *FTA* 是基于全球价值链垂直型分工而构建，能够为处于价值链低端的成员国提供参与全球价值链分工并从中获益的机会，但是这种自由贸易区容易造成低端国家陷入低端锁定的困局。*GVC* 高端水平型 *FTA* 是由市场和企业推动的，成员国收入水平较高，贸易与投资规模越大，因而发展绩效较高，产生的低端锁定风险较低。*GVC* 低端水平型 *FTA* 往往是政府主导的，忽视了市场或企业微观基础。而且，这类自由贸易区的成员国发展水平较低，产品差异性较低，因而发展绩效较低。那么，在全球价值链背景下，中国与非洲国家是否可以构建 *GVC* 垂直型自由贸易区？应该如何构建？产生的经济绩效如何？这些问题需要进一步研究和分析。

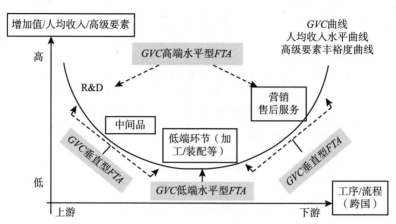

图 2 – 4   以全球价值链分工为基础的自由贸易区构建

资料来源：程大中，姜彬，魏如青．全球价值链分工与自贸区发展：内在机制及对中国的启示［J］．学术月刊，2017（6）：48 – 58.

第三章　中国与非洲在全球
价值链中的分工
地位与依赖关系

　　全球价值链分工是当今世界经济和国际贸易发展的重要特征，它是指跨国公司将产品价值链分割为研发、设计、原材料与零部件生产、成品组装、物流配送、市场营销、售后服务等若干个独立的环节，并将每个环节配置于全球范围内能够以最低成本完成生产的国家和地区（黎峰，2016）。由于嵌入环节的不同，各国在全球价值链上的收益也呈差异化特征。一般而言，发达国家长期控制全球价值链的产品研发、关键零件生产及市场营销等中高端环节，攫取大量的附加值，而发展中国家普遍被嵌入在中低端环节，承担一般零配件的生产和加工，收益甚微（黄灿和林桂军，2017）。因此，对于发展中国家，提升其在全球价值链分工中的地位非常重要，这有助于其实现国内附加值的关联增长，促进本国的就业创造，促进本国长期生产能力建设和提高技能，获得知识与技术扩散效应（盛斌和陈帅，2015）。中国与非洲是发展中国家的代表，中国是世界上最大的发展中国家，非洲是发展中国家最集中的大陆，双方均参与了以发达国家主导的全球价值链，并希望提升其在全球价值链中的分工地位。那么，中国与非洲国家在全球价值链分工中处于什么地位？双方在全球价值链分工中的依赖关系如何？这些问题的解答有助于中非双方在全球价值链背景下寻求建立自由贸易区的契合点。基于此，本章参考克鲁格曼等（2010）提出的全球价值链分解原理，通过构建全球价值链地位指数和依赖关系指数，并结合 UNCTAD-Eora 全球价值链数据库评估中非双方在全球价值链中的分工地位与依赖关系。作为补充，本章还结合贸易总值描述了中国和非洲全球贸易与双边贸易的发展趋势，分析双方以最终产品为界限的传统国际分工。

第一节　全球价值链分解原理与指标构建

全球价值链分解原理

（一）　全球价值链分解的含义

全球价值链以生产过程分节化和中间品贸易为主要特征，它的形成使得生产的各个阶段被分配到不同的国家和地区，并且带动了中间投入品贸易的快速增长（蔡礼辉等，2019）。传统的贸易统计方法以贸易总值为统计标准，忽视了生产过程中中间产品贸易的作用，造成贸易流量的高估，并且也无法反映各个国家或地区在国际生产分工中的地位和获益程度。增加值贸易统计方法在一定程度上解决了上述问题，它可以全面体现贸易产品在全球价值链中不同地域和不同生产环节的增值分布，追踪贸易产品中增加值的来源，进而便于分析贸易对本国经济增长的真实贡献，同时还反映一国在全球价值链中的地位，还原全球价值链中各个国家之间真实的依赖关系（佘群芝和贾净雪，2015）。因此，要研究全球价值链下世界各国经济体之间真实的依赖关系，需要将贸易数据按照增加值的来源对全球价值链进行分解。参考克鲁格曼等（2010）描述的全球价值链分解原理（见图 3-1），一国总出口（*EX*）可以分为国内附加值（*DVA*）和国外附加值（*FVA*）。其中，国内附加值可以细分为最终产品附加值（*FNL*）和中间产品附加值（*INT*），且中间产品附加值又可以分为三种，即中间产品出口且进口国用于生产其国内最终需求部分（*IFV*）、中间产品出口且进口国用于加工生产后出口至第三国部分（*IDV*）、中间产品出口且被进口国加工后又出口回到本国部分（*RIM*）。其中，*FNL* 和 *IFV* 总称为直接国内附加值（*DDC*），*IDV* 也称为间接国内附加值（*IDC*）。

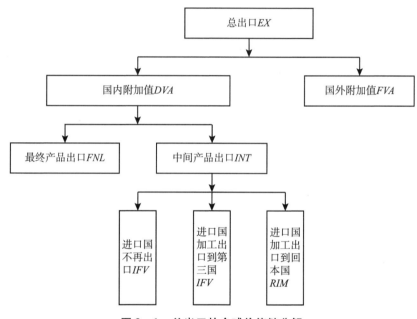

图 3 - 1　总出口的全球价值链分解

来源：Koopman R，Wang Z，Wei S. Tracing value-added and double counting in gross exports ［J］. American Economic Review，2014，104（2）：459 - 494.

（二）基于国家间投入产出表的全球价值链分解

国家间投入产出模型是全球价值链核算的主要方法之一，它可以刻画全球化分工下各经济体之间的产业关联及生产分工。假设全球共有 *N* 个国家（地区），国家间投入产出表的具体表现形式如表 3 - 1 所示。

表 3-1   国家间投入产出

		中间使用				最终需求				总产出
		国家 1	国家 2	⋯	国家 N	国家 1	国家 2	⋯	国家 N	
中间投入	国家 1	X_{11}	X_{11}	⋯	X_{1n}	Y_{11}	Y_{11}	⋯	Y_{1n}	X_1
	国家 2	X_{21}	X_{21}	⋯	X_{2n}	Y_{21}	Y_{21}	⋯	Y_{2n}	X_2
	⋯	⋯	⋯	⋯	⋯	⋯	⋯	⋯	⋯	⋯
	国家 N	X_{n1}	X_{n2}	⋯	X_{nn}	Y_{n1}	Y_{n2}	⋯	Y_{nn}	X_n
增加值		V_1	V_2		V_n					
总投入		X_1	X_2		X_n					

在表 3-1 中，X_{ij} 代表国家 j 在生产某一产品时使用国家 i 的中间产品；Y_{ij} 代表国家 j 对国家 i 的最终需求。基于国家间投入产出表，可以得到以下恒等式：

$$X = AX + Y \qquad (3-1)$$

其中，X 写成向量的形式为 $X = (X_1, X_2, X_3, \cdots, X_n)'$，$X_n$ 代表某一国家的总产出；Y 写成向量的形式为 $Y = \begin{pmatrix} Y_{11} & Y_{21} & \cdots & Y_{n1} \\ Y_{12} & Y_{22} & \cdots & Y_{n2} \\ \cdots & \cdots & \cdots & \cdots \\ Y_{1n} & Y_{2n} & \cdots & Y_{nn} \end{pmatrix}$，$A$ 为

直接消耗系数，写成向量表示为 $A = \begin{pmatrix} A_{11} & A_{12} & \cdots & A_{1n} \\ A_{21} & A_{22} & \cdots & A_{2n} \\ \cdots & \cdots & \cdots & \cdots \\ A_{n1} & A_{n2} & \cdots & A_{nn} \end{pmatrix}$，其中 $A_{ij} = \dfrac{X_{ij}}{X_j}$ 表

示国家 j 使用国家 i 的直接消耗系数。进一步对式（3-1）进行整理得到 $X = (1 - A)^{-1} Y$，写成向量的形式为：

$$\begin{pmatrix} X_{11} & X_{12} & \cdots & X_{1n} \\ X_{21} & X_{22} & \cdots & X_{2n} \\ \cdots & \cdots & \cdots & \cdots \\ X_{n1} & X_{n2} & \cdots & X_{nn} \end{pmatrix} = \begin{pmatrix} 1-A_{11} & -A_{12} & \cdots & -A_{1n} \\ -A_{21} & 1-A_{22} & \cdots & -A_{2n} \\ \cdots & \cdots & \cdots & \cdots \\ -A_{n1} & -A_{n2} & \cdots & 1-A_{nn} \end{pmatrix}^{-1} \begin{pmatrix} Y_{11} & Y_{21} & \cdots & Y_{n1} \\ Y_{12} & Y_{22} & \cdots & Y_{n2} \\ \cdots & \cdots & \cdots & \cdots \\ Y_{1n} & Y_{2n} & \cdots & Y_{nn} \end{pmatrix}$$

$$（3-2）$$

令 $B = (1-A)^{-1}$，称为里昂惕夫矩阵。设 v 表示单位总产出增加值份额，即增加值率，将 v 代入式（3-2），则可得到最终要素需求形成的全球价值链，即：

$$GVC = v(I-A)^{-1}Y = vBY \qquad （3-3）$$

根据总出口等于国内附加值和国外附加值以及式（3-4），全球价值链的分解公式可以写成如下形式：

$$\begin{aligned} EX &= DVA + FVA = \underbrace{FNL + INT}_{DVA} + FVA \\ &= FNL + \underbrace{IFV + IDV + RIM}_{INT} + FVA \\ &= v_i B_{ii} \sum_{i \neq j} Y_{ij} + A_{ij}X_{ij} + A_{ij}X_{jj} + A_{ij}\sum_{k \neq j}X_{kj} + \sum_{j \neq i} v_j B_{ji} EX_i \end{aligned}$$

$$（3-4）$$

（三）全球价值链的地位指数和依赖关系指数

1. 地位指数

根据克鲁格曼等（2010），一国或地区在全球价值链分工中所处的国际地位可以通过全球价值链参与指数和地位指数来衡量，两个指数的表达式如下：

$$GVC_{Participationir} = \frac{IDV_{ir}}{E_{ir}} + \frac{FVA_{ir}}{E_{ir}} \qquad （3-5）$$

$$GVC_{Positionir} = \ln\left(1 + \frac{IDV_{ir}}{E_{ir}}\right) - \ln\left(1 + \frac{FVA_{ir}}{E_{ir}}\right) \qquad （3-6）$$

其中，IDV_{ir} 表示 r 国 i 产业出口的中间产品经进口国加工后又出口给第三国的增加值；FVA_{ir} 表示 r 国 i 产业出口中包含的国外价值增值，E_{ir} 表示 r 国 i 产业的总出口。如果一国融入国际分工的方式是提供中间品，那么该国位于全球价值链上游，在全球价值链的分工中处于优势；如果一国进口他国的中间品进行再生产，则处于全球价值链下游，在全球价值链中处于被动分工的状态（Wang et al. ，2013）。因此，IDV_{ir}/E_{ir}代表 r 国全球价值链的上游参与度，表示该国 i 产业参与价值链上游生产分工活动的程度。FVA_{ir}/E_{ir} 代表 r 国全球价值链下游参与度，测度了 r 国 i 产业参与价值链下游生产分工活动的程度。$GVC_{participationir}$用于衡量 r 国 i 产业参与全球价值链的程度，该值越高表明该国参与全球价值链分工的程度越高。此外，$GVC_{positionir}$用来衡量 r 国 i 产业在全球价值链分工中的国际地位，它反映了该国该产业作为中间品出口方与作为中间品进口方的相对重要性。如果 r 国 i 产业处于上游环节（主要包括创意、研发、设计、品牌、零部件生产供应等任务和活动），它会通过向其他经济体提供中间品参与国际生产，那么 r 国 i 产业的间接价值增值（IDV）占总出口的比例就会高于国外价值增值（FVA）的比例。相反，如果 r 国 i 产业处于生产的下游环节（主要指最终产品的组装），就会使用大量别国的中间品来生产最终产品，此时 IDV 就会小于 FVA。该指标越小，表明 r 国 i 产业在全球价值链的位置越靠近下游（牛志伟等，2020）。

2. 依赖关系指数

在全球价值链体系中，各国根据自身的资源禀赋优势生产某一产品特定的生产环节，被加工制造成最终产品之前，中间产品在不同国家间进行流转，从而在国家间形成生产过程中的上下游依赖关系（余群芝和贾净雪，2015）。处于全球价值链下游生产环节的国家，会通过向上游国家进口中间投入品来参与全球价值链分工，从而导致其出口产品中嵌入了一个或多个上游国家创造的国外增加值，由此形成增加值流转基础上的下游生产者对上游供应者的上游依赖。因此，一国与其他国家在全球价值链中形成的上下游依赖关系可以由下游影响度和上游依赖度衡量，具体表达式如下：

$$下游影响度 = \frac{IDV_{sr}}{E_s} \qquad (3-7)$$

$$上游依赖度 = \frac{FVA_{sr}}{E_s} \qquad (3-8)$$

IDV_{sr}表示 s 国出口到 r 国的产品经加工后复出口到第三国中包含的 s 国国内增加值，FVA_{sr} 表示 s 国出口中包含的 r 国的增加值，E_s 代表 s 国的总出口。IDV_{sr}/E_s 越大，意味着 IDV_{sr} 在 S 国总出口中所占的比重越大，说明 s 国作为上游供应国对 r 国的影响越大。FVA_{sr}/E_s 越大，意味着 FVA_{sr} 在 s 国总出口中所占的比重越大，说明 r 国作为 s 国的上游供给者的地位越高，s 国在全球价值链生产中对 r 国的上游依赖度越大。

（四）数据来源

在测算中国与非洲在全球价值链中的分工地位和依赖关系时，需要用到传统贸易总值和增加值贸易数据。传统贸易总值主要来自国家统计局、国际贸易中心（International Trade Center）的 Trademap 数据库和联合国贸发会（UNCTAD）数据库。针对增加值贸易数据，目前主要来自经合组织（OECD）、联合国贸发会（UNCTAD）、发展中国家研究所（IDE）、普渡大学（Purdue University）、欧盟（EU）5 家机构或组织提供相关的数据库，这些数据库的特点总结见表 3 - 2。考虑数据的可获得性，本书采用 UNCTAD-Eora Global Value Chain Database 提供的数据。该数据库提供了 1990～2018 年世界 189 个国家国外增加值（FVA）、国内增加值（DVA）和间接增加值（IDV）等全球价值链关键指标的时间序列数据，同时也提供了 1990～2019 年国别增加值贸易数据（country by country breakdown）。在 189 个国家中，51 个属于非洲国家，分别是阿尔及利亚、安哥拉、贝宁、博茨瓦纳、布基纳法索、布隆迪、喀麦隆、佛得角、中非、乍得、刚果（布）、刚果（金）、科特迪瓦、吉布提、埃及、厄立特里亚、埃塞俄比亚、加蓬、冈比亚、加纳、几内亚、肯尼亚、莱索托、利比里亚、利比亚、马达加斯加、马拉维、马里、毛里塔尼亚、毛里求斯、摩洛哥、莫桑比克、纳米比亚、尼日尔、尼日利亚、卢旺达、圣多美和普林西比、塞内加尔、塞舌尔、塞拉利昂、索马里、南非、斯威士兰、苏丹、南苏丹、坦桑尼亚、多哥、突尼斯、乌干达、赞比亚和津巴布韦。

表 3 - 2　　　　　　　　增加值贸易数据的来源

项目名称	机构	数据来源	国家	产业	年份
Joint ECD-WTO Trade in Value Added (TiVA) initiative	OECD, WTO	National I-O tables, complemented by BTDIxE, TIS and STAN industry databases	57 个	18 个	1995, 2000, 2005, 2008, 2009
UNCTAD-Eora GVC Database	UNCTAD, Eora	National Supply Use and I-O tables from Eurostat, IDE JETRO and OECD	189 个	25 ~ 500 个	1990 ~ 2019
Asian International I-O Tables	Institute of Developing Economies (IDE)	National accounts and firm surveys	10 个	76 个	1975, 1980, 1985, 1990, 2000, 2006
Global Trade Analysis Project (GTAP)	Purdue University	Contribution from individual researchers and organizations	129 个	57 个	2004, 2007,
World Input-Output Database (WIOD)	Consortium of 11 institutions, EU funded	National Supply Use 40 tables	40 个	35 个	1996, 2009

资料来源：AfDB, OECD, UNDP: Global value chains in Africa: Potential and evidence [R]. African Economic Outlook, 2014.

第二节　中国与非洲的全球贸易与双边贸易

为了全面分析中国与非洲在全球价值链分工中的地位和依赖关系，这部分作为补充将基于贸易总值考察中国与非洲全球贸易与双边贸易的发展趋势，分析双方以最终产品为界限的传统国际分工。

一、中国与非洲的全球贸易

（一）中国的全球贸易

自 1978 年中国改革开放以来，对外贸易一直是其经济活动中的重要组成部分，特别是加入 WTO 之后，中国的对外贸易规模发展迅速并取得了举世瞩目的成就。根据联合国贸发会数据显示（见图 3 - 2），在 1978 ~ 2021 年，中国货物贸易进出口总额从 206.4 亿美元上升到 6.05 万亿美元，扩大了近 292 倍。其中，出口总额从 97.5 亿美元上升到 3.36 万亿美元，进口总额从 108.9 亿美元上升到 2.69 万亿美元，分别扩大了近 337 倍和 241 倍。在此期间，中国的贸易差额从 11.76 亿美元的贸易赤字变成 6 752.02 亿美元贸易盈余。与此同时，中国在全球贸易中的占比持续升高，从 1978 年的 1.61% 上升至 2021 年的 27.11%。从 2017 年以来，中国已经连续五年保持世界货物贸易第一大国地位，并连续多年保持第一大出口国和第二大进口国地位。

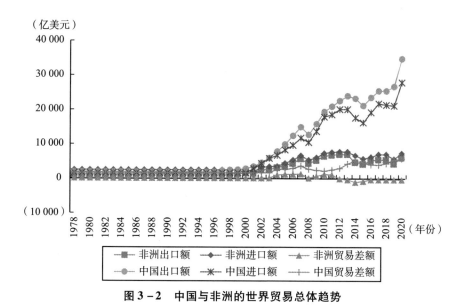

图 3 - 2　中国与非洲的世界贸易总体趋势

资料来源：UNCTADstat.

中国对外贸易的商品结构正在发生显著的变化。2001 ~ 2021 年，在中国出口商品结构中（见表 3 - 3），电机、电气设备及零件和机械器具及机器零件等具有高附加值的资本密集型商品分别位列中国出口的第一和第二位，两者合计占比从 31.9% 上升至 43.03%，这不仅展现了相关

企业强大的产品竞争力，也体现了中国出口商品结构不断优化。相反，
服装和鞋等低附加值的劳动密集型商品正在失去比较优势，其在中国出
口中的占比持续下降。以非针织或钩编的服装和鞋为例，2001 年两种商
品在中国出口中的占比分别为 7.12% 和 3.79%，到 2021 年这两种商品已
经退出中国出口前 10 名。在中国进口商品结构中（见表 3 - 4），电机电
气设备及其零件排名第一的位置一直比较稳定，从 22.94% 略上升至
24.99%。矿物燃料和矿石产品的占比持续上升，分别从 7.19% 和 1.71%
上升至 14.72% 和 5.87%。这两类商品进口占比的上升反映了中国不断
扩大的消费市场和持续多年的高速经济增长对高质量消费品和生产原材
料的需求。相反，机械器具及机器零件进口占比持续下降，从 16.64%
下降至 8.64%，这可能基于两个方面的原因，一方面由于中国制造能力
的提升，部分设备实现了进口替代，另一方面由于美国对高端设备的出
口限制。由此可见，中国的出口商品结构正从劳动密集型产品向资本密
集型产品转变，进口商品结构正从生产资料向生活资料转变。

表 3 - 3　　　　　　　中国出口排名前 10 的商品　　　　单位：%

商品名称	2001 年	商品名称	2021 年
电机电气设备及其零件	19.28	电机电气设备及其零件	26.74
机械器具及机器零件	12.62	机械器具及机器零件	16.29
非针织或钩编的服装	7.12	家具	4.15
针织或钩编的服装	5.06	塑料及其制品	3.90
鞋	3.79	车辆机械零件	3.57
玩具	3.41	玩具	3.03
矿物燃料	3.16	光学及测量仪器	2.90
家具	2.84	钢铁制品	2.84
皮革制品	2.63	针织或钩编的服装	2.57
塑料及其制品	2.52	有机化学品	2.46
合计	62.43	合计	68.45

资料来源：Trademap.

表 3－4　　　　　　　　　　中国进口排名前 10 的商品　　　　　　　　单位：%

商品名称	2001 年	商品名称	2021 年
电机电气设备及其零件	22.94	电机电气设备及其零件	24.99
机械器具及机器零件	16.64	矿物燃料	14.72
矿物燃料	7.19	矿石产品	10.19
塑料及其制品	6.26	机械器具及机器零件	8.64
钢铁	4.50	光学及测量仪器	4.08
光学及测量仪器	4.01	车辆机械零件	3.23
有机化学品	3.69	塑料及其制品	3.10
铜及其制品	2.01	贵金属	2.89
飞机、航空器及其部件	1.87	铜及其制品	2.47
车辆机械零件	1.86	有机化学品	2.25
合计	70.97	合计	76.57

资料来源：Trademap.

（二）非洲的全球贸易

与之形成鲜明的对比，非洲无论是在规模还是增速方面均落后于中国（见图 3－2）。在 1978～2021 年，非洲的货物进出口贸易总额从 1 250.5 亿美元上升到 1.19 万亿美元，仅增加了 8.5 倍。其中，出口总额从 595.71 亿美元上升到 5 606.64 亿美元，进口总额从 654.78 亿美元上升至 6 288.31 亿美元，分别增加了 8.4 倍和 8.6 倍。在此时期，非洲的贸易差额一直保持赤字状态，并从 －59.07 亿美元扩大到 －681.67 亿美元。不仅如此，非洲出口（进口）在世界出口（进口）中的占比较小并且呈下降的趋势，从 1978 年的 4% 下降至 2021 年的 2%，这说明非洲在全球贸易中被边缘化的现象一直都未改善。

不仅如此，非洲对外贸易的商品结构变化也不显著。2001～2021 年，在非洲的出口商品结构中（见表 3－5），矿物燃料和贵金属一直是非洲出口的最主要的两种商品，两者占据非洲出口的半壁江山，反映了非洲出口商品结构较为单一，附加值不高。服装和机械器具及机器零件曾在 2001 年非洲出口中占据一席之地，但是到 2021 年也失去了比较优势，跌出出口排名前 10。不过，非洲出口商品结构也呈现一些积极的变化。车辆机械零件和电机电气设备及其零件等高附加值的资本密集型产品占比略有上升，从 4.26% 上升至 5.64%，食用水果与坚果以及可可等农产品正在成为非洲出口的新增长点，这些商品将有助于非洲出口实现多样化。在非洲进口商品结构中（见表 3 - 6），机械器具及机器零件、矿物燃料、电机电气设备及其零件、车辆机械零件、谷物、塑料、钢铁、医药产品、钢铁制品等制成品和农产品是非洲的主要进口商品，并且这种状况一直比较稳定。所以，非洲对外贸易结构仍以出口原材料、进口制成品为主，但是出口中制成品和农产品正在成为新的增长点，这在未来有助于改变非洲出口商品单一以及在全球贸易中被边缘化的状况。

表 3 - 5　　　　　　　　　　非洲出口排名前 10 的商品　　　　　　单位：%

商品名称	2001 年	商品名称	2021 年
矿物燃料	44.16	矿物燃料	34.07
贵金属	8.72	贵金属	15.23
非针织或钩编的服装	4.14	矿石产品	5.87
钢铁	2.30	铜及其制品	4.67
机械器具及机器零件	2.24	车辆机械零件	3.05
车辆机械零件	2.19	电机电气设备及其零件	2.59
电机电气设备及其零件	2.07	无机化学品	2.27
针织或钩编的服装	1.97	食用水果与坚果	2.27
鱼类产品	1.96	可可	2.08
矿石产品	1.79	钢铁	2.05
合计	71.56	合计	74.16

资料来源：Trademap.

表 3 - 6　　　　　　　　　非洲进口排名前 10 的商品　　　　　单位: %

商品名称	2001 年	商品名称	2021 年
矿物燃料	14.73	机械器具及机器零件	12.92
机械器具及机器零件	10.04	矿物燃料	11.78
电机电气设备及其零件	7.17	电机电气设备及其零件	8.31
车辆机械零件	7.11	车辆机械零件	6.89
谷物	4.85	谷物	5.10
塑料	4.30	其他商品	3.29
医药产品	3.48	塑料	3.28
钢铁	3.11	钢铁	2.65
船制品	2.27	医药产品	2.47
钢铁制品	2.23	钢铁制品	2.43
合计	59.29	合计	59.12

资料来源: Trademap.

二、中国与非洲的双边贸易

中国与非洲国家虽然相隔万里,但是双边的关系源远流长。特别是 2000 年第一届中非合作论坛的成功举行,拉开了中非经济全面合作的序幕,推动双边经贸合作不断得到巩固和加深。贸易合作是中非经贸合作的主要内容,在过去几十年来主要呈现以下四个特征:

(一) 贸易规模持续扩大

根据国家统计局以及 Trademap 数据显示(见图 3 - 3),1950 年,中非双边贸易额仅为 1 214 万美元,1980 年超过 10 亿美元。2000 年中非合作论坛成立后,中非贸易额突破 100 亿美元大关,2008 年这一数字突破千亿美元,达到 1 068 亿美元,2013 年突破 2 000 亿美元,达到 2 100 亿美元,是论坛启动时的 21 倍。尽管 2020 年暴发的新冠疫情对全球经

济带来负面冲击，但中非贸易额逆势增长。2021 年，中非贸易额达到
2 543 亿美元，创下 2014 年以来新高。其中，中国自非洲进口 1 059 亿
美元，同比增长 43.7%，对非洲出口 1 483 亿美元，同比增长 29.9%。
此外，中非贸易差额在 2004～2014 年经历了近 10 年的贸易逆差之后，
开始进入贸易顺差时期，并且该顺差额在不断增加。2021 年，中非贸易
顺差达到 422.7 亿美元，达到了历史最高水平。

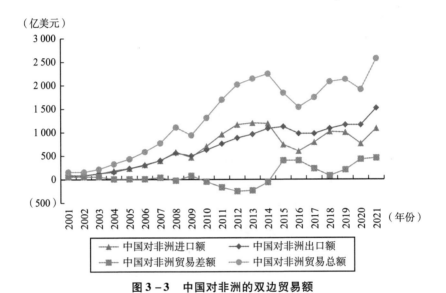

图 3 - 3　中国对非洲的双边贸易额

资料来源：Trademap.

（二）在双方贸易总额中的占比持续升高

如图 3 - 4 所示，2001 年，中国与非洲贸易总额在非洲贸易总额的
占比仅为 4.72%，2021 年该比例跃至 21.53%，达到了历史最高点，中
国已经连续 13 年稳居非洲第一大贸易伙伴国地位。不过，相对而言，中
非贸易在中国贸易总额中的占比还比较低，2001～2021 年该比例仅从
2.11% 上升至 4.20%。这意味着中国对非洲市场的开拓仍存在广阔的
前景。

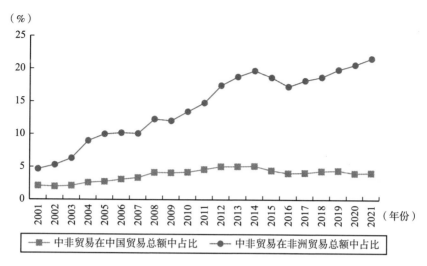

图 3 - 4　中非贸易在中国和非洲贸易总额中占比

资料来源：Trademap.

（三）中国对非洲贸易商品结构互补性强

基于各自的比较优势，中国对非洲的贸易商品结构呈现"出口以制成品为主，进口以矿产品为主"的显著特征（见表 3 - 7 和表 3 - 8）。2021 年，中国对非洲出口最多的 10 个商品分别为：电机电气设备及其零件，机械器具及机器零件，车辆机械零件，塑料及其制品，钢铁制品，家具，鞋靴、护腿和类似品，钢铁，针织或钩编的服装，人造纺织材料等。这些商品占中国对非洲出口的比例合计为 59.12%。同年，中国对非洲进口最多的 10 个商品分别为：矿物燃料、矿物油及其蒸馏产品，矿砂、矿渣及矿灰，珍珠、宝石或半宝石和贵金属，铜及其制品，其他贱金属，含油的籽、果仁和果实，钢铁，木及木制品，无机化学品和烟草及烟草代用品的制品。这些商品占中国对非洲进口的比例合计为 94.80%。虽然中国对非洲的进口商品结构仍然比较集中，但是其多样性明显高于 2000 年。除了矿产品，中国从非洲的进口增加了农产品和无机化学品。

59

表 3 - 7　　　　　　　　中国对非洲出口排名前 10 的商品　　　　　　单位：%

商品名称	2001 年	商品名称	2021 年
电机电气设备及其零件	12.68	电机电气设备及其零件	13.40
机械器具及机器零件	8.53	机械器具及机器零件	11.18
化学纤维短丝	6.71	车辆机械零件	6.82
鞋靴、护腿和类似品	5.51	塑料及其制品	5.05
棉花	5.37	钢铁制品	4.93
车辆机械零件	4.34	家具	4.36
非针织或非钩编的服装	3.97	鞋靴、护腿和类似品	3.69
钢铁制品	3.68	钢铁	3.18
针织或钩编的服装	3.68	针织或钩编的服装	3.10
化学纤维长丝	2.67	人造纺织材料	2.85
合计	57.13	合计	58.57

资料来源：Trademap.

表 3 - 8　　　　　　　　中国对非洲进口排名前 10 的商品　　　　　　单位：%

商品名称	2001 年	商品名称	2021 年
矿物燃料、矿物油及其蒸馏产品	56.17	矿物燃料、矿物油及其蒸馏产品	38.56
矿砂、矿渣及矿灰	9.06	矿砂、矿渣及矿灰	20.15
木及木制品、木炭	8.14	珍珠、宝石或半宝石和贵金属	14.75
其他商品	6.79	铜及其制品	11.20
珍珠、宝石或半宝石、贵金属	2.87	其他贱金属	4.22
烟草及烟草代用品的制品	2.26	含油的籽、果仁和果实	2.26
钢铁	2.07	钢铁	1.66
盐、硫黄、泥土及石料、石膏料、石灰及水泥	1.62	木及木制品、木炭	1.50
铜及其制品	1.46	无机化学品	0.61
机械器具及机器零件	1.21	烟草及烟草代用品的制品	0.55
合计	91.63	合计	95.45

资料来源：Trademap.

（四）　中国在非洲贸易地理结构相对集中的状况略有缓解

如表 3-9 所示，2001 年，中国对非洲出口最多的十个国家分别为南非、尼日利亚、埃及、贝宁、摩洛哥、科特迪瓦、阿尔及利亚、苏丹、加纳、肯尼亚，这些国家在中国对非洲总出口的比重合计为 70.30%。2021年，贝宁、科特迪瓦、苏丹退出前 10 位，由坦桑尼亚、利比里亚和塞内加尔取而代之。当年，前 10 位国家在中国对非洲总出口的比重合计为 68.19%。2001 年，中国对非洲进口最多的十个国家分别为南非、苏丹、安哥拉、赤道几内亚、加蓬、尼日利亚、喀麦隆、刚果（布）、津巴布韦、摩洛哥，这些国家在中国对非洲总进口的比重合计为 91.65%。2021 年，苏丹、赤道几内亚、喀麦隆、津巴布韦、摩洛哥退出前 10 位，由刚果（金）、赞比亚、几内亚、利比亚、毛里塔尼亚取而代之。当年，前 10 位国家在中国对非洲总进口的比重合计为 83.29%。由此可见，不论是中国对非洲出口还是进口，前 10 位的国家所占的比重均有较明显的下降。

表 3-9　　　　　　　中国在非洲排名前 10 位的贸易伙伴　　　　单位：%

出口				进口			
国家	2001 年	国家	2021 年	国家	2001 年	国家	2021 年
南非	17.59	尼日利亚	15.29	南非	24.48	南非	31.18
尼日利亚	15.38	南非	14.26	苏丹	19.57	安哥拉	19.77
埃及	14.64	埃及	12.34	安哥拉	15.06	刚果（金）	11.04
贝宁	8.73	加纳	5.47	赤道几内亚	10.61	刚果（布）	4.42
摩洛哥	5.03	肯尼亚	4.55	加蓬	5.41	赞比亚	4.15
科特迪瓦	4.32	阿尔及利亚	4.29	尼日利亚	4.74	利比亚	3.09
阿尔及利亚	3.73	坦桑尼亚	4.15	喀麦隆	3.83	尼日利亚	2.87
苏丹	3.69	摩洛哥	3.84	刚果（布）	3.78	几内亚	2.64
加纳	2.45	利比里亚	3.84	津巴布韦	2.40	加蓬	2.44
肯尼亚	2.33	塞内加尔	2.27	摩洛哥	1.76	毛里塔尼亚	1.70
合计	77.88	合计	70.30	合计	91.65	合计	83.29

资料来源：Trademap.

第三节　中国与非洲在全球价值链中的
分工地位与依赖关系特征

一、中国在全球价值链中的分工地位

在对外贸易迅速发展的同时，中国在全球价值链的参与度和地位指数也越来越高。如图 3 - 5 所示，1990 ~ 2018 年，中国的全球价值链参与度从 29.5% 上升到 44.57%。相比较而言，中国在参与全球价值链分工过程中，上游参与度高于下游参与度，并且两者的时间变化趋势存在差异。其中，上游参与度一直呈上升趋势，从 23.38% 上升到 31.70%，而下游参与度则呈现先上升后下降的态势（2009 年世界经济危机除外），1990 年为 6.12%，2011 年达到峰值为 18.66%，之后持续下降，2018 年为 12.87%。随着参与程度的不断深化，中国在全球价值链中的分工地位指数也正在持续提高。如图 3 - 6 所示，1990 ~ 2018 年，中国整体嵌入全球价值链的地位指数呈现先下降后上升的"U"形变化趋势，并且根据重要时点可以划分为两个阶段：第一阶段 1990 ~ 2004 年，中国全球价值链地位指数持续下降，1990 年为 15.0%，2004 年下降至最低值，仅为 5.84%；第二阶段 2005 ~ 2018 年，中国全球价值链地位指数（2010 年除外）逐步上升，从 6.51% 上升到 15.42%。2010 年，中国全球价值链地位指数出现的短暂下滑，与 2007 年爆发并持续三年的世界金融危机存在直接的关系，这说明世界危机对中国嵌入全球价值链地位的提升造成了较大的负面影响，但是由于中国经济具有较强的韧性，其在全球价值链地位不断攀升的良好态势没有改变。

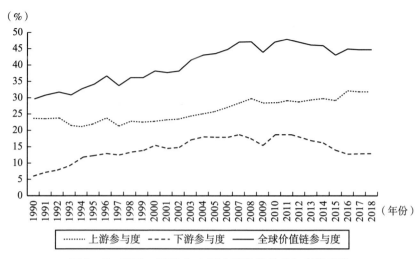

图 3 – 5 1990 ～ 2018 年中国全球价值链参与度的变化

资料来源：UNCTAD-Eora Global Value Chain Database.

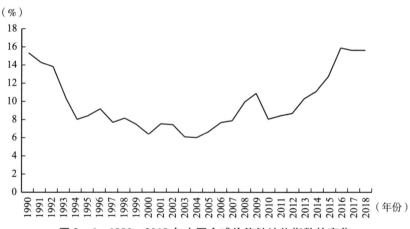

图 3 – 6 1990 ～ 2018 年中国全球价值链地位指数的变化

资料来源：UNCTAD-Eora Global Value Chain Database.

综上所述，中国持续上升的上游参与度，先上升后下降的下游参与度以及先下降后上升的全球价值链地位指数，均反映了中国在全球价值链分工中的地位正在由下游向上游、由低端向中高端转变，这一结论与高敬峰和王彬（2020）以及牛志伟等（2020）一致。导致这种现象发生的主要原因，与中国以加工贸易为主的贸易方式发生的变化密切相关。在 2007 年世界金融危机之前，中国准确把握住 20 世纪 80 年代国际产业转移的浪潮，借助低廉的劳动力成本与政策红利等比较优势，确立了以加工贸易为主的生产模式，并推动中国对外贸易实现了高速发展。如图 3-7 所示，1981~2007 年，中国的加工贸易出口占比持续走高，从 5.14% 上升到 50.71%，在中国出口中一度占据半壁江山。相反，中国一般贸易出口占比持续下降，从 94.5% 下降到 44.42%。不过，由于在加工贸易中主要从事劳动密集型、微利化、低技术含量等环节的生产，中国长期被锁定在全球价值链的最低端（刘亮等，2021）。2007 年，金融危机之后，这种情况发生了逆转。随着国内劳动力成本不断上升，能源资源短缺约束加剧，生态环境成本与日俱增，国家出台了多项加工贸易转型政策。比如，2007 年《关于加强加工贸易管理有关问题的通知》、2011 年《关于促进加工贸易转型升级的指导意见》、2016 年《关于促进加工贸易创新发展的若干意见》等，使得中国加工贸易发展增速逐渐放缓。2008~2021 年，中国加工贸易出口占比持续下降，从 47.27% 下降

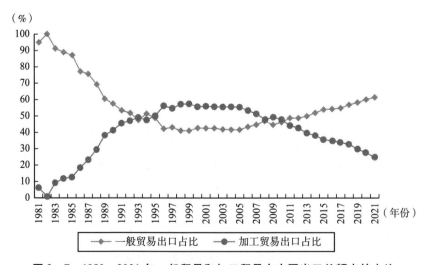

图 3-7　1980~2021 年一般贸易和加工贸易在中国出口总额中的占比

资料来源：1980~2008 年来自《新中国六十年统计资料汇编》，2009~2021 年来自历年《国民经济和社会发展统计公报》。

到 24.56%。相反，一般贸易出口占比则持续上升，从 46.38% 上升到 60.94%。由于一般贸易更多地与国内上下游环节发生复杂的生产关联，因此生产链长度相对更长，嵌入全球价值链的位置相对较高（王振国等，2019）。这也意味着中国以技术、品牌、质量、服务为核心的商品综合竞争新优势不断提升，逐步替代了仅仅依托劳动力资源优势从事国际分工的加工装配环节，促进了对外贸易向全球价值链的中高端迈进（盛斌和魏方，2019）。

二、非洲在全球价值链中的分工地位

虽然非洲进出口贸易在全球贸易中的占比不高，但是该地区在全球价值链中的参与度和地位指数却处于较高的水平，并且这种趋势有所增强。如图 3-8 所示，1990~2018 年，非洲整体的全球价值链参与度从 45.21% 上升至 54.78%，该值远高于中国的全球价值链参与度。进一步对比发现，非洲全球价值链的上游参与度和下游参与度均呈现了上升的态势，但是前者不仅规模大于后者，而且其增长速度也快于后者。在 1990~2018 年，全球价值链上游参与度从 32.95% 上升至 41.24%，增加了 25.14%，下游参与度从 12.26% 上升至 13.53%，增加了 10.4%。非洲较高水平的上游参与度以及较低水平的下游参与度，反映了该地区主要以上游参与的模式嵌入全球价值链分工体系中，并努力参与到下游生产环节。与上游参与度的情况类似，非洲整体的全球价值链地位指数也处于较高的水平（见图 3-9）。在 1990~2018 年，该指数从 16.92% 上升到 21.84%，显著高于中国的全球价值链地位指数。不过，与中国有所不同，非洲大多数国家的自然资源丰裕，经济结构比较单一，该地区主要以能源、原材料和简单的工业用加工品出口的方式融入全球价值链，使得上游参与度较高，进而提升了全球价值链总体的参与度和地位指数。事实上，非洲整体上仍处于全球价值链的最低端（AfDB et al.，2014；Foster-McGregor et al.，2015）。

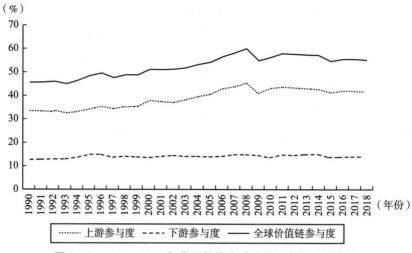

图 3 – 8　1990～2018 年非洲整体全球价值链参与度的变化

资料来源：UNCTAD-Eora Global Value Chain Database.

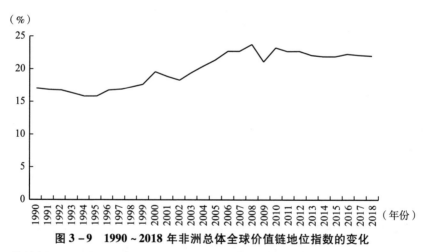

图 3 – 9　1990～2018 年非洲总体全球价值链地位指数的变化

资料来源：UNCTAD-Eora Global Value Chain Database.

非洲国家之间在全球价值链分工中的地位也存在显著的差异。考虑到数据的可获得性，这部分选择 40 个非洲国家①，通过考察其在 1990 年

①　贝宁、南苏丹、布基纳法索、刚果（布）、埃塞俄比亚、几内亚、利比亚、苏丹、津巴布韦、厄立特里亚和斯威士兰等十几个国家由于缺少数据没有被列出。

和 2018 年全球价值链参与度和地位指数的变化趋势，了解它们参与全球价值链分工的状况（见表 3 - 10）。整体来看，非洲各国的全球价值链参与度普遍处于高位。1990 年，非洲各国的全球价值链参与度位于 32%（马达加斯加）~70%（莱索托）的水平，2018 年该值的范围为 33%（乌干达）~78%［刚果（金）］。通过比较非洲各国上游参与度和下游参与度的大小，发现非洲大部分国家的上游参与度大于下游参与度，说明这些国家主要作为上游供应国，以能源、原材料和简单的制造品出口方式融入全球价值链，而少部分国家如博茨瓦纳、佛得角、吉布提、莱索托、纳米比亚、毛里求斯、圣多美和普林西比、突尼斯和坦桑尼亚等国家的上游参与度小于下游参与度，说明这些国家主要作为全球价值链的下游生产者，在出口时使用了大量国外创造的中间品。同样，非洲国家全球价值链地位指数的变化趋势存在类似的情况，那些主要作为全球价值链的下游生产者，其全球价值链地位指数为负，而那些主要作为全球价值链的上游供给者，其全球价值链地位指数为正并且处于高位，两者均反映了非洲国家位于全球价值链最低端的现实情况。

表 3 - 10 1990 年和 2018 年非洲国家全球价值链参与度与地位的变化　　单位：%

国家	上游参与度		下游参与度		全球价值链参与度		全球价值链地位	
	1990 年	2018 年	1990 年	2018 年	1990 年	2018 年	1990 年	2018 年
阿尔及利亚	52	60	8	9	59	69	34	38
安哥拉	33	35	5	5	38	40	23	26
博茨瓦纳	23	24	29	27	51	51	- 5	- 2
布隆迪	27	33	14	20	40	53	11	10
喀麦隆	32	42	7	9	39	51	21	27
佛得角	18	16	37	29	55	45	- 15	- 10
中非	42	42	12	16	53	57	24	20
乍得	26	33	9	6	34	39	15	23
科特迪瓦	27	38	10	10	37	45	14	26

续表

国家	上游参与度		下游参与度		全球价值链参与度		全球价值链地位	
	1990 年	2018 年	1990 年	2018 年	1990 年	2018 年	1990 年	2018 年
刚果（金）	57	66	5	12	62	78	40	39
吉布提	17	22	33	22	50	43	−13	0
埃及	28	39	13	11	41	50	13	23
加蓬	32	43	6	8	38	51	22	28
冈比亚	23	27	19	20	42	46	3	6
加纳	35	36	7	8	42	44	24	23
肯尼亚	23	30	11	14	34	44	10	13
莱索托	10	12	61	46	70	58	−38	−26
利比里亚	33	47	17	12	50	59	13	27
马达加斯加	25	30	8	14	32	44	14	13
马拉维	25	29	8	13	33	42	15	14
马里	22	27	11	11	33	38	9	13
毛里塔尼亚	28	39	13	16	41	55	12	19
毛里求斯	13	21	38	33	51	54	−20	−10
摩洛哥	24	36	18	16	42	52	5	16
莫桑比克	23	31	14	8	37	40	8	19
纳米比亚	16	15	29	27	45	42	−10	−10
尼日尔	24	36	12	17	37	53	10	15
尼日利亚	28	42	9	6	36	48	16	29
卢旺达	24	29	21	26	46	55	2	3
圣多美和普林西比	14	25	47	34	61	59	−25	−7
塞内加尔	26	31	8	11	34	42	16	17
塞舌尔	19	24	29	25	48	50	−8	−1
塞拉利昂	21	19	16	22	37	41	4	−3
索马里	22	30	19	15	41	45	2	12
南非	33	39	12	18	45	58	17	16

国家	上游参与度		下游参与度		全球价值链参与度		全球价值链地位	
	1990 年	2018 年	1990 年	2018 年	1990 年	2018 年	1990 年	2018 年
多哥	21	19	16	17	36	36	4	2
突尼斯	20	31	29	27	49	57	−7	3
乌干达	27	21	9	12	36	33	15	7
坦桑尼亚	25	18	8	40	33	57	15	−17
赞比亚	29	34	16	12	45	47	11	18

资料来源：UNCTAD-Eora Global Value Chain Database.

三、中国与非洲在全球价值链分工中的依赖关系

根据佘群芝和贾净雪（2015）以及蔡礼辉等（2019）的观点，某一国家（地区）使用其他国家（地区）的中间品生产的出口品中包含了一个或多个上游国家创造的国（区）外附加值，就形成对上游供给者的依赖，即"上游依赖"关系。一国（地区）出口中包含的国（区）外附加值比重越大，表示上游依赖度越大，反之则越小。同理，某一国家（地区）出口中间产品到其他国家（地区），并被该国（地区）加工后复出口到第三国，就形成该国（区）对下游生产国的影响，即"下游影响"关系。出口到其他国家并被该国加工后复出口到第三国的附加值比重越大，表示下游影响度越大，反之则越小。结合这些观点，下文在考察中国（或非洲）与世界各地区全球价值链依赖关系的基础上，侧重考察中非双边价值链依赖关系，测算结果见表 3–11 和表 3–12。

针对中国，从上游依赖度来看，中国对欧洲的上游依赖度最大，并且其值呈现显著的上升趋势，从 1990 年的 13.06% 上升至 2019 年的 21.57%。其次，中国对亚洲的上游依赖度也较高，但是变化趋势不明显，从 12.77% 上升至 13.22%。中国对欧洲和亚洲的上游依赖度较大与其贸易关系密切相关，这些国家一直是中国重要的传统贸易伙伴。中国

表 3 – 11　　　　　**1990 年和 2019 年中国对世界各地区的**

下游影响度和上游依赖度　　　　单位：%

各大洲	下游影响度		上游依赖度	
	1990 年	2019 年	1990 年	2019 年
非洲	0.11	0.30	0.18	0.27
美洲	1.10	1.77	2.15	5.23
亚洲（无中国）	4.09	6.16	12.77	13.22
欧洲	1.90	3.77	13.06	21.57
大洋洲	0.30	0.51	0.38	0.41

资料来源：UNCTAD-Eora Global Value Chain Database.

表 3 – 12　　　　　**1990 年和 2019 年非洲对世界各地区的**

下游影响度和上游依赖度　　　　单位：%

各大洲	下游影响度		上游依赖度	
	1990 年	2019 年	1990 年	2019 年
非洲	0.57	0.60	0.57	0.60
美洲	0.82	1.89	1.37	2.66
亚洲（无中国）	1.07	2.61	2.34	8.95
中国	0.11	1.43	0.06	1.59
欧洲	3.39	4.89	13.20	22.29
大洋洲	0.12	0.21	0.08	0.15

资料来源：UNCTAD-Eora Global Value Chain Database.

主要依赖从欧洲的德国和亚洲的日本进口中高技术中间产品，进行生产组装的加工贸易模式发展工业经济，进而对这些国家形成了较大的上游依赖度。中国对美洲也存在一定程度的上游依赖，且呈现小幅度的上升趋势，从 2.15% 上升至 5.23%。不过，该值明显小于中国对欧洲和亚洲的上游依赖度。这是因为美国是中国在美洲的主要贸易伙伴，但是该国长期限制对华高科技产品的出口，进而造成中国对美国及美洲大陆的上游依赖度相对较弱。与其他大洲相比，中国对非洲的上游依赖度最低且上升相对缓慢，从 1990 年的 0.18% 上升至 2019 年的 0.27%。这是因为非洲大多数国家自然资源丰富，出口结构较为单一，中国主要通过从这些国家进口能源和原材料，与之形成较弱的上游依赖关系。从下游影响度来看，中国对亚洲国家的下游影响度最高，且在 1990~2019 年大体呈现出上升趋势，从 4.09% 上升至 6.16%。中国对欧洲和美洲的下游影响度不高但整体呈微弱的上升趋势，分别从 1.90% 上升至 3.77%，1.10% 上升至 1.77%。同样地，中国对非洲的下游影响度最低且上升相对缓慢，该值从 0.11% 上升至 0.30%。由此说明，在全球价值链体系中，中国仍与亚洲、欧洲和美洲保持较强的上下游依赖关系，但是与非洲的上下游依赖关系较弱。

针对非洲，从上游依赖度来看，非洲对欧洲的上游依赖程度最大，并且呈显著的上升趋势，该值从 1990 年的 13.20% 上升至 2019 年的 21.57%，非洲对欧洲的上游依赖度较大与双方存在长达数百年的殖民关系历史有关。非洲对亚洲的上游依赖度也较高，并且呈现较大幅度的上升趋势，从 2.4% 上升至 10.54%，增长了 3.4 倍。近年来，亚洲的中国、印度和日本等均积极加强与非洲的经贸联系。其中，非洲对中国的上游依赖度虽然不高，但是上升幅度较大，从 0.06% 上升至 1.59%，增长了 26 倍。与此同时，中国在非洲各国上游供应所占份额排序呈现了较大幅度的上升（见图 3-10）。在 189 个国家中，中国在非洲各国上游供应所占份额排序的平均值从 1990 年的第 36 名上升至 2019 年的第 8 名。这说明中国在非洲国家中间品上游供给的份额进步较大，中国正在成为非洲国家主要的上游供应国。此外，非洲对美洲也存在一定程度的上游依赖度，且呈小幅度上升趋势，从 1.37% 上升至 2.66%。值得注意的是，非洲对区域内的上游依赖度小于其对区域外其他地区（大洋洲除外）的上游依赖度，说明非洲区域内的价值链尚未形成。从下游影响度来看，非洲作为上游供应者对中国的影响程度低于其对欧洲、亚洲和美洲的影响程度，但高于其对区域内以及大洋洲的影响程度。

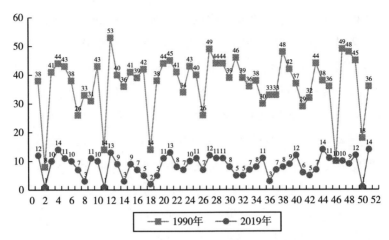

图 3–10　1990 年和 2019 年中国在非洲各国上游供应所占份额排序

注：圆圈内的数字为次序，纵轴为中国在 189 个国家中的排序，横轴为非洲国家的序号，共计 51 个非洲国家，具体对应的国家名称见上面数据来源部分。

第四节　小　　结

全球价值链已经成为当今国际贸易的主要特征，它的形成使得生产的各个阶段被分配到不同的国家和地区，并且带动了中间投入品贸易的快速增长。传统的贸易统计方法以贸易总值为统计标准，忽视了生产过程中中间产品贸易的作用，造成贸易流量的高估，并且也无法反映各个国家或地区在国际生产分工中的地位和获益程度。增加值贸易统计方法在一定程度上解决上述问题，它可以全面体现贸易产品在全球价值链中不同地域和不同生产环节的增值分布，追踪贸易产品中增加值的来源，同时还反映一国在全球价值链中的地位，还原全球价值链中各个国家之间真实的依赖关系。

为了全面分析中国与非洲在全球价值链分工中的地位和依赖关系，本部分首先基于传统贸易数据分析中国与非洲的全球贸易与双边贸易发展趋势。然后，基于增加值贸易数据考察中国与非洲在全球价值链中的分工地位和依赖关系。结果显示：（1）从传统贸易来看，无论是绝对规模还是增长速度，非洲的对外贸易均远远小于中国。中国已经成为世界贸易大国，而非洲在全球贸易中被边缘化的现象一直都未改善。在贸易商品结构中，中国的出口商品结构正从劳动密集型产品向资本密集型产品转变，进口商品结构正从生产资料向生活资料转变。而非洲的贸易商品结构变化不明显，仍以出口原材料，进口制成品为主；（2）从全球价值链的地位来看，中国全球价值链上游参与度继续提升，而下游参与度较大幅度下降，这反映了中国在全球价值链的地位正在由低端向中高端转变。与此同时，非洲的全球价值链参与度和地位指数均呈现较高的水平，但是这些国家主要以能源和原材料出口的方式嵌入全球价值链，其在全球价值链的地位仍位于最低端；（3）从全球价值链依赖关系来看，在全球价值链分工中，中国与非洲主要与欧洲和亚洲形成上下游依赖关系，而两者之间的真实依赖关系相对较弱。不过，中国在非洲国家中间品上游供给中所占的份额有较大的提升，中国正在成为非洲国家主要的上游供应国。

当前，中国和非洲国家在参与全球价值链分工时，均面临着发达国家"高端回流"和其他发展中国家"低端分流"的双重竞争（黄先海和余骁，2017）。为了突破"低端锁定"困境、避免"高低挤压"竞争，中国与非洲国家需要加强双方之间的价值链合作，打破现有分工体系重构全球价值链，提升各自在全球价值链中的分工地位。鉴于中国与非洲国家的要素成本与比较优势各不相同，各自所处发展阶段也有所不同，中国可以顺应比较优势规律将部分低端和过剩产业（或生产环节）通过投资和国际产能合作的形式转移到经济发展水平较低、人口和自然资源相对丰富的非洲国家，与非洲构建以中国为核心主导的区域价值链分工体系。然后，整体嵌入全球价值链分工体系中，非洲国家通过与中国开展分工合作参与到区域价值链中，实现自身在全球价值链地位的提升。

第四章　中非建立深度自由
贸易区的动力机制

　　中国与非洲作为发展中国家的代表，正在努力突破全球价值链低端锁定的困局。为了避免走被动嵌入由发达国家主导的全球价值链而实现自动升级的老路，中非需要打破现有的分工体系，重构全球价值链，通过加强双方之间的价值链合作，然后整体嵌入全球价值链分工体系，进而促使双方向价值链高端演进。不过，由于非洲许多国家经济较落后、政治欠稳定、法律不完善，中国与非洲加强价值链合作不可避免地会面临一些制约因素，这就要求双方建立深度自由贸易区为此提供制度性保障。基于此，本部分首先结合相关理论提出中非建立深度自由贸易区提升价值链合作的理论逻辑，其次构建模型定量评估影响中非开展价值链合作的积极和消极因素，并分析突破这些限制因素所需要的贸易政策支撑，进而为解释中非建立深度自由贸易区的动因提供理论基础。

第一节　理 论 逻 辑

　　中非建立深度自由贸易区提升价值链合作的理论逻辑包含两层含义。一是中非开展价值链合作的理论逻辑；二是中非建立深度自由贸易区提升价值链合作的理论逻辑，两者存在递进的关系。

（一）中非开展价值链合作的理论逻辑

　　在传统的全球价值链分工体系下，世界经济的循环呈现"中心—外围"式的单一循环模式。发达国家往往凭借着资本、技术、管理等方面的优势占据着产品研发设计和品牌营销的产业价值链高端位置，而发展中国家由于自身的比较优势大多在于廉价劳动力以及各类自然资源，只能通过加工贸易参与全球价值链分工，且被发达国家制定的各种技术标准和专利授权等一系列参数控制了利润空间、技术赶超和价值链攀升过程，进而迫使其被"俘获"于微利化的价值链低端生产制造环节，面临"低端锁定"的危险（韩晶和孙雅雯，2018）。

自2017年全球金融危机爆发以来，发达国家作为世界经济增长引擎的作用大大减弱，而以中国为代表的新兴发展中国家日益成为世界经济合作与发展的重要推动力量，国际竞争格局发生了深刻的变化。因此，世界经济的循环也逐渐从"中心—外围"单一循环模式转变为以中国为枢纽点的"双流环"价值链体系（张辉，2015）（见图4-1）。其中，一个环流是位于中国与发达国家之间形成的以产业分工、贸易、投资、资本间接流动为载体的循环体系，称为上环流。发达国家通过资本、技术等生产要素输出，将大部分加工制造、生产服务等转移到中国，中国则向发达国家输出中间品制造品和生产性服务。在这个环流中，发达国家是主导，中国仍处在价值链的低端，从事技术含量相对较低的活动，竞争优势容易流失，仍需不断努力向价值链上游攀升；另一个环流位于中国与亚非拉发展中国家之间形成的以贸易、直接投资为载体的循环体系，称为下环流。中国通过到资源丰富的其他发展中经济体进行直接投资，开采并进口所需的资源和初级产品，输出制成品，形成资源与制成品的贸易流；同时，将本国的一些产业转移到亚非拉等国的发展中经济体，形成投资等生产要素的流动和产业转移。在这个环流中，中国凭借着强大的制造能力和产业配套能力、适中的技术标准和技术水平、雄厚的外汇储备和资源调动能力，处于该价值环流的高端位势。资源丰富的亚非拉等发展中经济体处于该价值链环流的相对中低端位势，通过加强与中国的经贸合作，参与以中国为主导的新型全球价值链体系，进而实现在全球价值链的地位提升。（蓝庆新和姜峰，2016；韩晶和孙雅雯，2018）。

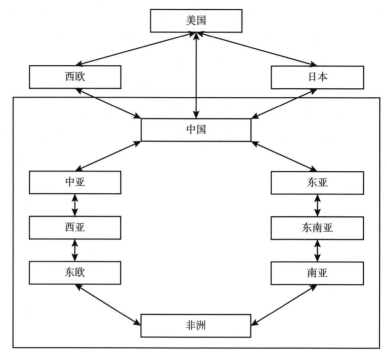

图 4 – 1 双流环价值链体系

资料来源：蓝庆新，姜峰．"一带一路"与以中国为核心的国际价值链体系构建［J］．人文杂志，2016（5）：29 – 34.

非洲共有 55 个发展中国家，这些国家资源禀赋丰裕，劳动力充足且成本低廉，发展潜力巨大。同时，非洲大多数国家处于工业化初期阶段，技术资金短缺，吸引外资、争取外援、参与区域分工以谋求经济发展的意愿强烈（黄先海和余骁，2017）。因此，深化中国与非洲国家之间的价值链合作是打破现有分工体系、重构全球价值链，促使双方向价值链更高端演进的重要途径和方式。

（二）中非建立深度自由贸易区提升价值链合作的理论逻辑

在全球价值链分工背景下，自由贸易区可以分为基于全球价值链垂直型分工而构建的垂直型自由贸易区以及基于全球价值链水平型分工而构建的水平型自由贸易区（程大中等，2017）。中国的情况比较特殊，其在双流环价值链体系中日益成为连接发达国家与亚非拉欠发达国家的中间节点和枢纽点。因此，中国参与的自由贸易区多涉及全球价值链垂直型自由贸易区，这种自由贸易区包括"向上"垂直型自由贸易区与"向下"垂直型自由贸易区，前者是指中国与高于自身价值链位置的经济体构建自由贸易区，后者是中国与低于自身价值链位置的经济体构成自由贸易区。由于中国在全球价值链的分工地位以及人均 GDP 普遍高于非洲大部分国家。因此，中国与非洲建立的自由贸易区，从中国的角度来说，属于全球价值链向下垂直型自由贸易区；从非洲国家的角度来说，属于全球价值链向上垂直型自由贸易区。这样的自由贸易区顺应全球价值链的发展规律，将促进中国和非洲国家的价值链合作，进而有效对冲两者面临的"低端锁定"风险，助推其向价值链高端攀升。深度自由贸易区对中非价值链合作的影响主要通过降低贸易成本、促进直接投资以及扩大服务贸易三个渠道，影响机制如下。

1. 通过降低中间品贸易成本促进国家间的价值链合作

在全球价值链体系下，中间产品贸易对于一国贸易和价值链地位的提升具有非常重要的作用。通过进口低成本、高质量和多元化的中间产品，一国能够显著提升生产率，改善产品质量，促进产品创新，进而提升出口竞争力。然而，中间产品在国家间的频繁流动使得关税和非关税壁垒等引起的贸易成本在生产过程中被层层累加，导致贸易成本被放大，进而严重阻碍价值链生产和贸易的发展（余心玎等，2016）。深度自由贸易区有助于降低成员国之间的贸易成本，进而促进国家间的价值链合作。一方面通过大幅度削减中间产品关税，降低非关税壁垒，极大地促进了国家之间的中间品贸易量；另一方面通过简化通关程序和手续、协调适用法律和规定、加快基础设施标准化等，提高中间品贸易的便利化水平，为国家间的价值链合作创造一个协调的、透明的和可预见的环境。

2. 通过促进外商直接投资推动国家间的价值链合作

外商直接投资是跨国公司在世界范围内布局全球价值链的主要方式，也是建立国家间价值链联系的重要桥梁，它通过促进中间品贸易、激发技术外溢效应，提升制度质量，进而促进东道国的价值链升级（戴翔和宋婕，2020）。深度自由贸易区通过降低投资壁垒和简化投资准入程序，给予外国投资者准入前国民待遇，放宽外汇兑换和利润汇回的相关法律法规，提高跨国公司投资的自由度和便利度；通过协调和统一竞争政策、知识产权、劳动和环境管制等经贸规制差异，促进达成具有共识的营商秩序，推动双方的直接投资，进而促进国家间价值链合作走向更高水平（盛斌和陈帅，2015）。

3. 通过扩大服务贸易加强国家间的价值链合作

服务贸易是实现传统贸易向价值链贸易顺利转变的"变革力量"（Low，2013），它在全球价值链中承担着重要的角色。一方面，服务贸易作为生产的"黏合剂"，在全球价值链中发挥着价值创造和价值增值、统筹生产运营、协调联系和总部功能的作用（马盈盈，2019）；另一方面服务贸易作为制造业的中间投入，通过技术溢出效应、顾客接触效应和资源配置效应，促进企业研发创新、提高生产率、实现价值创造和增值（吕越等，2017）。此外，服务贸易还具有联系纽带作用，通过采购、物流、金融和商务服务部门，促进了供应链内资本、人员与信息流动，有效协调价值链的不同环节联结（盛斌和陈帅，2016）。深度自由贸易区通过负面清单的承诺方式，消除服务贸易准入壁垒，激发服务贸易自由化产生的中间品技术外溢效应、竞争效应和规模效应，提升制造业和基础设施的质量和效率，降低企业交易成本和生产成本，从而增强国家之间的价值链依赖关系。

第二节　模型构建、指标测度与数据说明

一、模型构建

由于中国与毛里求斯的自由贸易区刚刚建立，并且其与非洲大多数

国家尚未建立自由贸易区。因此，无法直接考察深度自由贸易区对中非价值链合作的影响。为此，本节基于上述理论分析并参考斯兰伊（Slany，2019）和彭冬冬和林珏（2021）的做法，利用关税、经济自由度等政策工具变量分别作为深度自由贸易区的边境上和边境内措施替代变量对中非价值链合作的影响进行定量考察。模型构建如下：

$$\ln T_{cjt}^{VA} = \beta_0 + \beta_1 \ln tariff_{cjt} + \beta_2 \ln tariff_{jct} + \beta_3 \ln EF_{ct} + \beta_4 \ln EF_{jt}$$
$$+ \beta_5 DINScjt + \sum_k \alpha_k \ln Z_{kcjt} + \eta_j + \mu_{cjt} \qquad (4-1)$$

其中，c 代表中国，j 代表非洲国家，t 代表年份。T^{VA} 代表国家间的价值链合作程度；$tariff_{cj}$ 代表中国对非洲国家 j 实施的关税，$tariff_{jc}$ 代表非洲国家 j 对中国实施的关税。EF 代表一国的经济自由度。Z 代表一系列控制变量，η_j 为非洲国家 j 的固定效应；μ_{cjt} 代表随机扰动项。各变量的测度说明如下。

二、指标测度

（1）被解释变量（T_{cjt}^{VA}）：参考彭冬冬和林珏（2021）的做法，用双边的价值链贸易额表示价值链合作的程度，该指标可以定义为：

$$T_{cjt}^{VA} = EVA_{cjt} + EVA_{jct} \qquad (4-2)$$

其中，T_{ijt}^{VA} 代表中国与非洲 j 国的价值链贸易额，EVA_{cj} 代表非洲 j 国出口的产品中所包含的来自中国的增加值，EVA_{jc} 代表中国出口的产品中所包含的来自非洲 j 国的增加值。

（2）政策工具变量（$tariff$、EF）：$tariff_{cj}$、$tariff_{jc}$ 分别用中国对来自非洲国家 j 商品征收的加权关税率与非洲国家 j 对来自中国商品征收的加权关税率表示。EF_c、EF_j 分别用中国与非洲国家 j 的经济自由度得分表示，它是国际评价市场化程度的一个重要指标，从法治、政府规模、监管效率及开放市场四个方面反映一国边界内措施和规制的实施情况。

（3）控制变量（$OFDI_{cjt}$、$DIND_{cjt}$、$DINS_{cjt}$、$DINF_{cjt}$、DNR_{cjt}）：$OFDI_{cjt}$ 代表中国对非洲国家的直接投资存量。$DIND_{cjt}$ 表示产业结构差异，用两

国制造业附加值占 GDP 比重差额的绝对值衡量。$DINS_{cjt}$ 表示制度质量差异，用两国间制度质量差额的绝对值来衡量。$DINF_{cjt}$ 表示基础设施质量差异，用两国间物流绩效差额的绝对值衡量。DNR_{cjt} 为自然资源差异，用两国间油气矿产及燃料资源出口占货物商品总出口比重差额的绝对值衡量。由于数据不可获得，这里没有考察服务贸易对中非价值链合作的影响。

三、数据说明

一国出口中其他国家增加值的数据来自 UNCTAD-Eora Global Value Chain Database 中的 country by country breakdown；一国对其他国家征收的加权关税率来自世界银行的 World Integrated Trade Solution（WITS）Trains Database 数据库①；经济自由度得分来自《华尔街日报》和美国传统基金会发布的年度报告，该指数由知识产权、政府诚信、司法效率、税收负担、政府支出、财政健康、商业自由、劳动自由、货币自由、贸易自由、投资自由、金融自由 12 个细分指标组成，取值范围 0 ~ 100，得分越高说明政府对经济的干预越小。中国对非洲直接投资存量来自走出去公共服务平台提供的历年中国对外直接投资公报。制度质量采用世界银行发布的 Worldwide Governance Indicators 数据库所提供的全球治理指标进行衡量，该指标由话语权与问责制、政治稳定性、政府效率、管制质量、法治水平和腐败控制六个维度组成，每个指标的得分范围在 − 2.5 ~ 2.5，制度质量等于这六个维度的平均值，该值越大，代表制度质量越高；其他数据均来自世界银行提供的 World development index database。考虑到数据的获得性，考察的时间区间为 2007 ~ 2019 年，考察的非洲国家样本包括阿尔及利亚、安哥拉、贝宁、布基纳法索、喀麦隆、科特迪瓦、埃及、埃塞俄比亚、加蓬、冈比亚、加纳、几内亚、肯尼亚、莱索托、马拉维、毛里塔尼亚、毛里求斯、摩洛哥、莫桑比克、纳米比

---

① WITS. http：//wits. worldbank. org/Countr... /CHN/Product/Total#.

亚、尼日尔、尼日利亚、卢旺达、圣多美和普林西比、塞内加尔、南非、坦桑尼亚、多哥、突尼斯、乌干达、赞比亚和津巴布韦等 33 个国家。部分缺失数据采用相邻日期数据均值进行替代。各变量的统计性描述见表 4 - 1。

表 4 - 1   各变量统计性描述

变量	观察值	平均值	标准差	最小值	最大值
$\ln VA$	429	10.85	1.94	7.23	15.44
$\ln tariff_{cj}$	429	-0.32	3.04	-17.62	3.69
$\ln tariff_{jc}$	429	2.40	0.39	0.29	3.05
$\ln EF_{c}$	429	3.98	0.05	3.93	4.07
$\ln EF_{j}$	429	2.70	1.08	-2.30	4.27
$\ln OFDI_{cj}$	429	9.28	3.31	-6.91	13.52
$\ln DINF_{cj}$	429	2.89	0.42	-9.92	3.37
$\ln DNR_{cj}$	429	2.48	1.71	-7.00	4.58
$\ln DIND_{cj}$	429	2.89	0.42	-0.92	3.37
$\ln DINS_{cj}$	429	0.80	0.86	-2.65	1.96

第三节 估计结果与原因分析

一、估计结果

（一）基准检验结果

鉴于使用的是面板数据，这里对模型（1）依次在无控制变量（情形①）、有控制变量（情形②）以及有控制变量和国家固定效应（情形③）三种情形下进行面板数据回归，并通过 Hausman 检验判断是固定效应还是随机效应。经过检验，三种情形下均选择固定效应的回归结果。首先分析没有加入控制变量（情形①）时的估计结果。在关税方面，非洲国家对来自中国商品实施关税（$tariff_{jc}$）的系数为 -0.24，并在 1% 的水平上是统计显著的。与之有所不同，中国对来自非洲国家商品实施的关税（$tariff_{cj}$）系数虽然也为负，但是在统计上并不显著。在经济自由度方面，中国经济自由度（EF_c）的系数为 1.90，并在 1% 的水平上是显著的，非洲经济自由度（EF_j）的系数为 0.00，且没有通过显著性检验。

在有控制变量（情形②）以及有控制变量和国家固定效应（情形③）的情况下，这四个政策工具变量的估计结果与情形①略有不同。非洲国家对来自中国商品实施的关税与中国对来自非洲国家商品实施的关税一样，两者的系数均为负，但是在统计上并不显著，说明中国和非洲国家相互实施的关税对中非价值链合作产生的负面影响尚不显著。中国经济自由度的系数为正并通过显著性检验，非洲经济自由度的系数为负，但是在统计上不显著。说明中国较高的经济自由度对中非价值链合作产生显著促进作用，而非洲国家经济自由度对其产生的抑制作用尚不显著。值得注意的是，在五个控制变量中，中国对非洲直接投资存量（$OFDI$）的系数为 0.08，并在 1% 的水平上是统计显著的，说明该变量对于中非价值链产生显著的促进作用。基础设施差异（$DINF$）的系数为 0.09，并且在 5% 的水平上是统计显著的，说明中国与非洲国家的基础设施差异对中非价值链合作产生显著的促进作用。由于中国的基础设施质量高于非洲国家，因此该变量还意味着中国的基础设施质量对中非价值链合作产生显著的促进作用，而非洲国家的基础设施质量对其产生显著的抑制作用。其余变量的系数在统计上均不显著。

表4-2 估计结果（1）

变量	情形①		情形②		情形③	
	固定效应	随机效应	固定效应	随机效应	固定效应	随机效应
$\ln tariff_{cj}$	-0.01 (-1.11)	-0.01 (-1.11)	-0.01 (-0.93)	-0.01 (-0.89)	-0.01 (-0.93)	-0.01 (-0.93)
$\ln tariff_{jc}$	-0.24*** (-2.68)	-0.24*** (-2.77)	-0.08 (-1.01)	-0.10 (-1.13)	-0.08 (-1.01)	-0.08 (-1.01)
$\ln EF_c$	1.90*** (5.87)	1.90*** (5.88)	0.87*** (2.68)	0.83** (2.46)	0.87*** (2.68)	0.87*** (2.68)
$\ln EF_j$	0.00 (0.01)	0.00 (0.00)	-0.30 (-1.60)	-0.31 (-1.62)	-0.30 (-1.60)	-0.30 (-1.60)
$\ln OFDI_{cj}$			0.08*** (8.64)	0.08*** (8.80)	0.08*** (8.64)	0.08*** (8.64)
$\ln DINF_{cj}$			0.09* (1.95)	0.08 (1.52)	0.09** (1.95)	0.09* (1.95)
$\ln DNR_{cj}$			-0.02 (-1.07)	-0.01 (-0.63)	-0.02 (-1.07)	-0.02 (-1.07)
$\ln DIND_{cj}$			-0.02 (-0.20)	-0.01 (-0.25)	-0.01 (-0.16)	-0.01 (-0.16)
$\ln DINS_{cj}$			-0.02 (-0.20)	-0.03 (-0.41)	-0.02 (-0.20)	-0.02 (1.95)
Constant	3.86*** (2.67)	3.88*** (2.62)	8.10*** (5.39)	8.32*** (5.29)	8.10*** (5.39)	10.69*** (7.36)
控制固定效应	否	否	否	否	是	是
R^2	0.10	0.10	0.26	0.26	0.26	0.26

注：***、**和*分别表示在1%、5%和10%的水平上显著；括号内为t值。

（二）区分国家发展水平检验结果

虽然非洲所有国家均属于发展中国家，但是其中多数属于最不发达国家。根据联合国的划分，将考察的33个非洲样本国家进一步划分为发展中国家和最不发达国家①，分别考察并对比中国与这两组非洲国家价值链合作影响因素的差别。通过 Hausman 检验，面板数据回归仍选择固定效应。回归结果见表4－3。

表4－3 估计结果（2）

变量	发展中国家		最不发达国家	
	固定效应	随机效应	固定效应	随机效应
$\ln tariff_{cj}$	－0.04 （－1.46）	－0.04 （－1.46）	－0.00 （－0.19）	－0.00 （－0.19）
$\ln tariff_{jc}$	0.00 （0.03）	0.00 （0.03）	－0.37*** （－2.85）	－0.37*** （－2.85）
$\ln EF_c$	－0.06 （－0.13）	－0.06 （－0.13）	1.22*** （2.84）	1.22*** （2.84）
$\ln EF_j$	－1.31*** （－6.27）	－1.31*** （－6.27）	1.47*** （5.11）	1.47*** （5.11）
$\ln OFDI_{cj}$	0.12*** （5.48）	0.12*** （5.48）	0.05*** （5.84）	0.05*** （5.84）
$\ln DINF_{cj}$	－0.00 （－0.05）	－0.00 （－0.05）	0.37*** （4.64）	0.37*** （4.64）
$\ln DNR_{cj}$	0.02 （0.73）	0.02 （0.73）	－0.03 （－1.44）	－0.03 （－1.44）
$\ln DIND_{cj}$	－0.11 （－1.61）	－0.11 （－1.61）	0.12* （2.20）	0.12** （2.20）
$\ln DINS_{cj}$	－0.23*** （－2.62）	－0.23*** （－2.62）	0.25 （1.58）	0.25 （1.58）

———————————

① 安哥拉、贝宁、布基纳法索、埃塞俄比亚、冈比亚、几内亚、莱索托、马拉维、毛里塔尼亚、莫桑比克、尼日尔、卢旺达、圣多美和普林西比、塞内加尔、坦桑尼亚、多哥、乌干达和赞比亚等18个为最不发达国家。阿尔及利亚、博茨瓦纳、喀麦隆、科特迪瓦、埃及、加蓬、加纳、肯尼亚、毛里求斯、纳米比亚、南非、突尼斯、津巴布韦等15个为发展中国家。

续表

变量	发展中国家		最不发达国家	
	固定效应	随机效应	固定效应	随机效应
Constant	16.73 *** (8.61)	17.43 *** (9.16)	− 1.17 (− 0.59)	—
控制固定效应	是	是	是	是
R^2	0.26	0.38	0.45	0.45

注：*** 、** 和 * 分别表示在1%、5%和10%的水平上显著；括号内为 t 值。

对于非洲发展中国家，其经济自由度（$Ntariff_j$）的系数为 − 1.31，并且在1%的水平上是统计显著的，说明非洲国家较低的经济自由度对中非价值链合作产生显著的抑制作用。中国对非洲国家直接投资存量（$OFDI$）的系数为 0.12，并在1%的水平上是统计显著的，说明该变量显著促进了中非价值链合作。中国与非洲国家制度质量差异（$DINS$）的系数为 − 0.23，并在1%的水平上是统计显著的，说明制度质量差异对中非价值链合作产生显著的抑制作用。

对于非洲最不发达国家，其对来自中国商品实施关税（$tariff_{jc}$）的系数为 − 0.37，并在统计上是显著的。说明非洲国家对中国实施的高关税抑制了双边价值链合作。除此之外，中国的经济自由度、非洲国家的经济自由度、中国对非洲直接投资以及双边基础设施差异和产业结构差异的系数均为正，并在统计上是显著的，说明这些变量对中非价值链合作产生显著的促进作用。其余变量的影响均未通过显著性检验。

二、原因分析

概括而言，中国的经济自由度对中非价值链合作产生显著的促进作用，而双边关税对其的抑制影响尚不显著。不仅如此，中国对非洲直接投资、双边基础设施差异对其产生显著的促进作用。除此之外，中国与非洲不同收入水平国家价值链合作的影响因素也存在差异。这些结论说明，旨在促进中非价值链合作的自由贸易区建设，不能将合作领域只局限于关税削减，而是要拓展到投资、基础设施、国内规制等更深的议题。下面主要从关税、经济自由度、投资、基础设施四个方面对实证结论进行解释。

（一）关税

根据以上实证结论，在未考虑控制变量和国家固定效应时，中国对非洲国家实施的关税以及非洲对中国实施的关税对中非价值链合作均产生负向影响，但是只有后者在统计上是显著的。在考虑控制变量和国家固定效应之后，中国和非洲国家的关税对中非价值链合作的负向影响均不显著。之所以产生这样的结果，与中国和非洲国家持续下降的关税水平有关。

针对中国，自从加入 WTO 之后，中国积极履行消减关税的承诺，对外实施关税存在较大程度的下降。从图 4 - 2 可以看出，中国对非洲国家实施的加权平均关税率从 1992 年的 15.32% 下降到 2006 年的 1.61%，在 2007 ~ 2019 年样本考察期，该关税率平均仅为 0.85%。不仅如此，为了鼓励非洲国家出口，中国从 2005 年开始在 WTO 框架和中非合作论坛框架下对非洲最不发达国家 98% 的商品陆续实行了零关税（见表 4 - 4）。因此，中国对非洲国家实施的关税虽然会通过增加贸易成本对中非价值链合作产生抑制作用，但是由于关税水平较低，其产生的负面影响尚不显著。

表 4 - 4   历届中非合作论坛有关中国对非零关税政策的规定以及落实情况

历届会议	会议有关规定	政策生效日期	受惠的非洲国家	受惠商品
第一届 2000 年	中非双方意识到为具有商业价值的非洲出口提供更好、更优惠的对中国市场准入政策的重要性。			
第二届 2003 年	中方决定给予非洲最不发达国家零关税待遇	自 2005 年 1 月 1 日起实施	25 国：原非洲 30 国除安哥拉、赤道几内亚、乍得、索马里和塞内加尔	190 个税目

历届会议	会议有关规定	政策生效日期	受惠的非洲国家	受惠商品
第三届 2006 年	将受惠商品由 190 个税目扩大到 440 多个税目	自 2007 年 1 月 1 日起实施	28 国：原非洲 30 国除乍得和索马里	200 个税目
		自 2008 年 1 月 1 日起实施	30 国：原非洲 30 国	458 个税目
第四届 2009 年	逐步给予与中国建交的非洲最不发达国家 95% 税目产品零关税待遇	自 2010 年 1 月 1 日起实施	31 国：原非洲 30 国加马拉维	1 218 个税目
		自 2012 年 1 月 1 日起实施	30 国：原非洲 30 国	4 762 个税目
第五届 2012 年	逐步给予与中国建交的非洲最不发达国家 97% 税目的产品零关税待遇	自 2014 年 1 月 1 日起实施	30 国：原非洲 30 国加马拉维除佛得角。分为两组国家，第一组赤道几内亚、毛里塔尼亚、索马里等 3 国；第二组为其余国家	第一组 60%；第二组 95% 税目商品*
		自 2015 年 1 月 1 日起实施	31 国：原非洲 30 国加马拉维和南苏丹除佛得角。分为三组国家，第一组毛里塔尼亚；第二组安哥拉、贝宁、多哥、厄立特里亚、科摩罗、利比里亚、卢旺达、尼日尔、赞比亚等 9 国；第三组其余国家	第一组 60%；第二组 95%；第三组 97% 税目商品**
		自 2015 年 12 月 10 日起实施	8 国：科摩罗、毛里塔尼亚、多哥、利比里亚、卢旺达、安哥拉、尼日尔和赞比亚	97% 税目
第六届 2015 年	中方将继续积极落实给予同中国建交的非洲最不发达国家 97% 税目输华产品零关税待遇承诺	自 2016 年 12 月 10 日起	厄立特里亚	97% 税目
第七届 2018 年	中方将继续积极落实给予同中国建交国家 97% 税目输华产品零关税待遇承诺	自 2021 年 5 月 1 日起	贝宁	97% 税目

续表

历届会议	会议有关规定	政策生效日期	受惠的非洲国家	受惠商品
第八届 2021 年	中方将进一步扩大同中国建交的最不发达国家输华零关税待遇的产品范围	自 2022 年 12 月 1 日起	贝宁、布基纳法索、几内亚比绍、莱索托、马拉维、圣多美和普林西比、坦桑尼亚、乌干达和赞比亚	
		自 2022 年 12 月 1 日起	中非、乍得、吉布提、厄立特里亚、几内亚、莫桑比克、卢旺达、苏丹和多哥	
		自 2023 年 3 月 1 日起	埃塞俄比亚、布隆迪和尼日尔	

注：＊2014 年税则税目 8 277 个；＊＊2015 年版税则税目数共计 8 285 个。
资料来源：中国海关网站以及中非合作论坛历届会议资料。

从非洲国家来看，非洲大部分国家属于 WTO 的成员，也一直在积极履行消减关税的承诺。但是由于这些国家发展水平普遍较低，多数国家仍将进口关税作为政府收入的重要来源之一。因此，非洲国家的关税虽然有所下降，但是与中国相比仍然处于较高的水平（见图 4 - 2）。在 1992 ~

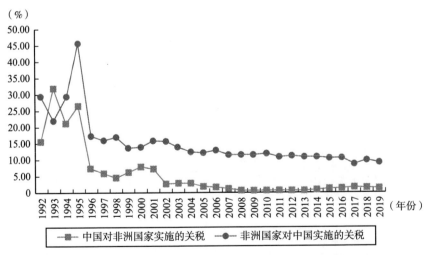

图 4 - 2　1992 ~ 2019 年，中国与非洲国家双边关税变化趋势

注：非洲国家仅包括撒哈拉沙漠以南的非洲国家。
资料来源：WITS 网站。

2006 年，非洲国家对中国实施的加权平均关税率从 29.38% 下降到 12.65%，下降了近 57%。但是，在 2007～2019 年样本考察期，这个关税率下降幅度变缓，平均值为 10.58%，远高于中国对非洲国家实施的关税水平。因此，非洲国家尤其是最不发达国家较高的关税水平通过提高贸易成本对中非价值链合作产生不利的影响。

（二）经济自由度

实证结论显示，无论是在无控制变量情况下，还是在有控制变量情况下，中国经济自由度均显著地促进了中非价值链合作。不过，这种情况在不同收入水平的非洲国家存在差异。对于非洲发展中国家，这类国家的经济自由度对中非价值链合作产生显著的抑制作用。对于非洲最不发达国家，这类国家与中国的经济自由度均对中非价值链合作产生显著的促进作用。结合具体数据（见表 4－5），2021 年，中国与非洲国家平均的经济自由度分别为 58 和 57，前者略高于后者。在细分指标中，中国在知识产权、司法效率、政府诚信、商业自由、劳动自由和贸易自由等方面的表现均优于非洲大多数国家，这些方面对于促进双边价值链合作非常重要。下面以劳动自由和贸易自由两个方面为例，分析非洲国家经济自由度对中非价值链的抑制作用。

表 4 - 5 　　　　2021 年中国和非洲国家经济自由度的得分

国家	整体得分	知识产权	司法效率	政府诚信	税收负担	政府支出	财政健康	商业自由	劳动自由	货币自由	贸易自由	投资自由	金融自由
阿尔及利亚	50	34	42	33	67	55	49	64	51	84	57	30	30
安哥拉	54	30	23	20	87	87	78	57	60	68	70	30	40
贝宁	60	43	37	32	68	92	86	55	59	84	60	60	50
博茨瓦纳	68	59	51	49	87	68	75	68	68	74	77	65	70
布基纳法索	57	45	37	35	81	82	61	45	52	75	61	65	40
喀麦隆	53	38	27	21	75	89	80	44	50	81	55	30	50
科特迪瓦	62	43	35	27	78	90	84	61	49	75	74	75	50

续表

国家	整体得分	知识产权	司法效率	政府诚信	税收负担	政府支出	财政健康	商业自由	劳动自由	货币自由	贸易自由	投资自由	金融自由
埃及	56	51	54	37	87	73	6	63	51	64	67	65	50
埃塞俄比亚	52	23	34	32	78	92	80	48	57	61	61	35	20
加蓬	58	24	26	36	78	91	94	55	53	85	57	60	40
冈比亚	59	42	44	35	77	84	55	56	67	63	67	65	50
加纳	59	49	38	32	83	88	32	63	61	72	62	70	60
几内亚	57	32	33	22	70	93	95	47	59	71	66	50	40
肯尼亚	55	60	42	30	79	80	13	57	57	75	62	55	50
莱索托	54	42	61	32	72	22	67	55	59	76	62	55	40
马拉维	53	46	42	27	79	72	25	42	64	71	68	50	50
毛里塔尼亚	56	26	24	21	74	88	93	59	53	80	64	50	40
毛里求斯	77	78	74	55	92	78	74	84	75	77	88	80	70
摩洛哥	63	68	51	40	68	73	69	72	33	80	71	65	70
莫桑比克	52	30	27	24	75	71	62	55	42	77	71	35	50
纳米比亚	63	57	64	47	68	57	54	66	85	77	71	65	40
尼日尔	57	39	46	32	77	87	76	53	47	75	61	55	40
尼日利亚	59	37	39	24	85	95	60	60	84	68	68	45	40
卢旺达	68	69	75	59	80	79	78	62	77	80	61	60	40
圣多美和普林西比	56	37	23	40	88	80	75	63	43	67	65	60	30
塞内加尔	58	50	38	44	72	84	72	54	37	79	66	60	40
南非	60	60	57	51	64	66	53	62	59	77	73	45	50
坦桑尼亚	61	41	40	35	81	92	91	46	68	73	64	55	50
多哥	58	45	28	32	68	85	90	61	47	80	65	60	30
突尼斯	57	54	42	42	72	71	53	81	50	74	67	45	30
乌干达	59	45	37	25	73	92	63	45	83	79	67	55	40
赞比亚	50	37	26	31	71	79	5	66	46	71	68	55	50
津巴布韦	40	33	32	21	63	89	59	42	44	0	56	25	10
非洲平均值	57	44	41	34	76	80	64	58	57	72	66	53	44
中国	58	62	72	46	73	68	55	80	65	70	71	20	20

资料来源：https：//www. heritage. org/index/.

在劳动自由方面，由于长期的殖民历史和西方化的政治体制，非洲国家的劳工保护制度普遍较为严格，除缴纳养老、医疗等必要的社会保险外，各国在劳动合同、集体谈判、休息休假权等方面有明确的规定（唐丽霞和赵文杰，2020）。在劳动合同方面，非洲国家规定了严格的反就业歧视法律，禁止任何针对性别、年龄、身高、身份、种族、宗教和政治信仰等方面的歧视。南非实施的黑人经济振兴法案（*Black Economic Empowerment*，BEE）是一个典型例子，该法案通过多样化的社会经济战略维护黑人所拥有的权益（郭建军，2015）。例如，矿产业要求黑人最低持有26%的股权，否则企业将无法申请获准相应的经营牌照。在集体谈判方面，非洲国家普遍依靠强大的工会组织，通过频繁集会的形式向管理者施压，采取抗议、罢工等形式反映工会成员的诉求以及权益。在休息休假权方面，由于宗教的原因非洲国家普遍禁止礼拜日加班。

在贸易自由方面，除了较高的关税水平，非洲国家还实施了较高的非关税壁垒。数据表明，非洲大陆的平均关税水平为8.7%，但是非关税壁垒相当于283%的关税水平（朴英姬，2022）。以产品符合性认证为例，该证书是非洲国家普遍采用的一种非关税壁垒，旨在确保进口产品质量，要求出口商或进口商在产品出运前委托第三方检验认证机构对产品进行测试、验货，对符合进口国标准要求的产品颁发产品符合性证书。然而，非洲各国实施的产品符合性认证存在较大的差异。据不完全统计，目前实施符合性评定方案的非洲国家有20个左右。这些国家的符合性认证名称有所不同，大致可以分为6类：PVOC（Pre-export Verification of Conformity），实施的国家有布隆迪、坦桑尼亚、肯尼亚、乌干达、卢旺达；符合性评定（Verification of Conformity）；*VOC*（Verification of Conformity），实施的国家有加蓬、加纳、利比亚、阿尔及利亚、科特迪瓦；COC（Certificate of Conformity）：实施的国家有埃塞俄比亚、博茨瓦纳、尼日尔、喀麦隆、布隆迪、埃及、加纳、摩洛哥；SONCAP（SON Conformity Assessment Programme）、CBCA（Consignment Based Conformity Assessment）以及SABS（South African Bureau of Standards），实施的国家分别是尼日利亚、津巴布韦和南非。不仅如此，这些认证的申请流程、覆盖范围以及费用也存在差异。以出口到尼日利亚需要的 SONCAP 认证为例，除了食品、药品、医疗用品（设备和机器除外）、化学药品材料、军用物品和设备、二手产品等外，其他所有产品均在 SONCAP 管制目录内，许可状态产品 SONCAP 的认证费用高达 1 300 美元/份。出口到南非需要的 SABS 认证产品范围，包括化学制品、生物制品、纤维制品和服装、机械制品、安全设备、电工产品、土木和建筑以及汽车产品等，产品认证的费用为 1 万 ~2 万人民币/份。由于每个国家的要求不同，导致中国企业对非洲出口时无法发挥规模经济，出口成本增加。

不仅如此，非洲国家的贸易便利化普遍低于中国，跨境贸易所需要的时间和费用普遍较高，影响了货物的快速放行和流动。如表 4-6 所示，在 2020 年，出口方面，中国单据合规性需要的时间为 9 小时，费用为 74 美元；而非洲国家平均需要 71 小时，费用为 170 美元。其中，刚果（金）的时间和费用最高，分别为 192 小时，500 美元。中国边境合规性需要的时间为 21 小时，费用为 256 美元。而非洲国家平均需要 92 小时，费用为 583 美元。同样，刚果（金）的时间和费用最高，分别为 296 小时，2 223 美元。进口也存在类似的情况。

表 4-6　　　　　　2020 年，中国和非洲国家跨境贸易时间和费用

国家	出口				进口			
	单据合规性		边境合规性		单据合规性		边境合规性	
	时间（小时）	费用（美元）	时间（小时）	费用（美元）	时间（小时）	费用（美元）	时间（小时）	费用（美元）
阿尔及利亚	149	374	80	593	96	400	210	409
安哥拉	96	240	164	825	96	460	72	1 030
贝宁	48	80	78	354	59	110	82	599
博茨瓦纳	18	179	5	317	3	67	4	98
布基纳法索	84	86	75	261	96	197	102	265
布隆迪	120	150	59	109	180	1 025	154	444

续表

国家	出口				进口			
	单据合规性		边境合规性		单据合规性		边境合规性	
	时间（小时）	费用（美元）	时间（小时）	费用（美元）	时间（小时）	费用（美元）	时间（小时）	费用（美元）
佛得角	24	125	72	641	24	125	60	588
喀麦隆	66	306	202	983	163	849	271	1 407
中非	48	60	141	280	120	500	122	709
乍得	87	188	106	319	172	500	242	965
科摩罗	50	124	51	651	26	93	70	765
刚果（金）	192	500	296	2 223	174	765	336	3 039
刚果（布）	120	165	276	1 975	208	310	397	1 581
科特迪瓦	84	136	239	423	89	267	125	456
吉布提	60	95	72	605	50	100	118	1 055
埃及	88	100	48	258	265	1 000	240	554
赤道几内亚	154	85	132	760	240	70	240	985
斯威士兰	2	76	2	134	4	76	3	134
埃塞俄比亚	76	175	51	172	194	750	72	120
加蓬	60	200	96	1 633	120	170	84	1 320
冈比亚	48	133	109	381	32	152	87	326
加纳	89	155	108	490	36	474	80	553
几内亚	139	128	72	778	156	180	79	809
几内亚比绍	60	160	118	585	36	205	84	550
肯尼亚	19	191	16	143	60	115	194	833
莱索托	1	90	4	150	1	90	5	150
利比里亚	144	330	193	1 113	144	405	217	1 013
利比亚	72	50	72	575	96	60	79	637
马达加斯加	49	117	70	868	58	150	99	595
马拉维	75	342	78	243	55	162	55	143
马里	48	33	48	242	77	90	98	545

续表

国家	出口				进口			
	单据合规性		边境合规性		单据合规性		边境合规性	
	时间（小时）	费用（美元）	时间（小时）	费用（美元）	时间（小时）	费用（美元）	时间（小时）	费用（美元）
毛里塔尼亚	51	92	62	749	64	400	69	580
毛里求斯	9	128	24	303	9	166	41	372
摩洛哥	26	67	6	156	26	116	57	228
莫桑比克	36	160	66	602	16	60	9	399
纳米比亚	90	348	120	745	3	63	6	145
尼日尔	51	39	48	391	156	282	78	462
尼日利亚	74	250	128	786	120	564	242	1 077
卢旺达	30	110	83	183	48	121	74	282
圣多美和普林西比	46	194	83	426	17	75	150	406
塞内加尔	26	96	61	547	72	545	53	702
塞舌尔	44	115	82	332	33	93	97	341
塞拉利昂	72	227	55	552	82	387	120	821
索马里	73	350	44	495	76	300	85	952
南非	68	55	92	1 257	36	73	87	676
南苏丹	192	194	146	763	360	350	179	781
苏丹	190	428	180	967	132	420	144	1 093
坦桑尼亚	96	275	96	1 175	240	375	402	1 350
多哥	11	25	67	163	180	252	168	612
突尼斯	3	200	12	375	27	144	80	596
乌干达	24	102	59	209	96	296	145	447
赞比亚	96	200	120	370	72	175	120	380
津巴布韦	99	170	88	285	81	150	228	562
平均	71	170	92	583	96	289	127	678
中国	9	74	21	256	13	77	36	241

资料来源：Doing business 网站。

（三）中国对非洲直接投资

根据上述结论，中国对非洲直接投资对中非价值链产生显著的促进作用，这一结论与中国对非洲直接投资规模持续上升和结构不断升级有关。由于拥有丰富的资源、广大的市场和巨大的人口红利，非洲正在成为中国对外直接投资重要的目的地，中国对非洲直接投资流量和存量持续上升（见图 4－3）。根据 2021 年中国对外直接投资公报，截至 2021 年底，中国对非洲直接投资存量为 441.9 亿美元，是 2003 年的 90 倍，投资遍及 50 多个非洲国家。与此同时，按照直接投资流量计算，中国已于 2013 年取代美国成为非洲第一大投资来源国。2021 年，中国在非洲设立的境外企业超过 3 400 家，比 2008 年的 1 600 家翻了一番，投资领域也正在从传统的农业、采矿业和建筑业，逐步拓展至资源产品深加工、工业制造、金融服务、商贸物流和房地产等多个行业。

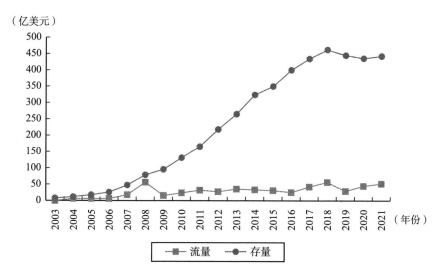

图 4－3 2003～2021 年，中国对非洲直接投资的流量和存量

资料来源：历年中国对外直接投资统计公报。

中国对非洲直接投资有利于促进中国企业实现转型升级以及向价值链中高端迈进，同时也有助于推动非洲当地企业参与以中国企业为主导的全球价值链布局。比如，中国华坚集团以专业生产女鞋为主，曾为全球排名前 50 位的中高档女鞋品牌做代工。2011 年，华坚在非洲埃塞俄比亚建立工厂，将加工组装环节转移到该国，然后利用该国廉价的劳动力和发达国家给予的单边优惠贸易待遇，将制成品出口到欧美国家，实现了价值链升级。深圳传音控股主要从事以手机为核心的智能终端的设计、研发、生产、销售和品牌运营。该公司在"锁定非洲"的战略定位下，逐步成为非洲国家手机品牌的领导者。根据互联网数据中心（IDC）统计，2020 年传音控股在非洲智能机市场占有率超过40%，已连续数年成为非洲第一大手机品牌。[1] 通过在上海、深圳和重庆设立自主研发中心，在中国和埃塞俄比亚等建立生产基地，在全球建立拥有自主品牌（Carlcare）的售后服务平台，传音基本上实现了对手机产业链的控制。

不过，非洲国家还存在一些不足抑制了中国投资对中非价值链合作产生的促进作用。根据中非民间商会发布的 2021 年《中国企业投资非洲报告》[2]，中国企业在非洲投资时主要面临政策波动、汇率贬值、条件有限和国情差异四个主要问题。（1）非洲国家存在政策波动，增加了投资环境的不确定性。一些非洲国家政府干预企业的行政监督，频繁调整规章制度，影响企业的经营环境。例如，新政府可能会重新审查前任政府批准和签署的项目合同；（2）非洲国家货币汇率大幅波动，导致投资前景不稳定。非洲国家的外汇收入来源一般有限，货币汇率受到外部条件的影响，特别是国际商品价格下跌和发达国家收紧货币政策，这可能导致货币汇率急剧贬值。根据在非洲投资的中国企业反馈，工程和投资企业 70% 以上的损失是东道国货币贬值造成的；（3）非洲国家

---

[1] 传音控股 . https：//www. transsion. com/profile.

[2] 中非民进商会 . 0 位专家 + 770 家调研 + 63 个案例："中国企业投资非洲报告"正式发布！http：//www. cabc. org. cn/detail. php？id = 2690.

物质和非物质投资条件缺乏,导致投资成本增加。非洲大多数国家的工业基础薄弱,严重依赖进口机械设备和昂贵的生产材料。此外,许多非洲国家的物流条件差,运输成本高,导致竞争力下降,阻碍了企业的长期发展;(4)非洲国家之间存在显著差异,企业很难实现业务本地化。非洲国家种族多样性巨大,在语言和文化方面与中国有很大差异。例如,在某些地区购买土地需要得到政府批准,但在实际获得土地使用权之前,还要求当地部落首领举行仪式。此外,由于历史原因,许多非洲国家的习俗和传统受到西方的影响,导致中国企业家很难完全掌握。

(四) 基础设施

研究结论显示,中国与非洲国家尤其是最不发达国家之间的基础设施差距对双边价值链合作产生显著的促进作用,换言之,非洲国家落后的基础设施对其产生抑制作用。在过去十年里,中国的基础设施整体水平实现了跨越式发展。到 2021 年底,中国综合交通网总里程突破 600 万公里,220 千伏及以上输电线路 84.3 万公里,光缆线路总长度达到 5 481 万公里,分别相当于 10 年前的 1.3 倍、1.7 倍和 3.7 倍,水库总库容达到 9 035 亿立方米,高铁、高速公路、电网、4G 网络规模等长期稳居世界第一。① 与此形成鲜明的对比,非洲国家的基础设施水平相对落后。根据非洲开发银行发布的非洲基础设施发展指数(见表 4 - 7),2021 年非洲国家基础设施发展指数平均值仅为 29,只有 15 个国家超过平均值。非洲国家在电力、交通和信息通信技术等方面尤其落后,平均值仅为 10、12 和 17,60% 以上国家的电力和交通得分只有个位数。落后的基础设施抑制了物质资本积累效应、人力资本积累效应、FDI 技术扩散效应以及中间品进口的技术溢出效应等的发挥(郝晓等,2021),进而不利于双边价值链合作。

---

① 中国政府网. 基础设施整体水平实现跨越式提升——国家发展改革委新闻发布会聚焦重大基础设施建设. http://www.gov.cn/xinwen/2022 - 09/27/content_5712610.htm.

表 4－7   2021 年非洲国家基础设施发展指数

国家	总得分	电力	交通	信息通信技术	供水和卫生设施
安哥拉	20	4	6	12	61
贝宁	17	5	0	14	53
布基纳法索	19	11	2	12	62
布隆迪	16	9	0	6	67
中非	12	3	0	3	42
乍得	8	1	0	6	33
科摩罗	24	15	1	8	72
刚果（金）	9	1	2	7	40
吉布提	25	9	10	19	80
厄立特里亚	9	3	2	2	43
埃塞俄比亚	11	2	2	9	43
冈比亚	30	8	2	22	76
几内亚	18	5	3	14	67
几内亚比绍	14	5	2	12	48
莱索托	19	7	4	16	71
利比里亚	15	3	0	9	64
马达加斯加	11	3	1	6	35
马拉维	22	4	3	7	67
马里	17	2	2	16	70
毛里塔尼亚	18	5	3	14	70
莫桑比克	13	2	10	7	50
尼日尔	6	2	0	5	41
卢旺达	22	12	1	13	78
圣多美和普林西比	28	13	8	15	78
塞内加尔	30	4	5	18	76
塞拉利昂	12	4	1	11	56
索马里	5	2	0	6	64
南苏丹	6	0	1	3	49
苏丹	17	1	6	13	67

续表

国家	总得分	电力	交通	信息通信技术	供水和卫生设施
坦桑尼亚	15	3	2	13	54
多哥	14	6	2	11	55
乌干达	22	6	1	11	58
赞比亚	25	7	13	12	55
赤道几内亚	19	16	6	10	64
阿尔及利亚	59	20	31	32	98
博茨瓦纳	38	25	20	29	91
佛得角	49	26	15	27	90
喀麦隆	21	3	6	15	65
刚果（布）	18	2	6	11	68
科特迪瓦	24	6	7	22	65
埃及	89	55	34	31	99
加蓬	32	4	26	26	85
加纳	31	11	8	24	80
肯尼亚	27	10	3	40	58
利比亚	84	40	96	20	100
毛里求斯	80	37	42	50	100
摩洛哥	67	10	17	41	90
纳米比亚	30	17	10	21	71
尼日利亚	24	6	3	17	68
塞舌尔	98	52	83	50	97
南非	80	22	76	33	93
斯威士兰	28	13	14	16	77
突尼斯	72	11	30	37	98
津巴布韦	26	12	9	16	67
非洲平均值	29	10	12	17	68
最不发达国家平均	17	5	3	11	59
发展中国家平均	47	19	26	27	82

资料来源：Africa infrastructure knowledge program. https：//infrastructureafrica. opendataforafrica. org/rscznob/ africa-infrastructure-development-index-aidi.

第四节　小　　结

本章首先结合"双流环"价值链体系理论,提出中非建立深度自由贸易区提升价值链合作的理论逻辑,然后构建模型定量评估影响中非开展价值链合作的积极和消极因素,并分析突破这些消极因素或者加强积极因素所需要的贸易政策支撑,进而为解释中非建立深度自由贸易区的动因提供理论基础。主要结论如下。(1)在当前以中国为枢纽点的"双流环"价值链体系中,中国与位于"下环流"的非洲国家建立自由贸易区顺应全球价值链的发展规律,通过降低贸易成本、促进直接投资以及扩大服务贸易三个渠道,促进中国和非洲国家的价值链合作,并有效对冲两者面临的"低端锁定"风险,助推其向价值链高端攀升;(2)在影响中非价值链合作的因素中,中国与非洲国家关税对其产生的负向影响尚不显著,而中国较高的经济自由度、中国对非洲直接投资、中国与非洲国家的基础设施差异对其产生显著的促进作用。除此之外,中国与非洲不同收入水平国家价值链合作的影响因素还存在一定的差异。对于非洲发展中国家,非洲国家的经济自由度、中非制度差异对中非价值链合作产生显著的抑制作用,中国对非洲直接投资对其产生显著的促进作用。对于非洲最不发达国家,非洲对来自中国商品实施关税抑制了中非价值链合作,而中国的经济自由度、非洲国家的经济自由度、中国对非洲直接投资以及双边基础设施差异和产业结构差异对中非价值链合作产生显著的促进作用。因此,为了促进中非价值链合作,中国与非洲国家建立自由贸易区不能仅仅局限于降低关税,还需要在投资、基础设施、产业合作和国内规制等方面加强深度合作,建立深度自由贸易区。

第五章 中非建立深度自由贸易区的空间布局

在全球范围内选择合适的伙伴国进行合理的空间布局对于一国顺利实施自由贸易区战略具有非常重要的现实意义。非洲共有 55 个国家，这些国家在经济、政治、制度和文化等方面存在较大的差异，特别是这些国家之间相互建立了诸多区域经济一体化组织交织在一起形成的"意大利面碗效应"，更是给中非自由贸易区建设带来了困难。中国如何在尊重非洲国家的差异性以及区域一体化的基础上，在该地区选择合适的伙伴国进行自由贸易区空间布局，需要进行深入研究。为此，本章首先梳理中国自由贸易区的发展历程，初步了解每个阶段中国在选择自由贸易区伙伴时的依据和标准；其次，建立二值选择模型，在考虑经济、政治和地理等传统因素的基础上，引入反映两国全球价值链依赖关系的指标，定量评估中国自由贸易区伙伴选择的影响因素；最后，结合非洲国家的实际情况筛选出中国适宜与之建立自由贸易区的国家或组织，进而对中国在非洲建立深度自由贸易区进行空间布局。

第一节 中国自由贸易区的发展
历程及空间布局特点

自从 2001 年加入 WTO 以后，中国积极顺应区域一体化潮流，并将自由贸易区视为对外开放的新形式、新起点以及与其他国家实现互利共赢的新平台。2002 年，《中国—东盟全面经济合作框架协定》的签署，标志着中国自由贸易区建设正式拉开了序幕。以此为起点，中国自由贸易区建设大致可以分为实践探索、稳步发展、快速推进和提质升级四个发展阶段（潘怡辰等，2022）。在每个阶段，中国自由贸易区的空间布局呈现一定的特征，主要表现如下。

一、实践探索阶段（2002～2006 年）

2002 年 11 月，中国与东盟签署了《中国—东盟全面经济合作框架协定》，成为中国对外建立的第一个自由贸易区。随后，中国内地与香港、澳门于 2003 年 6 月和 10 月分别签署了《内地与香港关于建立更紧密经贸关系的安排》和《内地与澳门关于建立更紧密经贸关系的安排》，在 "一国两制" 原则的基础上进一步加强了制度性合作。同时，中国继续与有意愿的国家探索自由贸易区建设。2005 年 4 月，中国和巴基斯坦签署《关于自由贸易协定早期收获计划的协定》，并于 2006 年 11 月正式签署《中国—巴基斯坦自由贸易协定》。2005 年 11 月，中国与智利签署了《中国—智利自由贸易协定》。在这一时期，中国没有提出明确的自由贸易区战略规划。但是，从中国选择的自由贸易区伙伴来看，这些国家以发展中国家为主，地理范围从亚洲周边延伸到南美地区。2006年，中国商务部开始提出将自由贸易区提高到国家战略的构想，并提出 "守住周边、扩展到全球" 的自由贸易区总体布局。①

二、稳步发展阶段（2007～2011 年）

2007 年 10 月，中国共产党第十七大报告明确提出要 "实施自由贸易区战略"，首次将自由贸易区建设上升到国家战略高度。2008 年 4 月，中国与新西兰正式签署自由贸易协定，这是中国与发达国家达成的第一个

---

① 新浪财经 . 中新自由贸易协定签署　中国 FTA 战略跨入南北合作 . http：//finance. sina. com. cn/roll/20080408/00092129628. shtml.

自由贸易协定。同年 10 月，中国与新加坡签署自由贸易协定，在中国—东盟自由贸易区的基础上进一步加快贸易自由化进程。随后，中国于 2009 年 4 月和 2010 年 4 月分别与秘鲁和哥斯达黎加签署自由贸易协定，进一步拓展了与拉美国家的合作空间。在这一时期，中国自由贸易区伙伴不仅包括发展中国家（秘鲁和哥斯达黎加），而且还包括发达国家（新加坡和新西兰）。同时，自由贸易区空间布局逐步涉及大洋洲、拉美等地区，向全球不断延伸扩展。2007 年 5 月，时任商务部副部长易小准提到中国在自由贸易区实践中逐步形成了一套不成文的伙伴选择标准，包括双方政治与外交关系良好；二双方产业和进出口商品结构存在较强互补性；三对方具有一定的市场规模及贸易辐射作用；四双方有着建立自由贸易区的共同意愿。① 这些标准为中国开展自由贸易区建设提供了方向指引。

三、快速推进阶段（2012～2019 年）

2012 年，党的十八大报告提出要加快实施自由贸易区战略。2014 年 12 月，习近平总书记在中共中央政治局就加快自由贸易区建设进行第十九次集体学习时强调，要逐步构筑起立足周边、辐射"一带一路"、面向全球的自由贸易区网络，积极同共建"一带一路"国家和地区商建自由贸易区。② 2015 年 12 月，中国国务院发布《关于加快实施自由贸易区战略的若干意见》，明确提出自由贸易区建设布局。（1）加快构建周边自由贸易区。力争与所有毗邻国家和地区建立自由贸易区，不断深化经贸关系，构建合作共赢的周边大市场；（2）积极推进共建"一带一路"自由贸易区。结合周边自由贸易区建设和推进国际产能合作，积极同共建"一带一路"国家商建自由贸易区，形成"一带一路"大市场，将"一

① 新浪财经. 易小准：中国选择自由贸易区合作伙伴有四大标准. http：//finance. sina. com. cn/roll/20070529/20571438980. shtml.

② 习近平主持中共中央政治局第十九次集体学习并发表重要讲话. http：//cpc. people. com. cn/n/2014/1207/c64094－26161930. html.

带一路"打造成畅通之路、商贸之路、开放之路；（3）逐步形成全球自由贸易区网络。争取同大部分新兴经济体、发展中大国、主要区域经济集团和部分发达国家建立自由贸易区，构建金砖国家大市场、新兴经济体大市场和发展中国家大市场。① 2017 年 10 月，党的十九大报告进一步提出要促进自由贸易区建设，推动建设开放型世界经济。在这一时期，中国自由贸易区网络不断扩大。2013 年 4 月和 7 月，中国分别与冰岛和瑞士签署自由贸易协定，使自由贸易区网络拓展至欧洲。2015 年 6 月，中国分别与韩国和澳大利亚签署自由贸易协定。此外，中国还于 2017 年 5 月和 12 月分别与格鲁吉亚和马尔代夫签署自由贸易协定，丰富了在"一带一路"沿线的自由贸易区空间布局。2019 年 10 月，中国与毛里求斯达成自由贸易协定，填补了中国自由贸易区网络布局在非洲地区的空白。

四、提质升级阶段（2020 年至今）

自 2020 年以来，为了顺应中国外部环境的深刻复杂变化和国内经济高质量发展的内在要求，中国共产党第十九届中央委员会第五次全体会议明确提出，实施自由贸易区提升战略，构建面向全球的高标准自由贸易区网络，并将其写入《中华人民共和国国民经济和社会发展第十四个五年规划和 2035 年远景目标纲要》。2021 年 6 月，商务部发布《"十四五"商务发展规划》，专门提出要推进自由贸易区提升战略实施行动，推动自贸区建设扩围、提质、增效，不断扩大自贸"朋友圈"。2022 年 1 月，国务院发布《关于促进内外贸一体化发展的意见》提出，推进实施自由贸易区提升战略，与更多贸易伙伴商签自由贸易协定。2022 年 10 月，党的二十大报告一步提出，推进高水平对外开放，扩大面向全球的高标准自由贸易区网络。随着一系列政策和规划的密集出台，中国自由

---

① 国务院关于加快实施自由贸易区战略的若干意见 . http：//www. gov. cn/zhengce/content/2015 – 12/17/content_10424. htm.

贸易区网络再次扩容。2020 年 10 月，中国与柬埔寨签署了自由贸易协定，成为中国和最不发达国家建立的第一个自由贸易区。同年 11 月，《区域全面经济伙伴关系协定》顺利签署，标志着世界上人口最多、经贸规模最大、最具发展潜力的自由贸易区正式启航，这也是中国实施自由贸易区战略取得的重大突破。不仅如此，中国还加快了与新加坡、新西兰、韩国和东盟等自由贸易协定升级后续谈判。

综上所述，经过 20 年的发展，中国已与 26 个国家和地区签署了 19 个自由贸易协定，地理范围覆盖亚洲、大洋洲、拉丁美洲、欧洲和非洲，国家类别不仅包括发达国家，而且还涉及发展中国家甚至最不发达国家，初步形成了以周边为基础、辐射"一带一路"、面向全球的自由贸易区网络布局。

第二节　模型构建与估计结果

一、模型构建

为了反映全球价值链对中国自由贸易区伙伴选择的影响，这部分将建立一个二值选择模型，在考虑经济、政治和地理等传统因素的基础上，引入反映两国全球价值链依赖关系的指标。二值选择模型又称离散选择模型或定性反应模型，其被解释变量 y 的取值非 0 即 1。为了使 y 的预测值总是介于 $[0, 1]$，在给定 x 的情况下，考虑 y 的两点分布概率，建立模型如下：

$$\begin{cases} p(y=1 \mid x = F(x, \beta) \\ p(y=0 \mid x = 1 - F(x, \beta) \end{cases} \qquad (5-1)$$

$F(x, \beta)$ 为连接 y 和 x 的函数，它属于标准正态或逻辑分布的累计分布函数。如果该函数为标准正态的累积分布函数，则该模型称为 probit，具体形式如下：

$$P(y = 1 \mid x = F(x, \beta) = \Phi(x'\beta) \equiv \int_{-\infty}^{x'\beta} \phi(t)\,\mathrm{d}t \qquad (5-2)$$

如果该函数为逻辑分布的累计分布函数，该模型称为 logit，具体形式如下：

$$P(y = 1 \mid x = F(x, \beta) = \Phi(x'\beta) \equiv \frac{\exp(x'\beta)}{1 + \exp(x'\beta)} \qquad (5-3)$$

逻辑分布的累计分布函数的图形与标准正态分布的图形比较相似，其密度函数关于原点对称，期望为 0，方差为 $\pi^2/3$。不过，由于逻辑分布的累积分布函数有解析表达式，而标准正态分布没有，故计算 logit 通常比 probit 更为方便。Logit 模型第 i 个观测数据的概率密度可以写为：

$$f(y_i \mid x_i, \beta) = [\Lambda(x_i'\beta)]^{y_i} [1 - \Lambda(x_i'\beta)]^{1-y_i} \qquad (5-4)$$

取对数可得：

$$\ln f(y_i \mid x_i, \beta) = y_i \ln [\Lambda(x_i'\beta)] + (1 - y_i) \ln [1 - \Lambda(x_i'\beta)] \qquad (5-5)$$

其中，被解释变量 y 代表一国是否与中国签署自由贸易协定。如果两国签署自由贸易协定，y 等于 1，如果没有签署，y 等于 0。x 为一系列影响自由贸易区伙伴选择的解释变量，除了包括传统的经济规模、政治和平、营商环境、贸易偏斜度、地理距离等变量外，这里还将中国与其他国家的价值链关联程度纳入其中。这些指标的含义以及衡量方法如下：

（1）被解释变量（y），代表一国是否与中国签署自由贸易区协定。根据中国自由贸易区服务网，中国已经与 26 个国家和地区签署 19 份自由贸易协定，另有 10 份正在谈判，8 份正在研究（见表 5 – 1）。不过，考虑到数据的可获得性，本节将澳大利亚、柬埔寨、智利、哥斯达黎加、韩国、冰岛、印度尼西亚、日本、老挝、马来西亚、毛里求斯、新西兰、巴基斯坦、秘鲁、菲律宾、新加坡、挪威、泰国、越南等 19 个国家的 y 设为 1，这些国家均与中国签订了自由贸易区，其余 124 个国家的 y 设为 0，这些国家尚未与中国签订自由贸易区。

表 5 – 1　　　　　　　　　　　　　中国自由贸易区建设

进展	中国自由贸易区	
已签署	区域全面经济伙伴关系协定	中国—柬埔寨自由贸易区
	中国—毛里求斯自由贸易区	中国—马尔代夫自由贸易区
	中国—格鲁吉亚自由贸易区	中国—澳大利亚自由贸易区
	中国—韩国自由贸易区	中国—瑞士自由贸易区
	中国—冰岛自由贸易区	中国—哥斯达黎加自由贸易区
	中国—秘鲁自由贸易区	中国—新西兰自由贸易区（含升级）
	中国—新加坡自由贸易区（含升级）	中国—东盟自由贸易区（含升级）
	中国—智利自由贸易区（含升级）	内地与港澳更紧密经贸关系安排
	中国—巴基斯坦自由贸易区（含第二阶段谈判）	
正在谈判的 自由贸易区	中国—海合会自由贸易区	
	中日韩自由贸易区	
	中国—斯里兰卡自由贸易区	
	中国—以色列自由贸易区	
	中国—挪威自由贸易区	
	中国—摩尔多瓦自由贸易区	
	中国—巴拿马自由贸易区	
	中国—韩国自由贸易区（含第二阶段谈判）	
	中国—巴基斯坦自由贸易区	
	中国—秘鲁自由贸易区协定升级谈判	
正在研究的 自由贸易区	中国—哥伦比亚自由贸易区	
	中国—斐济自由贸易区	
	中国—尼泊尔自由贸易区	
	中国—巴新自由贸易区	
	中国—加拿大自由贸易区	
	中国—孟加拉国自由贸易区	
	中国—蒙古国自由贸易区	
	中国—瑞士自由贸易协定升级联合研究	

资料来源：中国自由贸易区服务网。

（2）经济规模（*GDP*）：经济规模较大的国家，不仅具有较强的供给能力，而且还具有较大的市场需求。因此，一国与经济规模较大的国家建立自由贸易区会产生更多的贸易创造，降低贸易转移带来的负效应。该指标使用 2019 年国内生产总值进行衡量，数据来源于世界银行（World development Index）。

（3）政治和平（*Peace*）：政治和平状况是影响国家间建立自由贸易区的重要前提和条件，与高危地区签订制度性贸易合作协定，对于执行协定的市场主体将产生难以预料的政治隐患和重大经济损失（赵金龙和王斌，2016）。该指标利用伦敦经济与和平研究所发布的 2019 年全球和平指数来衡量，它由国家军费支出、国内因组织性冲突死亡人数、联合国派遣人员数目、与邻国的关系等 24 个指标构成，数值介于 0 ~ 4，数值越小代表该地区越和平。由于该变量与两国签署自由贸易区的意愿存在反向关系，故将其调整为倒数。

（4）营商环境因素（*Freedom*）：营商环境是指市场主体在准入、生产经营、退出等过程中涉及的政务环境、市场环境、法治环境、人文环境等有关外部因素和条件的总和①，它对于国家间建立自由贸易区具有重要的影响。营商环境便利度低的国家，其国内政府往往对市场主体的经营活动采取诸多的干预措施，与这些国家开展区域经济合作，将不可避免地面临诸多方面的阻力且协定执行困难（Márquez-Ramos et al.，2011；许培源和罗琴秀，2020）。该指标采用美国传统基金会发布的 2019 年经济自由度指数进行衡量，数值介于 0 ~ 100，数值越大，代表该地区的营商环境便利度越高。

（5）地理距离（*Dis*）：在不考虑两国关税对价格的扭曲作用时，距离是影响运输成本和商品跨国流动的主要因素。两国距离越近，进行国际运输的成本就越低，较低的运输成本促使更大的贸易量，进而增加两国从国际贸易中获得净福利（Krugman，1992；赵金龙和王斌，

---

① 中国政府网．营商环境政策库．http：//www. gov. cn/zhengce/yingshanghuanjingzck/index. htm.

2016）。因而，地理距离越邻近国家，越倾向建立自由贸易区。地理距离越远的国家，建立自由贸易区的概率会变小。不过，近年来涌现出的巨型区域贸易协定正在突破地缘限制，向广域一体化方向发展（全毅，2015）。因此，地理距离对一国自由贸易区伙伴国选择的影响尚不明确，该指标采用两国首都的距离进行衡量，数据来自 CEPII 数据库。

（6）贸易关系：贸易关系是国家之间建立自由贸易区的现实基础。根据自然贸易伙伴假说，相互贸易量较大的国家组建自由贸易区会固化其原有的自然贸易模式，这有助于减少贸易转移效应，提高成员国的经济福利。本节将采用两个指标衡量中国与其他国家的贸易关系：一是贸易偏斜指数（TB），该指数最初由德赖斯代尔（Drysdale，1969）提出，是贸易强度指数和贸易互补指数的深化，常用来衡量两国传统的贸易关系，它的计算方法如式（5-6）~式（5-8）所示，数据来源于国际贸易中心贸易地图（trademap）；二是基于增加值衡量的价值链关联度，反映在全球价值链下的贸易关系。该指标分别利用中国出口中来自国外的增加值（T_{jc}^{VA}）与国外出口中来自中国的增加值（T_{cj}^{VA}）进行衡量，数据来源于 Eora Global Value Chain Database。以上两个指标均选择 2019 年的数据进行衡量。

$$TI_{ij} = \frac{X_{ij}/X_i}{M_j/(M_w - M_i)} \tag{5-6}$$

$$C_{ij} = \sum_k \frac{X_i^k}{X_i} \times \frac{M_w - M_i}{M_w^k - M_i^k} \times \frac{M_j^k}{M_j} \tag{5-7}$$

$$TB_{ij} = \frac{TI_{ij}}{C_{ij}} \tag{5-8}$$

在式（5-6）中，TI_{ij} 为国家 i 与国家 j 之间的贸易强度指数；X_{ij}、X_i 分别为国家 i 对国家 j 的出口和国家 i 的总出口；M_i、M_j 和 M_w 分别为国家 i、国家 j 和世界的总进口。在式（5-7）中，C_{ij} 为国家 i 与国家 j 之间的贸易互补性指数；X_i^k 代表国家 i 产品为 k 的出口，M_j^k 代表国家 j 产品为 k 的进口，M_w^k 代表世界范围产品为 k 的总进口，M_i^k 为国家 i 在产品 k 上的进口。在式（5-8）中，TB_{ij} 为国家 i 与国家 j 之间的贸易偏斜指数，它等于贸易密集度指数与贸易互补指数的比值。如果贸易偏斜度指数大于1，则双方的贸易关系良好，反之恶化。

二、估计结果

由于上面建立的二值选择模型属于一个非线性模型，需要使用最大似然法对其进行估计。为此，这里分别使用 Logit 模型和 Probit 模型对其准确预测的百分比以及边际效应进行估计。比较而言，由于逻辑分布的累积分布函数有解析表达式，而标准正态分布没有，故计算 Logit 通常比 Probit 更为方便。因此，这部分主要介绍 Logit 模型的估计结果。同时，作为对比，这部分也将最小二乘法（OLS）的线性概率模型估计结果列出。为了便于解释回归结果，下面将汇报 Logit 模型的概率比而非边际效应。如表 5 - 2 所示，价值链关联、贸易偏斜指数以及营商环境是影响中国自由贸易区伙伴选择的主要因素。其中，国外出口中来自中国的增加值（T_{cj}^{VA}）的概率比为 0.68，并且在 10% 的水平上是统计显著的，说明国外出口中来自中国的增加值每增加一个单位，中国与该进口国签订自由贸易区的概率将增加 0.68%。贸易偏斜指数（TB）的概率比为 1.20，并在 5% 的水平上是统计显著的，说明贸易偏斜指数每增加一个单位，中国与其建立自由贸易区的比例将增加 1.2%。营商环境（Freedom）的概率比为 12.13，并在 1% 的水平上是统计显著的，说明一国营商环境得分每增加一个单位，中国与其建立自由贸易区的比率将增加 12.13%。此外，一国的 GDP、政治和平、地理距离对中国自由贸易区伙伴选择的影响在统计上尚不显著。这一点与中国的实践基本符合，在中国早期的自由贸易区伙伴中，大多数为经济规模较小且非周边国家如格鲁吉亚、冰岛、哥斯达黎加等。不过，在 Probit 模型以及 OLS 模型中，地理距离对中国自由贸易区伙伴选择产生显著的负向影响，在一定程度上反映了中国在建设自由贸易区时优先考虑周边国家的原则。进一步计算 Logit 模型准确预测的比率：（10 + 119）/143 = 90%，说明该模型具有较高的正确预测比率。

表 5 – 2   二值选择模型估计结果

变量	Logit 模型		Probit 模型		OLS 模型
	概率比	平均边际效应	概率比	平均边际效应	
$\ln GDP$	− 0.49 (− 0.94)	− 0.03 (− 0.95)	− 0.26 (− 0.90)	− 0.03 (− 0.91)	− 0.04 ** (− 2.05)
$\ln peace$	1.27 (0.62)	0.09 (0.62)	0.89 (0.77)	0.11 (0.78)	0.28 * (1.69)
$\ln Freedom$	12.13 *** (3.03)	0.86 *** (3.36)	6.66 *** (3.09)	0.85 *** (3.39)	0.28 * (1.69)
$\ln Dis$	− 1.12 (− 1.57)	− 0.08 (− 1.63)	− 0.65 * (− 1.72)	− 0.08 * (− 1.78)	− 0.14 ** (− 2.26)
$\ln TB$	1.20 ** (2.56)	0.08 *** (2.82)	0.67 *** (2.68)	0.09 *** (2.92)	0.09 *** (2.72)
$\ln T_{cj}^{VA}$	0.68 * (1.74)	0.05 * (1.80)	0.37 * (1.77)	0.05 * (1.82)	0.06 ** (2.43)
$\ln T_{jc}^{VA}$	− 0.29 (− 1.02)	− 0.02 (− 1.03)	− 0.17 (− 1.05)	− 0.02 (− 1.06)	− 0.01 (− 0.65)
Constant	− 40.69 ** (− 2.54)	—	− 21.97 *** (− 2.59)	—	0.42 (0.57)
准 R^2	0.42		0.42		0.27

注：***、** 和 * 分别表示在 1%、5% 和 10% 的水平上显著；括号内为 t 值。

第三节 中国在非洲建立自由
贸易区的空间布局

非洲是世界上拥有国家数量最多的大洲，共有 55 个国家。这些国家不仅在经济、政治和制度等方面存在巨大差异，而且还在本地区加入了一个或多个经济一体化组织，这些组织交织在一起形成了"意大利面碗效应"。这些复杂的情况给中国在非洲建立自由贸易区的空间布局带来了困难，因此需要对此进行全面考虑。为此，这部分首先结合非洲经济一体化呈现的特征，从国家对国家以及国家对区域两个层面提出中国在非洲自由贸易区的空间布局方案，然后构建一个由政治和平、营商环境、贸易关系以及区域经济一体化等因素组成的综合指标体系充分考虑非洲国家之间存在的政策和营商环境差别，并利用因子分析方法计算得到的综合得分，在非洲筛选出优先与中国建立自由贸易区的伙伴。

一、非洲经济一体化与中非自由贸易区建设

（一）非洲经济一体化呈现的特征

1. 设置了比较健全的组织机构

非洲的经济一体化分为大陆和次区域两个层面。在大陆层面，非洲联盟的前身非洲统一组织在 1991 年宣布正式成立非洲经济共同体，致力于推进非洲大陆经济一体化。在次区域层面，区域经济共同体是推动次区域经济一体化的重要组织形式，也是实现非洲经济共同体的重要支柱。目前，非洲主要有 14 个区域经济共同体（见表 5 - 3）。其中，8 个被非洲联盟承认作为实现非洲经济共同体的支柱，剩余 6 个是在地理范围较为有限的政府间合作组织。这些区域经济共同体都建立了比较健全的组织机构和运作制度。如首脑会议、部长理事会、秘书处，有些组织还设置了各类专业委员会、议会、法院和银行等，为本地区的一体化提供了可靠的组织和制度保证（舒运国，2013）。

表5-3 非洲区域经济共同体的经济一体化目标及当前状态

区域经济共同体	成立年份	目标	进展	得分	成员国	组织结构
阿拉伯马格里布联盟	1989年	经济联盟	无实质进展	0.488	阿尔及利亚、利比亚、毛里塔尼亚、摩洛哥、突尼斯	元首委员会、外长理事会、后续工作委员会、部长专门委员会
东南非共同市场	1994年	共同市场	2000年建立自由贸易区	0.367	布隆迪、科摩罗、刚果民主共和国、埃及、厄立特里亚、埃塞俄比亚、肯尼亚、利比亚、马达加斯加、马拉维、毛里求斯、卢旺达、塞舌尔、苏丹、斯威士兰、乌干达、赞比亚、津巴布韦、突尼斯、索马里	首脑会议、部长理事会、政府间委员会、技术委员会、秘书处、贸易与开发银行、结算银行、共同市场法院、商业银行协会、皮革协会、再保险公司
萨赫勒—撒哈拉国家共同体	1998年	自由贸易区	无实质进展	0.377	利比亚、苏丹、乍得、马里、尼日尔、布基纳法索、科特迪瓦、中非、厄立特里亚、吉布提、冈比亚、埃及、尼日利亚、塞内加尔、摩洛哥、突尼斯、多哥、贝宁、几内亚、圣多美和普林西比、肯尼亚、利比里亚、塞拉利昂、毛里塔尼亚、佛得角	元首委员会、执行委员会、秘书处、大使委员会、经济、社会、文化委员会、农业和水资源委员会、非洲发展与贸易银行
东非共同体	1967年	经济联盟	2010年建立共同市场	0.537	坦桑尼亚、肯尼亚、乌干达、卢旺达、布隆迪、南苏丹和刚果（金）	首脑会议、部长委员会、协调委员会、部门委员会、东非法院、东非议会、秘书处

非洲联盟承认的非洲经济共同体的支柱

113

续表

	区域经济共同体	成立年份	目标	进展	得分	成员国	组织结构
非洲联盟承认的非洲经济共同体的支柱	中部非洲国家经济共同体	1981年	经济联盟	无实质进展	0.442	安哥拉、布隆迪、喀麦隆、中非、乍得、刚果（布）、圣多美和普林西比、加蓬、赤道几内亚、刚果（金）、卢旺达	国家元首和政府首脑会议，部长理事会，委员会
	西非国家经济共同体	1975年	经济联盟	2015年建立关税同盟	0.425	贝宁、布基纳法索、多哥、佛得角、冈比亚、几内亚、几内亚比绍、加纳、科特迪瓦、利比里亚、马里、尼日尔、尼日利亚、塞拉利昂、塞内加尔	首脑会议，部长理事会，委员会，西共体议会，西共体法院，西共体投资和开发银行
	政府间发展组织	1986年	经济联盟	无实质进展	0.438	埃塞俄比亚、吉布提、肯尼亚、苏丹、南苏丹、索马里、乌干达	国家元首和政府首脑会议，部长理事会，大使委员会，秘书处
	南部非洲发展共同体	1992年	经济联盟	2008年建立自由贸易区	0.337	南非、安哥拉、博茨瓦纳、津巴布韦、莱索托、马拉维、斯威士兰、刚果（金）、马达加斯加、毛里求斯、莫桑比克、赞比亚、坦桑尼亚、塞舌尔、科摩罗	首脑会议，部长理事会，官员常设秘书处，常设秘书处，政治、防务和安全机构，法庭
地理范围较为有限的政府间合作组织	马诺河联盟	1974年	多部门整合	无实质进展	无	利比里亚、塞拉利昂、几内亚和科特迪瓦	首脑会议，联盟秘书处
	南部非洲关税同盟	1969年	关税同盟	2004年建立关税同盟		南非、博茨瓦纳、纳米比亚、莱索托及斯威士兰	部长理事会，关税同盟委员会，秘书处，特别法庭，关税委员会

续表

区域经济共同体		成立年份	目标	进展	得分	成员国	组织结构
	西非经济和货币联盟	1994年	经济联盟	未建成	无	贝宁、布基纳法索、科特迪瓦、马里、尼日尔、塞内加尔、多哥和几内亚比绍	国家元首和政府首脑会议、部长会议、联盟委员会、联盟法院
地理范围较为有限的政府间合作组织	中部非洲经济和货币共同体	1999年	经济联盟	1999年建立关税同盟		赤道几内亚、刚果（布）、加蓬、喀麦隆、乍得、中非共和国	中部非洲经济联盟、中部非洲货币联盟、共同体议会、共同体法院
	大湖国家经济共同体	1976年	经济联盟	无实质进展		刚果（金）、卢旺达和布隆迪	首脑会议、执行主席、部长理事会、常务执行秘书处、委员会
	印度洋委员会	1982年	可持续发展	无实质进展		毛里求斯、马达加斯加、塞舌尔、科摩罗和留尼汪（法国）	首脑会议、部长理事会会议、常务联络官委员会、秘书处、专门委员会

资料来源：各区域经济共同体的网站。

2. 制定了实现经济一体化的路线图和时间表

不管是在大陆层面还是在次区域层面，各区域经济合作组织均制定了经济一体化的路线图和时间表。在大陆层面，由非洲统一组织制定并在 1994 年生效的《关于建立非洲经济共同体条约》（又称《阿布贾条约》）为其制定了具体的路线图和时间表，计划在 34 年内分 6 个阶段逐渐完成非洲经济共同体的建立。第一阶段（1994～1999 年）加强已有的区域经济共同体，并在不存在的地区建立新的区域经济共同体；第二阶段（1999～2007 年）协调和统一每个区域经济共同体的活动，并逐渐消除关税和非关税壁垒；第三阶段（2007～2017 年）每个区域经济共同体建立自由贸易区和关税同盟；第四阶段（2017～2019 年）建立大陆关税同盟；第五阶段（2019～2023 年）建立大陆共同市场；第六阶段（2023～2028 年）建立大陆经济和货币同盟。在次区域层面，大多数区域经济共同体将建立自由贸易区、共同市场或经济同盟等设定为一体化目标。例如，南部非洲发展共同体计划在 2008 年建立自由贸易区后 2010 年建成关税同盟、2015 年建立共同市场、2016 年实现货币联盟、2018 年最终建成经济联盟。东部和南部非洲共同市场计划在 2000 年建立自由贸易区后 2004 年建成关税同盟、2014 年建立共同市场、2025 年实现货币联盟。东非共同体计划在 2005 年建立关税同盟以后，2010 年建立共同市场，2012 年建立货币联盟。

3. 各区域经济共同体的一体化水平存在差异

尽管非洲联盟和区域经济共同体在推动大陆和次区域经济一体化过程中做了诸多的努力，但是多数经济合作组织的一体化实施结果低于原定目标。在大陆层面，原定于 2019 年建立非洲大陆关税同盟被非洲大陆自由贸易区所代替。在次区域层面，一些组织原定建立经济联盟，但是只完成了自由贸易区、关税同盟或共同市场的建立，甚至有些组织的经济一体化进程基本处于停滞状态。不仅如此，各区域经济共同体之间的一体化发展程度不均衡。根据非洲联盟等（2019）发布的 2019 年非洲区域一体化报告，在非洲联盟承认的 8 个区域经济共同体中（见表 5 – 3），一体化得

分最低的是南部非洲发展共同体为 0. 337，得分最高的是东非共同体为
0. 537。

4. 成员国重叠现象严重

由于经济、政治和战略等原因，许多非洲国家加入了不止一个区域
经济共同体（见图 5 - 1）。根据 UNCTAD（2009），在 53 个非洲国家中
（不包括南苏丹和西撒哈拉），有 27 个国家同时加入了 2 个区域组织，
18 个国家同时加入了 3 个区域组织，刚果（金）同时加入了 4 个区域组

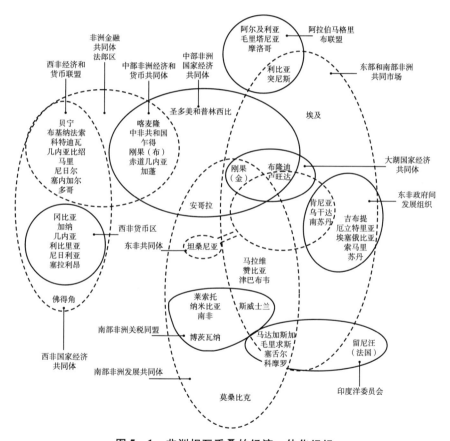

图 5 - 1　非洲相互重叠的经济一体化组织

资料来源：朱伟东，王婷. 非洲区域经济组织成员身份重叠现象与消解路径［J］. 西亚非洲，2020（1）：96 - 117.

织，只有 7 个国家仅加入一个区域组织。区域经济共同体成员国的重叠现象对非洲经济一体化的发展具有一定的积极作用，但是它也带来了诸如多重义务负担沉重、区域司法机构间管辖权冲突、区域经贸制度间法律适用冲突等问题。例如，当毛里求斯和津巴布韦就贸易问题发生争议时，由于两国均属于东南非共同市场和南部非洲发展共同体的成员国，它们可以将争议提交到这两个区域组织的法院进行处理，进而引起冲突（朱伟东和王婷，2020）。

（二）中国在非洲自由贸易区的空间布局方案

鉴于区域经济一体化对非洲国家发展的重要性及其本身存在的成员重叠问题，中国与非洲建立自由贸易区需要考虑这一因素。结合非洲经济一体化呈现的特征，中国在非洲选择自由贸易区伙伴时，可以根据一国是否参与关税同盟将非洲 55 个国家分为两组，并从国家对国家和国家对区域两个层面提出中国在非洲自由贸易区的空间布局方案。

（1）国家对区域层面的自由贸易区：考虑到关税同盟的特征是成员国相互取消关税，并同意对同盟外国家实施统的一关税制度。中国应将参与同一个关税同盟的非洲国家作为一个整体，并与之进行国家对区域层面的自由贸易区谈判，以避免对该关税同盟的运行产生冲击。根据WTO 统计，非洲地区向该组织报告的区域贸易协定中有 6 个属于关税同盟，它们分别为东南非共同市场、西非经济货币联盟、东非共同体、南部非洲关税同盟、西非国家经济共同体、中部非洲经济与货币共同体。但是，在实际运作中，只有后四个组织正式建成了关税同盟，而且它们在非洲大陆自由贸易区中也是分别作为一个整体提交了关税减让表，且彼此之间不存在成员国重叠现象。因此，中国可以与这四个关税同盟分别建立国家对区域层面的自由贸易区。

（2）国家对国家层面的自由贸易区：中国可以选择尚未参与关税同盟的单个国家与之进行国家对国家层面的自由贸易区谈判，这是因为这

些国家各自可以保持独立的对外关税，中国与其建立自由贸易区不会对
非洲经济一体化产生负面影响。根据统计，在非洲 55 个国家中，32 个
国家已经加入了上述四个关税同盟，剩下 23 个国家尚未加入关税同盟
（见表 5 - 4）。因此，中国可以与这 23 个国家建立国家对国家层面的自
由贸易区。

表 5 - 4　　　　　　　　　　非洲各国参与关税同盟的情况

关税同盟/非关税同盟	成员国/单个国家
西非国家经济共同体（15 个国家）	贝宁、布基纳法索、多哥、佛得角、冈比亚、几内亚、几内亚比绍、加纳、科特迪瓦、利比里亚、马里、尼日尔、尼日利亚、塞拉利昂、塞内加尔
南部非洲关税同盟（5 个国家）	南非、博茨瓦纳、纳米比亚、莱索托、斯威士兰
东非共同体（6 个国家）	坦桑尼亚、肯尼亚、乌干达、卢旺达、布隆迪、南苏丹
中部非洲经济与货币共同体（6 个国家）	赤道几内亚、刚果（布）、加蓬、喀麦隆、乍得、中非共和国
非关税同盟的国家（23 个国家）	阿尔及利亚、安哥拉、毛里塔尼亚、摩洛哥、莫桑比克、圣多美和普林西比、西撒哈拉、科摩罗、吉布提、埃及、厄立特里亚、埃塞俄比亚、利比亚、马达加斯加、马拉维、毛里求斯、塞舌尔、苏丹、赞比亚、津巴布韦、突尼斯、索马里、刚果（金）

资料来源：世界贸易组织区域贸易协定数据库以及中国外交部网站。

二、中国在非洲建立自由贸易区的潜在伙伴选择

为了选择自由贸易区的潜在伙伴，中国还需要考虑非洲国家在经济、
政治和制度等方面存在的差异。根据上面二值选择模型的估计结果，营
商环境以及反映贸易关系的贸易倾斜度和价值链关联等三个指标对中国
自由贸易区伙伴选择产生显著的促进作用，政治和平对其的影响虽然为
正但是在统计上不显著。不过，对于长期处于政治动乱的非洲国家，政
治和平是中国在非洲选择自由贸易区伙伴需要考虑的重要因素之一。除

此之外,非洲国家参与区域一体化的情况也需要考虑其中。因为一国参与区域经济一体化的程度越高,说明该国对外开放的程度以及执行国内经济改革的力度较大,与这些国家建立自由贸易区的阻力相对较小。因此,本节选择 2019 年数据,将政治和平、营商环境、贸易关系(贸易偏斜度和价值链关联)以及区域经济一体化①构成一个指标体系,根据因子分析法计算得出非洲每个国家或区域组织的综合得分,进而筛选出中国与之优先建立自由贸易区的伙伴。

基于上述构建的指标体系以及四个关税同盟的成员国以及 23 个独立国家的相关数据,本文利用 SPSS 软件进行因子分析。根据总方差累计百分比大于 80% 的方法,共提取 3 个公因子,进一步根据因子载荷矩阵的结果可以得到因子得分的表达式为:$E = (38.61/83.32) \times Z(1) + (22.76/83.32) \times Z(2) + (21.95/83.32) \times Z(3)$,其中,$Z(1)$、$Z(2)$、$Z(3)$ 分别为第 1 至第 3 个公因子的得分值,前面的系数是各公因子对应的方差贡献率比例。非洲关税同盟或单个国家在政治和平、营商环境、贸易关系及区域经济一体化等四个因素的综合得分结果见表 5 - 5。

表 5 - 5   非洲各国或组织的综合得分

西非国家经济共同体	- 0.2	斯威士兰	0.2	吉布提	0.9
多哥	0.6	博茨瓦纳	0.1	安哥拉	0.9
加纳	0.1	东非共同体	- 0.1	赞比亚	0.9
尼日尔	0.1	卢旺达	1.1	津巴布韦	0.3
科特迪瓦	0	肯尼亚	0.5	埃及	0.3
几内亚	- 0.1	坦桑尼亚	0.1	突尼斯	0.3
塞内加尔	- 0.1	乌干达	- 0.0	马达加斯加	0.1

---

① United Nations Economic Commission for Africa, African Union Commission; African Development Bank, Africa Regional Integration Index Report [R]. https://hdl.handle.net/10855/43774, 2019.

续表

尼日利亚	-0.2	布隆迪	-0.9	莫桑比克	0.1
利比里亚	-0.3	南苏丹	-1.5	马拉维	0
贝宁	-0.4	中部非洲经济与货币共同体	0.1	毛里塔尼亚	-0.3
冈比亚	-0.4	刚果（布）	1.4	埃塞俄比亚	-0.3
布基纳法索	-0.5	加蓬	1.0	阿尔及利亚	-0.3
马里	-0.6	喀麦隆	-0.4	苏丹	-0.6
塞拉利昂	-0.8	乍得	-0.5	索马里	-0.7
南部非洲关税同盟	0.5	中非共和国	-1.2	刚果（金）	-0.9
南非	1.3	单个国家	0	利比亚	-1.1
莱索托	0.6	毛里求斯	1.4	厄立特里亚	-1.5
纳米比亚	0.3	摩洛哥	1.0		

注：四个关税同盟的综合得分等于其成员国综合得分的平均值。

从表 5-5 可以看出，毛里求斯和刚果（布）的综合得分（1.4）是最高的，不过由于刚果（布）属于中部非洲经济与货币共同体关税同盟的成员，所以中国选择毛里求斯作为在非洲的第一个自由贸易区伙伴国的实践，获得了数据上的支持，在一定程度上反映了本书构建的指标体系的有效性。参考许培源和罗琴秀（2020）的做法，本节进一步将上述关税同盟或者单个国家的综合得分按照（0.5，∞）（0，0.5）（-∞，0）分成三个梯次，得到中国与非洲关税同盟或国家建立自由贸易区的优先次序，见表 5-6。因为第一和第二梯次关税同盟或国家的综合得分均大于或等于 0，说明这些国家在政治和平、营商环境、贸易关系和区域经济一体化等方面的表现普遍较好，中国可以优先与之建立自由贸易区。第三个梯次关税同盟或国家的综合得分小于 0，说明这些国家的表现普遍欠佳，中国可以在条件成熟的情况下与之建立自由贸易区。

表 5 – 6　　　　中国与非洲国家建立自由贸易区的优先次序

	第一梯次	第二梯次	第三梯次
国家对国家层面	毛里求斯、摩洛哥、吉布提、安哥拉、赞比亚	津巴布韦、埃及、突尼斯、马达加斯加、莫桑比克、马拉维	毛里塔尼亚、埃塞俄比亚、阿尔及利亚、苏丹、索马里、刚果（金）、利比亚、厄立特里亚、几内亚比绍、圣多美和普林西比、塞舌尔、佛得角、西撒哈拉、科摩罗和赤道几内亚
国家对区域层面	南部非洲关税同盟	中部非洲经济与货币共同体	东非共同体、西非国家经济共同体

注：这里将数据缺失的 7 个非洲国家纳入了第三梯次，统计能力的不足在一定程度上反映了这些国家在政治和平、营商环境、贸易关系和区域经济一体化等方面的表现普遍欠佳。

第四节　小　结

　　本章首先通过梳理中国的自由贸易区发展历程，发现中国初步形成了以周边为基础、辐射"一带一路"、面向全球的自由贸易区网络布局。其次，考虑到全球价值链的影响，在评估自由贸易区影响因素的传统二值选择模型中引入反映两国价值链依赖关系的指标，考察中国自由贸易区伙伴选择的影响因素，得出价值链关联是影响中国自由贸易区伙伴选择的重要因素。除此之外，贸易偏斜指数以及营商环境对其产生显著的促进作用。最后，结合这些估计结果以及非洲国家的特殊情况（国家数量众多且区域一体化复杂），从国家对国家以及国家对区域两个层面提出中国在非洲自由贸易区的空间布局方案，并构建了一个由政治和平、营商环境、贸易关系（贸易偏斜度和价值链关联度）和区域经济一体化组成的指标体系，利用因子分析法计算得到的综合得分，筛选出中国适宜与之建立自由贸易区的国家，进而对中国在非洲建立深度自由贸易区进行空间布局。具体表现为，中国可以与毛里求斯、摩洛哥、吉布提、安哥拉、赞比亚、津巴布韦、埃及、突尼斯、马达加斯加、莫桑比克、马拉维等未加入关税同盟的国家优先建立国家对国家层面的自由贸易区，中国可以与南部非洲关税同盟和中部非洲经济与货币共同体等已经建成关税同盟的区域组织，优先建立国家对区域层面的自由贸易区。

第六章 中非建立深度自由
贸易区的合作领域

早期建立的自由贸易区所涵盖的合作领域相对较少，仅涉及货物贸易的关税减让议题。自 WTO 确立的多边贸易协定将合作领域由传统的货物贸易拓展至服务贸易以及与贸易相关等议题之后，自由贸易区的合作领域也进一步向多元化、深度化方向发展。根据霍恩等（Horn et al.，2010）的研究，欧盟和美国签署的自由贸易协定主要涉及 52 个政策条款，这些条款可以进一步分为 14 个 WTO + 条款和 38 个 WTO – X 条款，前者为边境规则，基于 WTO 框架下条款、义务、承诺的深入和拓展，主要目的是提高市场准入水平以扩大对外贸易投资市场；后者为边境内规则，在内容上则完全超越了 WTO 框架，协定双方需要在一些全新的领域做出承诺，主要目的是通过国内规则协调与国际规则融合实现公平竞争，降低甚至消除经济扭曲（李艳秀，2018）。与发达国家有所不同，中国与非洲国家均属于发展中国家，两者建立自由贸易区的合作领域不仅要符合 WTO 的框架，而且要匹配双方的承受能力。为此，本章首先以中国和非洲国家各自参与的自由贸易协定为研究对象，结合世界银行深度自由贸易协定数据库将其涵盖的政策条款划分为 WTO + 和 WTO – X，对比和分析中国和非洲国家分别参与的自由贸易区在合作领域存在的异同点；其次，选择欧非经济伙伴关系协定、非洲大陆自由贸易协定、中国—东盟全面经济合作框架协定、区域全面经济伙伴关系协定、中毛自由贸易协定等中国或非洲国家参与的五个典型自由贸易区进行案例分析，提炼这些自由贸易区合作领域的创新性；最后，确定中非建立深度自由贸易区的主要合作领域。

第一节　中非参与自由贸易区
合作领域的对比分析

一、研究方法与数据说明

这部分参考霍恩等（2010）、杜尔等（Dür et al.，2014）和许亚云等（2020）的做法，通过构建总深度指数、WTO + 深度指数及 WTO – X 深度指数，并结合世界银行深度自由贸易协定数据库，考察中国和非洲国家各自签署自由贸易协定所包含的条款覆盖率，对比分析这些自由贸易区合作领域存在的异同点。其中，世界银行深度自由贸易协定数据库提供了 1958～2015 年向 WTO 通知的 279 个优惠贸易协定中 52 个政策条款（见表 6 – 1）的覆盖情况。各指数的计算方法为：总深度指数 = 协定文本中涉及 WTO + 和 WTO – X 领域的条款数目/52 × 100% ；WTO + 条款深度 = 协定文本中涉及 WTO + 领域的条款数目/14 × 100% ；WTO – X 条款深度 = 协定文本中涉及 WTO – X 领域的条款数目/38 × 100% 。此外，

表 6 – 1　　　　　　　　　自由贸易区条款的分类

分类	包含条款或领域
WTO + 条款	制造业关税减让、农业关税减让、贸易便利化、出口税/补贴、动植物卫生检疫、技术性贸易壁垒、国有企业、反倾销、反补贴、国家援助、政府采购、与贸易有关的投资措施、服务贸易、与贸易有关的知识产权
WTO – 条款	反腐败、竞争政策、环境、知识产权、投资、劳动市场监管、资本流动、消费者保护、数据保护、农业、立法、视听、公民保护、创新、文化合作、经济政策对话、教育培训、能源、金融援助、健康、人权、非法移民、毒品、产业合作、信息合作、矿业、洗钱、核安全、政治对话、公共管理、区域合作、研发、中小企业、社会事务、统计、税收、恐怖主义、签证庇护

资料来源：Hofmann C，Osnago A，Ruta M. Horizontal depth：a new database on the content of preferential trade agreements［J］. Policy Research Working Paper Series，2017.

这里还计算了 52 个细分条款在一国自由贸易区的覆盖率，计算方法为包含该条款的自由贸易区个数/总自由贸易区个数×100%，从整体分析该国自由贸易区合作领域呈现的特点。

二、中国参与自由贸易区的合作领域

根据中国商务部发布的数据，截至 2022 年底，中国已与 26 个国家和地区签署了 19 个自由贸易协定①，具体的签约国、签约时间和生效时间见表 6-2。考虑到数据的存在性，这里仅选择中国—智利、中国—东盟、中国—中国香港、中国—新西兰、中国—巴基斯坦、中国—秘鲁、中国—新加坡、中国—哥斯达黎加、中国—中国澳门、中国—爱尔兰、中国—瑞士、中国—澳大利亚、中国—韩国、中国—格鲁吉亚等 14 个自由贸易协定，分别考察每个自由贸易协定条款的覆盖率。

表 6-2 中国参与的自由贸易区

自由贸易区	签约时间	生效时间
区域全面经济伙伴关系协定	2020 年 11 月 15 日	2022 年 1 月 1 日
中国—柬埔寨自由贸易区	2020 年 10 月 12 日	2022 年 1 月 1 日
中国—毛里求斯自由贸易区	2019 年 10 月 17 日	2021 年 1 月 1 日
中国—马尔代夫自由贸易区	2017 年 12 月 7 日	—
中国—格鲁吉亚自由贸易区	2017 年 5 月 13 日	2018 年 1 月 1 日
中国—澳大利亚自由贸易区	2015 年 6 月 17 日	2015 年 12 月 20 日
中国—韩国自由贸易区	2015 年 6 月 1 日	2015 年 12 月 20 日
中国—瑞士自由贸易区	2013 年 7 月 6 日	2014 年 7 月 1 日
中国—冰岛自由贸易区	2013 年 4 月 15 日	2014 年 7 月 1 日
中国—哥斯达黎加自由贸易区	2010 年 4 月 8 日	2011 年 8 月 1 日

---

① 中新经纬.商务部：中国已与 26 个国家和地区签署 19 个自贸协定. https：//baijiahao. baidu. com/s？id = 1718654916525076514&wfr = spider&for = pc.

续表

自由贸易区	签约时间	生效时间
中国—秘鲁自由贸易区	2009 年 4 月 28 日	2010 年 3 月 1 日
中国—巴基斯坦自由贸易区（含第二阶段谈判）	2009 年 2 月 21	2009 年 10 月 10 日
中国—新加坡自由贸易区（含升级）	2008 年 10 月 23 日 （2018 年 11 月 12 日）	2009 年 1 月 1 日 （2019 年 10 月 15 日）
中国—新西兰自由贸易区（含升级）	2008 年 4 月 7 日 （2021 年 1 月 26 日）	2008 年 10 月 1 日
中国—智利自由贸易区（含升级）	2005 年 11 月 18 日 （2017 年 11 月 11 日）	2006 年 10 月 1 日 （2019 年 3 月 1 日）
内地与港澳更紧密经贸关系安排	2003 年 9 月 30 日	2004 年 1 月 1 日
中国—东盟自由贸易区（含升级）	2002 年 11 月 4 日 （2015 年 11 月 12 日）	2005 年 1 月 1 日 （2019 年 10 月 22 日）

资料来源：根据中国自由贸易区服务网的资料进行整理。

（一）中国各自由贸易区的条款覆盖率

在中国参与的 14 个自由贸易区中（见表 6 - 3），从整体来看，总深度指数平均为 37%，反映了中国签署自由贸易协定的条款覆盖率并不高。从条款类别来看，中国自由贸易协定在 WTO + 领域的覆盖率明显高于 WTO - X 领域。其中，WTO + 深度指数平均达到了 73%，WTO - X 深度指数平均仅为 24%。从签约国的经济发展水平来看，中国与发达国家建立的南北型自由贸易区条款覆盖率大于与发展中国家建立的南南型自由贸易区条款覆盖率。例如，前者总深度指数平均为 43%，后者平均为 32%，WTO + 深度指数和 WTO - X 深度指数也呈现相同的特征。从自由贸易协定签署的时间来看，近年来中国参与自由贸易区的条款覆盖率远高于早期的条款覆盖率。例如，于 2002 年建立的中国—东盟自由贸易区的总深度指数仅为 13%，于 2015 年建立的中国—澳大利亚自由贸易区以及中国—韩国自由贸易区的总深度指数分别达到 46% 和 62%。因此，那些早期建立的自由贸易区比如中国—东盟自由贸易区、中国—新加坡自由贸易区、中国—新西兰自由贸易区、中国—智利自由贸易区、中国—巴基斯坦自由贸易区在近年来均进行了修订和升级，扩大了条款的覆盖率。

表 6-3　　　　　　中国参与单个自由贸易区的条款覆盖率　　　　单位：%

类型	自由贸易区	总深度指数	WTO+深度指数	WTO-X深度指数
南南型自由贸易区	中国—东盟（2002年）	13	43	3
	内地—中国香港（2003年）	15	36	8
	内地—中国澳门（2003年）	19	57	5
	中国—智利（2005年）	60	79	53
	中国—巴基斯坦（2009年）	21	64	5
	中国—秘鲁（2009年）	48	86	34
	中国—哥斯达利亚（2010年）	50	79	39
	中国—格鲁吉亚（2017年）	33	64	21
	平均	32	63	21
南北型自由贸易区	中国—新西兰（2008年）	42	86	26
	中国—新加坡（2008年）	31	71	16
	中国—冰岛（2013年）	40	93	21
	中国—瑞士（2013年）	38	93	18
	中国—澳大利亚（2015年）	46	79	34
	中国—韩国（2015年）	62	93	50
	平均	43	86	28
整体平均		37	73	24

注：括号内为自由贸易协定的签署年份。

（二）中国整体自由贸易区单个条款的覆盖率

在中国参与的 14 个自由贸易区中，各细分条款的覆盖率存在差异（见表 6-4）。对于 14 项 WTO+条款，制造业关税减让、农业关税减让、反倾销和反补贴等4项条款的覆盖率最高，达到了100%的全覆盖；贸易便利化、动植物卫生检疫、技术性贸易壁垒、服务贸易、国家援助以及与贸易有关的知识产权等6项条款的覆盖率也处于较高水平，位于64%~86%；国有企业、政府采购、与贸易有关的投资措施、出口税/补贴等4项条款的覆盖率较低，位于50%以下，其中政府采购条款的覆盖率最低，仅为29%，这意味着只有4个自由贸易协定包括了该条款。对于38项WTO-X条款，投资、知识产权、环境和竞争政策的覆盖率相对较高，达到50%以上。反腐败、立法、非法移民、毒品、洗钱、政治对话和统计等6项条款的覆盖率为0，原因可能基于两个方面。一方面这些议题与贸易的直接关联较低；另一方面某些议题涉及政治，这与中国将经济贸易与政治分离的主张相背离（岳文和韩剑，2021）。

表6-4 中国自由贸易区整体的条款覆盖率 单位：%

WTO+条款及覆盖率		WTO-X条款及覆盖率			
制造业关税减让	100	反腐败	0	健康	29
农业关税减让	100	竞争政策	50	人权	7
贸易便利化	86	环境	50	非法移民	0
出口税/补贴	50	知识产权	79	毒品	0
动植物卫生检疫	79	投资	93	产业合作	36
技术性贸易壁垒	79	劳动市场监管	29	信息合作	43
国有企业	43	资本流动	43	矿业	14
反倾销	100	消费者保护	21	洗钱	0
反补贴	100	数据保护	7	核安全	7
国家援助	64	农业	29	政治对话	0
政府采购	29	立法	0	公共管理	36
与贸易有关的投资措施	43	视听	14	区域合作	36
服务贸易	86	公民保护	0	研发	43
与贸易有关的知识产权	64	创新	14	中小企业	36

续表

WTO + 条款及覆盖率		WTO - X 条款及覆盖率			
		文化合作	43	社会事务	7
		经济政策对话	21	统计	0
		教育培训	43	税收	7
		能源	7	恐怖主义	7
		金融援助	7	签证庇护	50

三、非洲国家参与自由贸易区的合作领域

根据 WTO 的区域贸易协定数据库，截至 2022 年底，非洲国家共参与 44 个自由贸易区。这些自由贸易区可以划分为两个层次，一个是非洲与区域内国家建立的自由贸易区，共 10 个；另一个是非洲与区域外国家或组织建立的自由贸易区，如欧盟、欧洲自由贸易联盟、英国、美国、阿联酋、南方共同市场、土耳其、印度、巴基斯坦和中国等共 33 个。具体的签约国和生效时间见表 6 - 5。考虑到数据的可获得性，这里仅选择非洲国家参与的 29 个自由贸易区（见表 6 - 6），分别从个体和整体协定层面研究其条款的覆盖率。

表 6 - 5　　　　　　　　　　非洲国家参与的自由贸易区

对象	自由贸易区	生效时间
非洲区域内自由贸易区	纳米比亚—津巴布韦	1993 年 4 月 30 日
	东南非共同市场	1994 年 12 月 8 日
	南非—突尼斯	1998 年 3 月 1 日
	中非经济与货币共同体	1999 年 6 月 24 日
	西非国家经济共同体	1995 年 8 月 23 日
	南部非洲发展共同体	2000 年 9 月 1 日

续表

对象	自由贸易区	生效时间
非洲区域内 自由贸易区	西非经济货币联盟	2000 年 1 月 1 日
	南部非洲关税同盟	2004 年 7 月 15 日
	东非共同体	2010 年 7 月 1 日
	非洲大陆自由贸易区	2019 年 5 月 30 日
欧盟	欧盟—突尼斯	1998 年 3 月 1 日
	欧盟—南非	2000 年 1 月 1 日
	欧盟—摩洛哥	2000 年 5 月 1 日
	欧盟—埃及	2004 年 6 月 1 日
	欧盟—阿尔及利亚	2005 年 9 月 1 日
	欧盟—东南非国家	2012 年 5 月 14 日
	欧盟—喀麦隆	2014 年 8 月 4 日
	欧盟—科特迪瓦	2016 年 9 月 3 日
	欧盟—加纳	2016 年 12 月 15 日
	欧盟—南部非洲发展共同体	2016 年 10 月 10 日
欧洲自由 贸易联盟	欧洲自由贸易联盟—摩洛哥	1999 年 12 月 1 日
	欧洲自由贸易联盟—突尼斯	2005 年 6 月 1 日
	欧洲自由贸易联盟—埃及	2007 年 8 月 1 日
	欧洲自由贸易联盟—南部非洲关税同盟	2008 年 5 月 1 日
英国	英国—喀麦隆	2021 年 1 月 1 日
	英国—科特迪瓦	2021 年 1 月 1 日
	英国—东南非国家	2021 年 1 月 1 日
	英国—埃及	2021 年 1 月 1 日
	英国—肯尼亚	2021 年 1 月 1 日
	英国—摩洛哥	2021 年 1 月 1 日
	英国—南部非洲关税同盟和莫桑比克	2021 年 1 月 1 日
	英国—突尼斯	2021 年 1 月 1 日
	英国—加纳	2021 年 3 月 5 日
阿联酋	阿联酋—摩洛哥	2003 年 7 月 9 日

续表

对象	自由贸易区	生效时间
美国	美国—摩洛哥	2006 年 1 月 1 日
巴基斯坦	巴基斯坦—毛里求斯	2008 年 1 月 1 日
南方共同市场	南方共同市场—南部非洲关税同盟	2016 年 4 月 1 日
	南方共同市场—埃及	2017 年 9 月 1 日
土耳其	土耳其—突尼斯	2005 年 7 月 1 日
	土耳其—摩洛哥	2006 年 1 月 1 日
	土耳其—埃及	2007 年 5 月 1 日
	土耳其—毛里求斯	2013 年 6 月 1 日
中国	中国—毛里求斯	2021 年 1 月 1 日
印度	印度—毛里求斯	2021 年 4 月 1 日

资料来源：WTO 网站。

（一）非洲国家各自由贸易区的条款覆盖率

在非洲国家参与的 29 个自由贸易区中（见表 6 - 6），从整体来看，总深度指数平均为 37%，说明非洲国家签署的自由贸易协定条款覆盖率普遍较低。从条款类别来看，非洲国家参与的自由贸易协定在 WTO + 领域的覆盖率明显高于 WTO - X 领域。其中，WTO + 深度指数平均达到了 69%，WTO - X 深度指数平均仅为 26%，个别协定如巴基斯坦—毛里求斯自由贸易区、南方共同市场—埃及自由贸易区甚至没有包括一项 WTO - X 条款。从签约国的经济发展水平来看，对于总深度指数，非洲国家与区域外发达国家签署自由贸易协定的平均值最高为 45%，其次是与区域内发展中国家的平均值为 37%，与区域外发展中国家的平均值最小为 22%。WTO + 深度指数的排序与之略有不同，非洲国家与区域外发达国家签署自由贸易协定的平均值最高为 76%，其次为与区域外发展中国家建立自由贸易区的平均值为 65%，与区域内发展中国家的平均值最小为 58%。WTO - X 深度指数的排序与总深度指数类似。

表 6 - 6　　　　　非洲国家参与的单个自由贸易区的条款覆盖率　　　单位：%

类型	自由贸易区	总深度指数	WTO +深度指数	WTO - X深度指数
非洲区内南南型自由贸易区	东南非共同体（1994 年）	56	71	50
	西非国家经济共同体（1993 年）	38	50	34
	中部非洲经济与货币共同体（1999 年）	29	36	26
	南部非洲发展共同体（2000 年）	23	79	3
	东非共同体（2010 年）	65	79	61
	南部非洲关税同盟（2004 年）	21	50	11
	西非经济和货币联盟（2000 年）	25	43	18
	平均值	37	58	29
非洲区外南北型自由贸易区	欧盟—突尼斯（1998 年）	69	64	71
	欧盟—摩洛哥（2000 年）	69	79	66
	欧盟—南非（2000 年）	33	43	29
	欧盟—埃及（2004 年）	37	64	26
	欧盟—阿尔及利亚（2005 年）	31	79	13
	欧盟—喀麦隆（2009 年）	23	57	11
	欧盟—科特迪瓦（2009 年）	62	79	55
	欧盟—东南非国家（2012 年）	69	71	68
	欧盟—南部非洲发展共同体（2016 年）	60	79	53
	欧盟—加纳（2016 年）	37	93	16
	欧洲自由贸易联盟—摩洛哥（1999 年）	37	86	18
	欧洲自由贸易联盟—突尼斯（2005 年）	31	86	11
	欧洲自由贸易联盟—埃及（2007 年）	46	86	32
	欧洲自由贸易联盟—南部非洲关税同盟（2008 年）	35	79	18
	美国—摩洛哥（2006 年）	38	100	16
	平均值	45	76	34

类型	自由贸易区	总深度指数	WTO + 深度指数	WTO - X 深度指数
非洲区外南南型自由贸易区	巴基斯坦—毛里求斯（2007 年）	13	50	0
	土耳其—摩洛哥（2006 年）	33	86	13
	土耳其—突尼斯（2005 年）	29	93	5
	土耳其—埃及（2007 年）	31	86	11
	土耳其—毛里求斯（2013 年）	21	64	5
	南方共同市场—南部非洲关税同盟（2016 年）	12	29	5
	南方共同市场—埃及（2017 年）	13	50	0
	平均值	22	65	6
整体平均		37	69	26

（二）非洲国家整体自由贸易区单个条款的覆盖率

在非洲国家参与的 29 个自由贸易区中（见表 6 - 7），对于 14 项 WTO + 条款，制造业关税减让和农业关税减让 2 项条款的覆盖率最高，达到了 100% 的全覆盖；贸易便利化、出口税/补贴、动植物卫生检疫、技术性贸易壁垒、反倾销、反补贴和服务贸易 7 项条款的覆盖率也较高，在 60% ~ 90%；国有企业、国家援助、政府采购、与贸易有关的投资措施、与贸易有关的知识产权 5 项条款的覆盖率相对较低，位于 60% 以下。其中，与贸易有关的投资措施的覆盖率最低，仅为 7%，这意味着只有 2 个自由贸易协定包括了该条款。对于 38 项 WTO - X 条款，竞争政策、投资、资本流动、农业和区域合作 5 项条款的覆盖率较高，为 65% 左右。公民保护、创新和核安全的条款覆盖率最低，为 0。

表 6 – 7　　　　　非洲国家参与自由贸易区整体的条款覆盖率　　　　单位：%

WTO + 条款及覆盖率		WTO – X 条款及覆盖率			
制造业关税减让	100	反腐败	11	健康	11
农业关税减让	100	竞争政策	64	人权	25
贸易便利化	89	环境	43	非法移民	7
出口税/补贴	82	知识产权	39	毒品	25
动植物卫生检疫	71	投资	64	产业合作	46
技术性贸易壁垒	89	劳动市场监管	14	信息合作	43
国有企业	43	资本流动	61	矿业	11
反倾销	89	消费者保护	11	洗钱	21
反补贴	71	数据保护	11	核安全	0
国家援助	50	农业	61	政治对话	29
政府采购	54	立法	25	公共管理	14
与贸易有关的投资措施	7	视听	7	区域合作	64
服务贸易	61	公民保护	0	研发	29
与贸易有关的知识产权	54	创新	0	中小企业	11
		文化合作	29	社会事务	32
		经济政策对话	25	统计	25
		教育培训	29	税收	18
		能源	36	恐怖主义	11
		金融援助	39	签证庇护	7

四、中非参与自由贸易区的合作领域比较分析

通过对比可以发现，中国与非洲国家参与自由贸易区的合作领域存在较大程度的趋同性。主要表现为：（1）中国和非洲国家参与的自由贸易区均包括了一定数量的 WTO + 条款和 WTO – X 条款，不过两者在 WTO + 领域的条款覆盖率普遍高于 WTO – X 领域的条款覆盖率；（2）中国和非洲国家与发达国家建立自由贸易区的条款覆盖率普遍高于其与发展中国家建立自由贸易区的条款覆盖率；（3）WTO + 条款中制造业关税减让和农

业关税减让等传统议题的覆盖率较高，国有企业、政府采购以及与贸易有关的投资措施的覆盖率较低；WTO－X 条款中投资的覆盖率较高，反腐败、数据保护、非法移民和恐怖主义的覆盖率较低。这些结果说明中国与非洲国家由于发展水平的限制，在对外开展自由贸易区建设时设定的议题范围仍高度集中在 WTO 框架内的关税减让等传统领域，而对于政府采购、劳工标准、中小企业、国有企业、反腐败、数据保护和非法移民等 WTO 框架以外的社会条款仍持有保守态度，主要原因是这些严格的社会条款属于边境内规则，触及一国的国内政策，对于这些经济管理体制相对落后的发展中国家将带来额外的制度调整成本。不过，从最新的发展趋势来看，中国和非洲国家正在借助于签订高标准的自由贸易区倒逼国内经济制度改革与完善，可以预见未来中非建立自由贸易区的合作领域也将逐渐深化。

第二节　中非参与自由贸易区合作领域的案例分析

为了详细地了解中国和非洲国家参与自由贸易区的合作领域，这部分选择欧非经济伙伴关系协定、非洲大陆自由贸易协定、中国—东盟全面经济合作框架协定、区域全面经济伙伴关系协定、中毛自由贸易协定等五个自由贸易协定进行案例分析，通过对协定文本的解读提炼这些自由贸易区合作领域中的创新做法，为中非深度自由贸易区的合作领域提供经验借鉴。

一、欧非经济伙伴关系协定

（一）协定简介

欧盟与非洲（以下简称"欧非"）经济伙伴关系协定是欧盟与非洲、

加勒比和太平洋（以下简称"非加太"）集团①于 2000 年签署的《科托努协定》在经济和贸易合作框架下的重要组成部分，它要求将《洛美协定》中欧盟给予非洲国家的单向贸易优惠待遇转变为与 WTO 规则相一致的双边自由贸易安排，相互间取消贸易壁垒，加强在所有与贸易有关的领域内合作，目的是通过贸易和区域一体化减少非洲国家的贫困现象、保持其可持续发展态势并加快融入世界经济的步伐。

欧非经济伙伴关系协定谈判原本计划从 2002 年 9 月开始，并最迟于 2007 年 12 月 31 日结束，在此期间非洲国家仍然可以享受欧盟单方面提供的免关税和免配额贸易优惠待遇。为了促进本地区的经济一体化，非洲国家根据所属的区域经济共同体组成了五个区域，分别为西部非洲、中部非洲、东南部非洲、东非共同体（东共体）以及南部非洲发展共同体（南共体），并陆续与欧盟开启了经济伙伴关系协定的谈判（见表 6 - 8）。不过，由于非洲国家担心对欧盟开放市场后会对本国经济产生负面冲击。例如，降低关税收入，抑制工业化进程以及区域一体化（简军波，2022），因而欧非经济伙伴关系协定整体的谈判过程相当迟缓。到 2007 年初，欧盟与非洲五个区域之间尚未达成一项符合世界贸易组织规则的贸易安排。考虑到临近谈判的截止日期，2007 年 10 月，欧盟与非洲国家同意将谈判分为两个阶段，第一阶段在 2007 年末仅在货物贸易领域达成临时的经济伙伴关系协定；第二阶段继续在区域层面进行全面的经济伙伴关系协定谈判。② 然而，截至 2022 年 12 月底，欧盟与非洲各区域的经济伙伴关系协定谈判进程并不顺利。概括而言，在过去长达 20 年的谈判期间，同欧盟谈判的非洲 5 个区域或 48 个国家中，仅南共体签署了区域经济伙伴关系协定，另有西部非洲的科特迪瓦和加纳，中部非洲的喀麦隆以及东南部非洲的毛里求斯、塞舌尔、科摩罗、津巴布韦和马达加斯加共计 8 个国家分别签署了临时经济伙伴关系协定，西部非洲和东共体虽然与欧盟

---

① 目前，非加太集团共有 79 个成员国，其中 48 个来自撒哈拉沙漠以南非洲，16 个来自加勒比海地区，15 个来自太平洋地区。

② European Commission. The Economic Impact of the West Africa-EU Economic Partnership Agreement. http：// trade. ec. europa. eu/doc lib/docs/2016/april/tradoc_154422. pdf.

达成了区域经济伙伴关系协定，但是由于部分成员国拒绝签字，导致这两个协定尚未生效。因此，欧盟与非洲国家的经济伙伴关系协定谈判整体上处于僵局的状态。

表6-8　　　欧盟与非洲五个区域的经济伙伴关系协定谈判进展

非洲谈判区域 （区域经济共同体）	成员国	谈判结果
西部非洲（西共体/西非经济货币联盟）	贝宁、布基纳法索、佛得角、科特迪瓦、冈比亚、加纳、几内亚、几内亚比绍、利比里亚、马里、尼日尔、尼日利亚、塞内加尔、塞拉利昂、多哥以及毛里塔尼亚	科特迪瓦和加纳分别在2008年和2016年与欧盟签署了临时协定。2014年，欧盟与西部非洲的区域协定谈判结束。但是，由于尼日利亚尚未签字，导致该协定至今尚未生效
中部非洲（中部非洲国家经济共同体/中部非洲经济与货币共同体）	喀麦隆、中非共和国、乍得、刚果（布）、刚果（金）、赤道几内亚、加蓬、圣多美和普林西比	喀麦隆于2009年与欧盟签署了临时协定，该区域与欧盟在区域层面协定至今尚未达成
东南部非洲（东非洲共同市场）	科摩罗、马达加斯加、毛里求斯、塞舌尔、吉布提、埃塞俄比亚、厄立特里亚、苏丹、马拉维、赞比亚、津巴布韦	毛里求斯、塞舌尔、津巴布韦、马达加斯加、科摩罗和赞比亚与欧盟在2007年末达成了协定，但只有前五个国家签署了此协定。不过，东南部非洲与欧盟的协定谈判至今尚未达成
东共体	布隆迪、肯尼亚、卢旺达、坦桑尼亚、乌干达	2014年，欧盟与东共体的区域协定谈判结束。由于只有肯尼亚和卢旺达签字，导致该协定至今尚未生效
南共体	南部非洲关税同盟（博茨瓦纳、莱索托、纳米比亚、南非、斯威士兰）、莫桑比克、安哥拉	2014年，欧盟与南部非洲发展共同体的区域协定谈判顺利达成（安哥拉未参与），并于2016年双方签字生效

资料来源：European Commission. Overview of Economic partnership Agreements. https：//trade. ec. europa. eu/ doclib/do cs/2009/september/tradoc_144912. pdf.

（二）合作领域

与《洛美协定》仅涉及货物贸易的特惠安排有所不同，欧非经济伙伴关系协定不但强调与WTO一致的货物贸易安排，还将服务贸易及

其有关的合作首次纳入双方经济贸易合作的法律框架之内，并尝试在
WTO框架以外的全新领域做出承诺。不过，由于非洲国家或区域之间
存在差异，欧盟在与之进行经济伙伴关系协定谈判并达成的合作领域
也存在差别。在欧盟与非洲国家或区域已经签署的5个经济伙伴关系协
定中（见表6-9），欧盟与南共体包含的条款最多，为24个。其次，是
欧盟与加纳、欧盟与东南部非洲国家、欧盟与喀麦隆，包含的条款分别
为19个、17个和16个，欧盟与科特迪瓦包含的条款最少，为12个。对
于WTO+条款领域，制造业关税减让、农业关税减让、贸易便利化、出
口税/补贴、反倾销、反补贴、动植物卫生检疫和技术性贸易壁垒等条款
基本上达到了全覆盖，部分协定还包括国家援助、政府采购、服务贸易
以及与贸易有关的知识产权等条款，而国有企业以及与贸易有关的投资
措施均未涉及。对于WTO-X条款领域，信息合作、区域合作和投资等
条款基本上达到了全覆盖，部分协定还包括竞争政策、环境、知识产权、
资本流动、农业、金融援助、公共管理、税收等条款，其余条款均未或
较少涉及。

表6-9　　　　　　　　　欧非经济伙伴关系协定的合作领域

	条款	欧盟—加纳	欧盟—喀麦隆	欧盟—科特迪瓦	欧盟—南共体	欧盟—东南部非洲国家
WTO+条款	制造业关税减让	1	1	1	1	1
	农业关税减让	1	1	1	1	1
	贸易便利化	1	1	1	1	1
	出口税/补贴	1	1	1	1	1
	动植物卫生检疫	1	1	1	1	0
	技术性贸易壁垒	1	1	1	1	0
	国有企业	0	0	0	0	0
	反倾销	1	1	1	1	1
	反补贴	1	1	1	1	1

条款		欧盟—加纳	欧盟—喀麦隆	欧盟—科特迪瓦	欧盟—南共体	欧盟—东南部非洲国家
WTO +条款	国家援助	0	0	0	1	0
	政府采购	0	1	0	1	0
	与贸易有关的投资措施	0	0	0	0	0
	服务贸易	1	1	0	1	0
	与贸易有关的知识产权	0	1	0	1	0
	小计	9	11	8	12	6
WTO – X 条款	反腐败	1	0	0	0	0
	竞争政策	0	1	0	1	0
	环境	0	0	0	1	1
	知识产权	1	0	0	1	0
	投资	1	0	1	1	1
	劳动市场监管	0	0	0	1	0
	资本流动	0	1	0	1	0
	消费者保护	0	0	0	0	0
	数据保护	0	1	0	0	0
	农业	0	0	0	1	1
	立法	0	0	0	0	0
	视听	0	0	0	0	0
	公民保护	0	0	0	0	0
	创新	0	0	0	0	0
	文化合作	0	0	0	0	0
	经济政策对话	0	0	0	0	1
	教育培训	0	0	0	0	0
	能源	0	0	0	0	1
	金融援助	1	0	1	0	1
	健康	0	0	0	0	0
	人权	0	0	0	0	0

条款		欧盟—加纳	欧盟—喀麦隆	欧盟—科特迪瓦	欧盟—南共体	欧盟—东南部非洲国家
WTO-X条款	非法移民	0	0	0	0	0
	毒品	0	0	0	0	0
	产业合作	0	0	0	0	1
	信息合作	1	1	1	1	1
	矿业	0	0	0	0	1
	洗钱	1	0	0	0	0
	核安全	0	0	0	0	0
	政治对话	0	0	0	0	0
	公共管理	1	0	0	1	0
	区域合作	1	1	1	1	1
	研发	0	0	0	0	0
	中小企业	0	0	0	0	1
	社会事务	0	0	0	1	0
	统计	0	0	0	0	0
	税收	1	0	0	1	0
	恐怖主义	1	0	0	0	0
	签证庇护	0	0	0	0	0
	小计	10	5	4	12	11
合计		19	16	12	24	17

注：1代表包含，0代表不包含。
资料来源：世界银行深度贸易协定数据库。

欧非经济伙伴关系协定主要条款的内容概括如下。

（1）货物贸易：欧非经济伙伴关系协定考虑到成员国发展水平的差异，采取了非对称的关税减让方案，即协定生效之后欧盟对来自非洲国家或区域100%的商品（武器除外）立刻给予零关税和零配额待遇，而非洲国家或区域可以在一定时期内对来自欧盟的商品逐渐实施零关税

（见表 6 - 10）。不过，非洲不同国家或区域对欧盟实施零关税的过渡期、商品比例以及敏感商品类别存在较大的差异。比如，在过渡期方面，欧盟—喀麦隆协定、欧盟—南共体协定、欧盟—东南部非洲国家协定均为 15 年，而欧盟—西部非洲协定为 20 年，欧盟—东共体协定为 25 年。在对欧盟实施零关税的商品比例方面，塞舌尔和毛里求斯高于 90%，分别为 98% 和 96%，其余均小于 90%，莫桑比克的值最低，仅为 74%。在敏感商品的设定方面，欧盟—东共同体协定包括农产品、葡萄酒和烈酒、化学品、塑料、纸、纺织品和服装、鞋类、陶瓷产品、玻璃器皿、贱金属制品和车辆；欧盟—喀麦隆协定包括肉类、葡萄酒和烈酒、麦芽、奶制品、面粉、蔬菜、木材和木制品、旧衣服和纺织品、绘画；欧盟—毛里求斯协定包括活动物和肉类、脂肪、饮料、皮革和毛皮、塑料和橡胶制品、钢铁和电子消费品。不同国家对敏感商品的设定与本国的产业发展战略存在密切的联系。

表 6 - 10　　　　　非洲国家或区域对欧盟实施零关税的商品比例

经济伙伴关系协定	过渡期	非洲国家/区域	零关税商品比例
欧盟—西部非洲	20 年	加纳	78%
		科特迪瓦	85%
		西部非洲	75%
欧盟—中部非洲	15 年	喀麦隆	80%
欧盟—南共体	15 年	南部非洲关税同盟成员	86.2%
		莫桑比克	74%
欧盟—东南部非洲国家	15 年	马达加斯加	81%
		毛里求斯	96%
		塞舌尔	98%
		津巴布韦	80%
欧盟—东共体	25 年	82.6%	

资料来源：European Commission. https：//trade. ec. europa. eu/access-to-markets/en/ content/economic-partnership-agreements-epas.

（2）原产地规则：原产地规则是自由贸易区存在和运行的根本性制度保障，它可以避免贸易偏转的发生，即第三国利用自由贸易区成员国间关税体制的差别，将其出口的货物通过最低关税的国家进入自由贸易区内，然后在区内自由交易。为了提高自由贸易协定的利用率和区域价值链的发展，欧非经济伙伴关系协定的原产地规则采取了双边累积、对角累积和完全累积等累积规则。以欧盟—西部非洲经济伙伴关系协定为例，该协定允许西部非洲国家使用来自非加太集团成员国、相邻发展中国家、欧盟成员国及其海外领地的原材料，就像原产于本国一样。这种较灵活的原产地规则有利于非洲国家农产品、渔业和纺织业的发展。

（3）出口税/补贴：欧非经济伙伴关系协定要求成员国均不能实施新的出口关税，但是在特殊的情况下。比如，出于保护本国粮食安全、环境质量、自然资源和幼稚产业等目的，非洲国家在获得欧盟许可后可以暂时实施出口关税。此外，欧非经济伙伴关系协定还对出口补贴进行了相应的规定。以欧盟—南共体经济伙伴关系协定为例，要求在协定生效之后双方不允许对农产品实施出口补贴，这也是欧盟第一个签署的有关禁止使用农产品出口补贴的协定。

（4）区域合作：欧非经济伙伴关系协定强调区域一体化是非洲国家融入世界经济的关键性工具，它的进展将决定着双方合作的深度和广度。考虑到非洲国家在推进经济一体化的过程中面临的执行情况不佳、供给能力不足等弊端，欧盟在经济伙伴关系协定框架下，借助于欧盟发展基金为非洲国家推进经济一体化提供技术和资金支持。据统计，2014～2020 年，欧盟共提供了 8.45 亿欧元的资金用来支持非洲的经济一体化。[1] 比如，南共体，欧盟提供资金支持改善该区域的投资和营商环境、工业化和生产部门以及提高三方自由贸易区运输和过境的便利化等。对于莫桑比克，支持其所属的南共体贸易协定以及欧非经济伙伴关系协定在该国的相互融合。此外，欧盟还可以通过促贸援助促进和支持包括贸

---

[1] EA WorldView. China and the EU in Africa: Clash or Convergence? https://eaworldview.com/2020/10/china-and-the-eu-in-africa-clash-or-convergence/.

易便利化及监管和协调在内的区域一体化进程，以帮助各国更好地利用与邻国的贸易促进地区稳定、凝聚力和繁荣。

（5）其他条款：由于欧盟与非洲大部分国家签署的是以货物贸易为主的临时经济伙伴关系协定，为了进一步过渡到区域全面经济伙伴关系协定，这些协定通过"Rendez-vous clause"条款设定未来谈判的议题。例如，欧盟—东南部非洲国家经济伙伴关系协定将与贸易相关的议题比如服务贸易、投资、可持续发展和竞争等作为进一步合作的领域。2019年2月，欧盟与东南部非洲国家就这些合作领域开启了经济伙伴关系协定的升级谈判。此外，针对非洲国家的特色产业或商品，欧非经济伙伴关系协定在渔业、地理标志商品保护等积极开展合作。

综上所述，欧非经济伙伴关系协定是以发展为导向的互惠自由贸易协定，通过划分以非洲一体化为基础的谈判区域、设置不对称的关税消减方案、制定灵活的原产地规则、保留一定程度的出口关税、消除农产品出口补贴和提供援助等一系列措施，助推非洲国家的经济发展和区域一体化发展。然而，由于欧盟与非洲国家之间的经济实力存在巨大的悬殊，对发展水平相对落后的非洲国家尤其是最不发达国家适用"互惠"原则，不可避免地会引起这些国家的抵触。同时，也侵害了非洲国家作为发展中国家应享受的特殊与差别待遇，即在 WTO 谈判中做出比发达国家少的承诺。因此，未来欧盟要尊重非洲发展中国家享受特殊与差别待遇的权利，坚持贸易和投资的公平竞争原则，允许其在 WTO 框架下选择新的、合适的非互惠贸易制度安排，而不是"一刀切"地与其推行互惠自由贸易协定。

二、非洲大陆自由贸易协定

（一）协定简介

2018 年 3 月，非洲 44 个国家在卢旺达首都基加利举行的非洲联盟首脑特别会议上签署了《非洲大陆自由贸易协定》，这意味着非洲经济一体化取得了里程碑式的进展，成为自 WTO 成立以来全球包含成员数量最多的自由贸易区。2019 年 5 月，非洲大陆自由贸易协定获得了 22 个国家的批准，达到了生效所需的最低标准。2019 年 7 月，非洲联盟召开非洲大陆自由贸易区特别峰会，正式宣布非洲大陆自由贸易区成立。2021 年 1 月 1 日，非洲大陆自由贸易区正式启动。截至 2023 年 2 月底，在非洲 55 个国家中，共有 54 个国家（除厄立特里亚）签署了非洲大陆自由贸易协定，46 个国家批准了此协定。①

（二）合作领域

《非洲大陆自由贸易协定》的内容涵盖货物贸易、服务贸易、争端解决、投资、知识产权和竞争政策，每个领域都由相应的议定书调整，而每一议定书又含有不同的附件，它们都成为自由贸易区框架协定的组成部分（见图 6-1）。

协定谈判分为三个阶段，第一阶段关于货物贸易、服务贸易以及争议解决规则和流程的谈判；第二阶段关于投资、竞争政策和知识产权的谈判；第三阶段关于电子商务的谈判，它是 2020 年 2 月非洲联盟在第 33 届首脑会议上新增的议题。鉴于电子商务在非洲的快速发展，非洲联盟首脑会议于 2020 年 12 月做出决定，将第二阶段中的数字贸易谈判与第三阶段的电子商务谈判合并。非洲大陆自由贸易协定主要条款的内容概况如下。

（1）货物贸易。在关税减让方面，非洲大陆自由贸易协定生效后，成员国将逐步取消 90% 的商品关税。不过，在关税减让模式方面，协定存在两个显著的特点。一方面，协定允许最不发达国家获得更长的时间削减关税。根据一国的发展水平，协定将成员国分为中高收入国家和最不发达国家，每类国家的关税减让模式存在差异（见表 6-11）。中高收

① Tralac. Status of AfCFTA Ratification. https：//www. tralac. org/resources/infographic/13795 - status-of-afcfta-ratification. html.

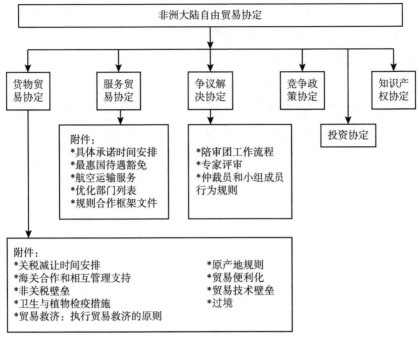

图6-1 非洲大陆自由贸易协定的主要内容

资料来源：Tralac. The African Continental Free Trade Area：A tralac guide. https：//www. tralac. org/publications/article/13997 – african-continental-free-trade-area-a-tralac-guide. html.

表6-11 非洲大陆自由贸易区关税减让模式

	非敏感商品（90%税目）	敏感商品（7%税目）	除外商品（3%税目）
中高收入国家，南部非洲关税同盟	5 年逐步降低	10 年逐步降低	不降
最不发达国家，中部非洲国家经济共同体、东非共同体、西非国家经济共同体	10 年逐步降低	13 年逐步降低	不降

资料来源：https：//www. tralac. org/documents/resources/infographics/4276 – afcfta-comparative-tariff-offer-analy sis-march – 2021/file. html.

入国家在 5 年内、最不发达国家在 10 年内实现 90% 税目非敏感商品的零关税，中高收入国家在 10 年内、最不发达国家在 13 年内实现 7% 税目敏感商品零关税。除此之外，每类国家都被允许将 3% 税目的商品列为除外商品。另一方面，协定允许关税同盟的成员国对外提供统一的关税减让方案。目前，南部非洲关税同盟、中部非洲国家经济共同体、东非共同体、西非国家经济共同体四个关税同盟分别提交了一份统一的关税减让方案。其中，南部非洲关税同盟的关税减让模式与中高收入国家类似，其他三个关税同盟的关税减让模式与最不发达国家类似。

（2）非关税壁垒。在非洲大陆自由贸易区协定框架下专门设置了消除非关税壁垒的附件，要求建立一种机制，以识别、分类和消除非关税壁垒。这个项目包括三个要素。①开发了一个在线系统（https：//trade barriers. africa），私营部门可以直接通过网站报告非关税壁垒，这些投诉将发送给国家联络点正式任命的政府官员，由他们继续监控并消除这些壁垒；②增加各项与贸易有关政策的透明度。与各国政府合作，将从国家层面收集到的综合监管数据在全球服务贸易平台（比如，联合国贸易发展委员会、国际贸易中心和世界贸易组织）上进行传播；③将非洲国家实施的部分知识产权归类为非关税壁垒，设计与知识产权相关的培训，促进外国投资者和当地企业开展技术合作，促进非洲区域内技术产品的贸易。

（3）其他领域。截至2022年12月底，非洲大陆自由贸易协定已经完成了第一和第二阶段的谈判。在服务贸易领域，协定已经确定了基础设施、商业服务、旅游、银行和保险五个优先开放的领域。在投资领域，协定包括市场开放、外国投资者非歧视、投资者保护、设立规定以及征用规则。在知识产权方面，非洲联盟正在建立一个泛非洲知识产权机构。目前，非洲尚未有任何区域经济共同体开展关于电子商务的谈判。但是，由于这个议题的高度敏感性和复杂性，非洲国家关于这方面的谈判将面临困难。

总之，非洲大陆自由贸易区旨在通过降低关税、消除贸易壁垒，促进区域内贸易和投资发展，实现商品、服务、资金和人员在区域内的自由流动，它的成立对非洲经济转型、提升其在全球贸易地位和价值链分工意义重大。从涵盖的内容来看，非洲大陆自由贸易协定不仅涉及货物贸易、服务贸易和争议解决等 WTO＋条款，还包括了投资、知识产权和竞争政策等 WTO－X 条款，致力于实现非洲大陆深度一体化。从谈判安排及实施情况来看，非洲大陆自由贸易区采取了分阶段谈判的模式，从边境上议题到边境内议题，先易后难，逐步推进。同时，在制定关税减让模式时，允许最不发达国家在更长时间消减关税，允许关税同盟实施统一的关税减让方案，充分考虑到成员国的发展水平差异和区域一体化情况。但是，由于涉及的国家个数多，各国国情差异大，非洲大陆自由贸易区向边境内议题谈判的进展并不顺利。

三、中国—东盟全面经济合作框架协定

（一）协定简介

2002 年 11 月，中国与东盟十国领导人签署了《中国—东盟全面经济合作框架协定》（以下简称《框架协定》），决定到 2010 年建成中国—东盟自由贸易区，该协定成为中国对外签署的第一个自由贸易协定。《框架协定》的签署标志着中国与东盟的经贸合作进入一个崭新的历史阶段，它是自由贸易区的法律基础，确定了中国—东盟自由贸易区的基本合作框架。之后，双方不断推进自由贸易区建设，陆续于 2004 年1 月开始实施早期收获计划，同年 11 月签署《货物贸易协定》，2007年 1 月签署《服务贸易协定》，2009 年 8 月签署《投资协定》，完成了自由贸易协定的主要谈判。2010 年 1 月，中国—东盟自由贸易区正式建成。在自由贸易区取得巨大成功的基础上，双方又于 2015 年 11 月达成了升级协定。2021 年 11 月，在中国—东盟建立对话关系 30 周年纪念峰会上，中国国家主席习近平正式宣布建立中国—东盟全面战略伙伴关系。同时，启动中国—东盟自由贸易区 3.0 版建设。经过 20 年的发展，中国—东盟自由贸易区建设已进入向高标准、高质量、高水平发展的新阶段，为中国的自由贸易区网络建设和发展提供了最佳实

践样板（倪月菊，2021）。

（二）合作领域

与近年来同发达国家建立自由贸易区普遍采用的综合性谈判方式（即货物贸易、服务贸易、投资促进、知识产权等谈判同步开展）有所不同，中国与东盟自由贸易区谈判采用的是分步推进模式，即先达成并实施货物贸易协定，然后逐步达成服务贸易协定、投资协定等后续升级协定。这种先易后难、循序渐进的发展路径，有助于中国与发展中国家自由贸易区建设的顺利推进。《框架协定》及后续升级协定主要条款的内容如下。

（1）货物贸易：在关税消减方面，针对成员国经济发展水平差异较大特点，中国—东盟自由贸易区采取了分阶段、有差别地消减关税。早期收获计划是最先实施的降税计划，即双方选择一些共同感兴趣、互补性强的产品，用较快的速度和较大的幅度提前进行降税，先行开放市场，目的是使中国和东盟国家尽早享受到自由贸易区的好处，树立建立自由贸易区的信心。根据双方确定的"早期收获"计划，从2004 年 1 月 1 日起对《海关税则》第 1～8 章及少量其他章节的 500多种农产品实行降税，包括：活动物、肉及食用杂碎、鱼、乳品、其他动物产品、食用水果及坚果、食用蔬菜，棕榈油、椰子油、植物油等。考虑到中国和东盟 6 个老成员国（文莱、菲律宾、印度尼西亚、马来西亚、泰国和新加坡）与 4 个新成员国（越南、老挝、缅甸和柬埔寨）所处的经济发展阶段和发展速度不同，给予了东盟新 4 国特殊和差别待遇（见表 6 - 12 和表 6 - 13）。中国和东盟 6 国的上述产品关税于 2006 年降至零，4 个新成员国可以延至 2010 年。因此，"早期收获"计划也被称为中国—东盟自由贸易区在货物贸易领域的快速轨道和试验田。[1]

---

[1] 国务院新闻办公室. 中国—东盟"早期收获"计划. http：//www. scio. gov. cn/m/ztk/xwfb/2013/24/11/Document/1337803/1337803. htm.

表 6－12　　中国和东盟 6 国"早期收货"计划关税消减和取消时间

国家	最惠国关税税率	自由贸易区优惠税率（不迟于 1 月 1 日）单位（％）		
		2004 年	2005 年	2006 年
东盟 6 国	>15%	10	5	0
	5% ~ 15%	5	0	0
	<5%	0	0	0

资料来源：中国自由贸易区服务网。

表 6－13　　　东盟新 4 国"早期收货"计划关税消减和取消时间

关税率	国家	自由贸易区优惠税率（不迟于 1 月 1 日）单位（％）						
		2004 年	2005 年	2006 年	2007 年	2008 年	2009 年	2010 年
>30%	越南	20	15	10	5	0	0	0
	老挝、缅甸	—	—	20	14	8	0	0
	柬埔寨	—	—	20	15	10	5	0
15% ~ 30%	越南	10	10	5	5	0	0	0
	老挝、缅甸	—	—	10	10	5	0	0
	柬埔寨	—	—	10	10	5	5	0
<15%	越南	5	5	0 ~ 5	0 ~ 5	0	0	0
	老挝、缅甸	—	—	5	5	0 ~ 5	0	0
	柬埔寨	—	—	5	5	0 ~ 5	0 ~ 5	0

资料来源：中国自由贸易区服务网。

《货物贸易协定》将货物贸易品关税的减税阶梯按照正常类产品和敏感类产品进行了划分，东盟新 4 国比东盟 6 国享受到更长的过渡期。对于正常类产品，中国与东盟 6 国从 2005 年开始降税，2010 年将关税最终削减为零（见表 6－14）；东盟新 4 国从 2005 年开始降税，2015 年将关税最终削减为零（见表 6－15）。

表 6－14　　　中国和东盟 6 国正常类产品关税消减和取消时间

X＝中国—东盟自由贸易区优惠税率	自由贸易区优惠税率（不迟于 1 月 1 日）			
	2005 年*	2007 年	2009 年	2010 年
X≥20%	20	12	5	0
15%≤X＜20%	15	8	5	0
10%≤X＜10%	10	8	5	0
5%＜X＜10%	5	5	0	0

注：＊执行的开始时间为 2005 年 7 月 1 日。
资料来源：中国自由贸易区服务网. http://fta. mofcom. gov. cn/dongmeng/annex/hwmyxieyi_cn. pdf.

表 6－15　　　东盟新 4 国正常类产品关税消减和取消时间

X＝中国—东盟自由贸易区优惠税率		自由贸易区优惠税率（不迟于 1 月 1 日）							
		2005 年*	2006 年	2007 年	2008 年	2009 年	2011 年	2013 年	2015 年
X≥60%		60	50	40	30	25	15	10	0
45%≤X＜60%		40	35	35	30	25	15	10	0
35%≤X＜45%	越南	35	35	35	30	25	15	10	
	3 国	35	35	30	30	20	15	5	
30%≤X＜35%	越南	30	25	25	20	17	10	5	
	3 国	30	25	25	20	20	10	5	
25%≤X＜30%	越南	25	20	20	15	15	10	5	
	3 国	25	25	25	20	20	10	5	
20%≤X＜25%		20	20	15	15	15	10	0～5	
15%≤X＜20%	越南	15	15	10	10	10	5	0～5	
	3 国	15	15	15	15	15	5	0～5	
10%≤X＜15%		10	10	10	10	8	5	0～5	
7%≤X＜10%	越南	7	7	7	7	5	5	0～5	0
	3 国	7**	7**	7**	7**	7**	5	0～5	0
5%≤X＜7%		5	5	5	5	5	5	0～5	0
X＜5%		保持不动							0

注：＊执行的开始时间为 2005 年 7 月 1 日。 ＊＊缅甸可保持不超过 7.5% 的税率直至 2010 年。3 国分别为缅甸、老挝和柬埔寨。
资料来源：中国自由贸易区服务网. http://fta. mofcom. gov. cn/dongmeng/annex/hwmyxieyi_ cn. pdf.

（2）服务贸易：服务贸易的开放采取了正面清单的模式，即服务市场开放义务取决于其列入具体承诺表的内容，各缔约方先后在 2007 年、2011 年和 2015 年进行了三批减让承诺。第一批减让承诺，中国在建筑、环保、运输和商务服务（包括计算机、管理咨询和市场调研等）5 个部门及 26 个分部门对东盟做出了开放承诺，东盟成员国在金融、建筑和旅游服务等行业做出开放承诺；第二批减让承诺，中国与东盟各国均较第一批做出了更大的开放承诺，所有国家都增加了新的承诺部门、对"没有限制"的承诺所占比例都有显著提高；第三批升级版承诺，中国在体育及娱乐、建筑、工程、证券、旅行社和旅游经营 6 个部门做出了改进承诺，东盟各国在通信、运输、建筑、教育、环境、金融、商业、旅游 8 个部门的约 70 个分部门，向中国做出了更高水平的开放承诺（倪月菊，2021）。

（3）投资：《投资协定》包括 27 条，主要涉及国民待遇、最惠国待遇、投资待遇、透明度、投资促进与便利和争端解决等。在投资自由化方面，《投资协定》虽然未实行投资者准入前国民待遇，但准入后，投资者在管理经营等方面享受国民待遇。不过，投资者享受准入前及准入后的最惠国待遇。《投资协定》强调，东道国应采取合理的必要措施确保另一缔约方投资者投资的安全，确保投资者在东道国享受到公平和公正待遇，投资者在东道国投资所获合法收益可以自由转移和汇出。在投资便利化合作方面，《投资协定》强调各缔约国要为投资者创造良好的营商环境，简化投资手续，并在各个东道国建立一站式投资中心，为投资者提供包括便利和支持服务等。

（4）经济技术合作：早在 2002 年，《框架协定》提出同意在农业、信息及通信技术、人力资源开发、投资和湄公河盆地的开发等 5 个优先领域加强经济技术合作，加强合作的措施包括推动货物贸易、服务贸易及投资，提高中小企业竞争力，促进电子商务以及技术转让等。同时，各缔约方同意实施能力建设计划以及实行技术援助，特别是针对东盟新成员国，以调整它们的经济结构，扩大它们与中国的贸易与投资。2015

年，中国—东盟自由贸易区升级议定书对经济技术合作条款也进行了更新升级，提出在农业、渔业、林业、信息及通信技术、旅游、交通、知识产权、人力资源发展、中小企业、投资和环境 10 多个领域开展合作。双方还同意为有关经济技术合作项目提供资金等支持，同意开展能力建设项目和技术援助，并对柬埔寨、老挝、缅甸和越南参与这些项目以及提出的项目建议给予特别考虑。

综上所述，自 2002 年 11 月《框架协定》签署以来，中国—东盟自由贸易区建设不断升级，合作领域日益深化，从最初单一的货物贸易，到服务贸易和相互投资，再扩展到农业、信息及通信技术、人力资源开发、投资和湄公河盆地开发等领域。2021 年 12 月，在中国—东盟建立对话关系 30 周年之际，中国—东盟自由贸易区正式启动 3.0 时代，双方将在共同感兴趣的领域如数字经济、绿色经济、供应链互联互通、竞争、消费者保护和中小微企业等开展合作。由此可见，中国—东盟自由贸易区采取的先易后难、循序渐进的合作模式，符合双方的关切和需求，为发展中国家的制度性合作提供了最成功和最具活力的典范。

四、区域全面经济伙伴关系协定

（一）协定简介

区域全面经济伙伴关系协定于 2012 年由东盟发起，经过 8 年的谈判，在 2020 年 11 月 15 日由中国、日本、韩国、澳大利亚、新西兰和东盟共 15 个成员制定并完成签约。该协定的签署标志着当前世界上人口最多、经贸规模最大、最具发展潜力的自由贸易区正式建立。2022 年 1 月 1 日，区域全面经济伙伴关系协定正式生效，其目标包括：（1）建立一个现代、全面、高质量和互惠的经济伙伴关系框架，以促进区域贸易与投资的扩张，推动全球经济增长与发展，同时兼顾缔约方，特别是最不发达国家缔约方,所处的发展阶段和经济需求;(2)通过逐步取消缔约方之间实质上所有货物贸易的关税和非关税壁垒,逐步实现缔约方之间货物贸易的自由化和便利化;(3)逐步在缔约方之间实施涵盖众多服务部门的服务贸易自由化,以实现实质性取消缔约方之间在服务贸易方面的限制和歧视性措施;(4)在区域内创造自由、便利和具有竞争力的投资环境,以增加缔约方之间的投资机会,提升投资的促进、保护、便利化和自由化。

(二) 合作领域

区域全面经济伙伴关系协定是对东盟与中国、日本、韩国、澳大利亚、新西兰多个"10 + 1"自由贸易协定以及中、日、韩、澳、新西兰 5 国之间已有的自由贸易协定的整合和升级。该协定由序言、20 个章节、4 个市场准入承诺表附件(包括:关税承诺表、服务具体承诺表、投资保留及不符措施承诺表、自然人临时流动具体承诺表)组成(见表 6 – 16)。主要条款的内容概括如下。

表 6 – 16 区域全面经济伙伴关系协定条款内容

章序	内容	章序	内容
1	初始条款和总定义	11	知识产权
2	货物贸易	12	电子商务
3	原产地规则	13	竞争
4	海关程序和贸易便利化	14	中小企业
5	卫生和植物检疫措施	15	经济和技术合作
6	标准、技术法规和合格评定程序	16	政府购买
7	贸易救济	17	一般规定和例外情况
8	服务贸易	18	机构条款
9	自然人的临时流动	19	争议解决
10	投资	20	最终条款

资料来源:中国自由贸易区服务网。

（1）货物贸易：15 国采用双边两两出价的方式对货物贸易自由化做出安排（见表 6 - 17），协定生效后区域内 90% 以上的货物贸易将最终实现零关税，且这些商品主要是立刻降税到零和 10 年内降税到零，使得成员国之间在较短时间兑现所有货物贸易自由化承诺。

表 6 - 17　　　　中国对其他成员国承诺的最终零关税税目比例　　　单位：%

	中国承诺的最终零关税税目比例
东盟	90.50
澳大利亚	90
新西兰	90
日本	86
韩国	86

资料来源：中国自由贸易区服务网。

（2）原产地规则：使用区域累积规则，即在确定货物的原产资格时，如果使用了来自协定其他缔约方的产品，允许将自由贸易协定的其他缔约方使用非原产材料的加工生产的产品累积至最终产品，以满足最终出口产品增值 40% 的原产地标准。区域累计原则将有助于跨国公司更加灵活地进行产业布局，建立更精细更完善的产业链分工体系，降低最终产品的生产成本，不仅有助于扩大成员之间的贸易，还将极大地促进区域供应链、价值链的深度融合和发展。[1]

（3）贸易便利化：主要涉及海关程序和贸易便利化措施、卫生和植物卫生措施以及标准、技术法规和合格评定程序方面的措施。包括简化海关通关手续，采取预裁定、抵达前处理、信息技术运用等促进海关程序的高效管理手段，在可能情况下，对快运货物、易腐货物等争取实现货物抵达后 6 小时内放行，促进了快递等新型跨境物流发展，推动了果

---

[1]　商务部网站. 商务部国际司解读《区域全面经济伙伴关系协定》（RCEP）. http：//www. gov. cn/xinwen/2020 - 11/16/content_5561847. htm.

蔬和肉、蛋、奶制品等生鲜产品的快速通关和贸易增长；为保护人类、动物或植物的生命或健康制定了一系列措施，并确保这些措施尽可能不对贸易造成限制，不对其他成员构成不合理歧视；推动各方在承认标准、技术法规和合格评定程序中减少不必要的技术性贸易壁垒，并鼓励各方的标准化机构加强标准、技术法规以及合格评定程序方面的信息交流与合作。

（4）自然人移动：各方承诺对于区域内各国的投资者、公司内部流动人员、合同服务提供者、随行配偶及家属等各类商业人员，在符合条件的情况下，可获得一定居留期限，享受签证便利，开展各种贸易投资活动。与以往协定相比，区域经济伙伴关系协定将承诺适用范围扩展至服务提供者以外的投资者、随行配偶及家属等协定下所有可能跨境流动的自然人类别，总体水平均基本超过各成员在现有自贸协定缔约实践中的承诺水平。

（5）服务贸易：在承诺方式方面，日本、韩国、澳大利亚、新加坡、文莱、马来西亚、印度尼西亚采用负面清单，中国等 8 个成员国采用正面清单，并将于协定生效后 6 年内转化为负面清单。就开放水平而言，15 方均作出了高于各自"10 + 1"自贸协定水平的开放承诺。中方服务贸易开放承诺达到了已有自贸协定的最高水平，承诺服务部门数量在入世承诺约 100 个部门的基础上，新增了 22 个部门，并提高了 37 个部门的承诺水平（见表 6 - 18）。其他成员国在中方重点关注的建筑、医疗、房地产、金融、运输等服务部门都作出了高水平的开放承诺。此外，

表 6 - 18 中国承诺服务贸易开放的部门

新增（22 个部门，11 个领域）	管理咨询相关服务、制造业相关服务、专业设计服务、养老服务、体育娱乐服务、客运服务、市场调研服务、人员安置服务、美容美发服务、建筑物清洁服务、印刷服务
提高（33 个部门，11 个领域）	法律服务、建筑工程服务、环境服务、保险服务、银行服务、证券服务、海运及相关服务、航空器维修和计算机订座系统服务、房地产服务、广告服务、软件执行服务、口译笔译服务

资料来源：中国自由贸易区服务网。

该章节还包含了金融服务、电信服务和专业服务三个附件，对金融、电信等领域作出了更全面和高水平的承诺，对专业资质互认作出了合作安排。

（6）投资：协定规定了国民待遇、最惠国待遇、依国际习惯法而定的基于公平公正的投资待遇、充分保护、安全、损失补偿等；规定了禁止业绩要求、高管和董事会的非限制要求、投资转移的自由和无延迟要求、手续和信息披露的简化要求等。15 方均采用负面清单方式对制造业、农业、林业、渔业、采矿业 5 个非服务业领域投资作出较高水平开放承诺，大大提高了各方政策透明度。这也是中国首次在自贸协定中以负面清单的形式作出了非服务业领域市场准入承诺并使用棘轮机制（未来自由化水平不可倒退机制）。

（7）其他章节：除了以上内容，协定还纳入了知识产权、电子商务、竞争、政府采购等高标准议题，并在中小企业、经济技术合作等领域作出加强合作等规定。知识产权领域，涵盖著作权、商标、地理标志、专利、外观设计、遗传资源、传统知识和民间文艺等广泛内容；电子商务领域，规定了电子认证和签名、在线消费者保护、在线个人信息保护、网络安全、跨境电子方式信息传输等条款，并就跨境信息传输、信息存储等问题达成重要共识；贸易救济领域，在世界贸易规则基础上，对反倾销、反补贴、保障措施作出详细规定，并首次在协定中纳入"禁止归零"条款；同时，借鉴国际高标准规则，以"最佳实践"清单方式显著提高反倾销和反补贴调查的技术水平和透明度；竞争领域，在促进反垄断、消费者保护等领域达到较高水平；政府采购领域，各方就积极开展政府采购信息交流和合作、提供技术援助、加强能力建设达成共识。在中小企业领域，为中小企业合作搭建更广阔的平台，鼓励它们更积极地利用自由贸易协定及协定创造的经济合作项目，更好更快地融入区域价值流和供应链中来。经济技术合作领域，规定各方将合作实施技术援助和能力建设项目，促进协定更加包容和高效地实施，尤其是照顾最不发达成员的发展需要，不断缩小成员间发展差距。

综上所述，区域经济伙伴关系协定实现了高水平、高质量和包容性的统一。在市场开放方面，货物贸易享受零关税的产品数量整体上将超过90%，服务贸易和投资总体开放水平显著高于原有"10＋1"自由贸易协定；在对标国际高标准自由贸易规则方面，纳入了知识产权、电子商务、竞争政策、政府采购等现代化议题；在包容性方面，照顾到不同国家国情，给予最不发达国家特殊与差别待遇，通过规定加强经济技术合作，满足了发展中国家和最不发达国家的实际需求。①

五、中国—毛里求斯自由贸易协定

（一）协定简介

中国—毛里求斯自由贸易协定于2017年12月启动谈判，2019年10月签署，2021年1月1日开始实施，前后历时3年时间。该协定是中国与非洲国家签署的第一个自由贸易协定，填补了中国现有自贸区网络格局中非洲地区的空白。中国—毛里求斯自由贸易协定不仅为深化中毛两国经贸关系提供了更加有力的制度保障，更将中非经贸合作水平提升到了新的高度。②

（二）合作领域

中国—毛里求斯自由贸易协定包括序言、17个章节和货物贸易关税减让表、服务贸易具体承诺减让表、产品特定原产地规则3个附件。17个章节分别包括初始条款和总定义、货物贸易、原产地规则和实施程序、卫生和植物检疫措施、技术性贸易壁垒、贸易救济、服务贸易、投资、

---

① 商务部网站．商务部国际司解读《区域全面经济伙伴关系协定》（RCEP）．http：//www.gov.cn/xinwen/2020－11/16/content_5561847.htm.

② 商务部网站．商务部世贸司负责同志解读《中华人民共和国政府和毛里求斯共和国政府自由贸易协定》．http：//fta.mofcom.gov.cn/article/chinamauritius/chinamauritiusnews/202101/44127_1.html.

知识产权、电子商务、竞争、经济合作、透明度、行政与机制条款、争端解决、例外和最终条款。主要条款的内容概括如下：

（1）货物贸易：中国将通过最长 7 年降税期，对税目比例 96.3%、占中国自毛里求斯进口额 92.8% 产品的关税逐步降到零。毛里求斯将通过最长 5 年降税期，对税目比例 94.2%、占毛里求斯自中国进口额 92.8% 产品的关税逐步降到 0。不仅如此，协定为毛里求斯的蔗糖作出"关税配额"安排：从 2021 年的 1.5 万吨配额开始，每年增加 5 000 吨，直到 2028 年达到 5 万吨。在此配额内，毛里求斯蔗糖关税由此前的 50% 降至 15%。

（2）原产地规则：中国—毛里求斯自由贸易协定对原产货物的判定标准主要包括三类：一是完全获得货物；二是全部使用原产材料生产的货物；三是使用非原材料生产的货物，采用区域价值成分 40% 标准与产品特定原产地规则相结合的方式，对糖果、食品、饮料、皮革及纺织品、珠宝首饰等毛里求斯出口产品制定了相对灵活的原产地标准。此外，引入基于经核准出口商的自主声明制度，同意建立原产地电子信息交换系统，便利企业享惠。

（3）服务贸易：中国和毛里求斯采用正面清单方式，作出总体水平相当、利益平衡的开放承诺。毛里求斯在金融、教育、建筑、旅游、健康等 11 个服务领域作出承诺，分部门超过 130 个，这是毛里求斯迄今为止在服务领域开放水平最高的自贸协定。中国则在商业服务、金融、交通等领域大幅放宽对毛市场准入限制，总体开放水平远超中国加入世界贸易组织承诺。此外，毛里求斯对中国首次完全开放中医服务市场，为中国中医药"走出去"塑造了标杆。

（4）投资：投资章节是对 1996 年签署的中毛投资保护协定进行了升级，在保护范围、保护水平、争端解决机制等方面均有较大改进。这是中国首次与非洲国家升级原投资保护协定，它不仅为中国企业赴毛里求斯投资提供更加有力的法律保障，也有助于企业以该国为平台进一步拓展对非洲的投资合作。

（5）经济合作：规定了双方在经济合作领域的目标、途径、范围等，对两国相关领域合作作出原则规划，涉及农业、创新、商业、金融、医疗、教育、电影、海洋经济、旅游、文化、艺术和体育等领域。例如，在药品和医疗服务领域，双方同意鼓励在相关私营部门通过人员交流、联合研究及其商业化应用等开展合作；鼓励在制药、临床药学实践等领域进行培训和能力建设，并加强医药产品的质量控制体系和检测；同意签订中国中医药管理局和毛里求斯卫生部关于中医药的合作协定，在毛里求斯建立中医中心等。

（6）其他条款：协定还包括贸易救济、知识产权、电子商务、竞争、经济合作、透明度、行政与机制条款、争端解决等条款。贸易救济领域，该章设立了双边过渡性保障措施，对双方因履行协定导致的进口增加引发的国内产业损害的情况提供救济，将起到安全阀作用；知识产权领域，该章体现了较大的包容性，充分考虑到两国知识产权制度的差异性和发展现状，承诺通过加强合作进一步保护好知识产权；电子商务领域，双方将开展法律法规、政策和实践经验的信息交流与分享，共同加强研究和培训，促进数字证书和电子签名的互认，提升贸易管理文件电子版本的接受度；竞争领域，提出各方竞争执法应符合透明、非歧视和程序正义的法律执行原则，增强竞争立法和执法透明度，加强两国在竞争领域的合作与协调，并通过技术合作提高双方执行竞争政策和竞争法的能力。

综上所述，中国—毛里求斯自由贸易协定实现了"全面、互惠、高水平"的目标。区别于中国与多数发展中国家采取的先易后难、循序渐进的合作模式，中国和毛里求斯达成了一揽子自由贸易协定，涵盖了货物贸易、服务贸易、投资、竞争、知识产权和经济合作等众多领域。在货物贸易领域，双方货物贸易最终零关税税目比例均超过94%，实现了高水平互惠贸易自由化安排。在服务贸易领域，双方相互作出高质量市场开放承诺，该协定是毛里求斯迄今在其服务领域开放水平最高的自由贸易协定。

第三节 中非深度自由贸易区的主要合作领域

考虑到中国与非洲国家自身的发展水平和承受能力，双方在自由贸易区的合作领域应聚焦 WTO + 边境规则，并结合双方的共同兴趣在 WTO – 边境内规则有所拓展。参考中国和非洲国家各自参与自由贸易区的条款覆盖率以及典型案例，并结合中国与非洲制定的一系列政策性文件。如《中国对非洲政策》、历届中非合作论坛发布的行动计划，双方建立深度自由贸易区的主要合作领域如下。

一、货物贸易

货物贸易中的关税减让是自由贸易协定最早涉及的传统领域，也是最核心的领域。由于减让直接影响成员国的利益，货物贸易关税通常是谈判的焦点和难点。针对非洲国家经济发展水平差异较大的特点，中国可以采取分阶段地、有差别地消减关税。借鉴中国—东盟自由贸易区的做法，中非双方首先可以采取早期收获计划，即选择一些共同感兴趣、互补性强的农产品，用较快的速度和较大的幅度提前进行降税，先行开放市场。根据 Trademap 数据显示，2001～2021 年非洲国家对中国出口的农产品增长 25 倍。其中，动物饲料、油籽、鱼、蔬菜、水果、肉等产品分别增长了 5 101 倍、4 630 倍、2 778 倍、1 423 倍、1 122 倍、1 185 倍，中国对来自非洲这类产品先行进行减税，不仅有助于提高非洲农产品的比较优势，而且给中国消费者带来更丰富更多样的消费体验。其次，针对制造业关税减让，考虑到非洲国家尤其是最不发达国家制造业基础薄弱，允许其依据《1994 年关税与贸易总协定》设置比中国更高的市场准入壁垒和更长时间的消减关税。

161

二、服务贸易

服务贸易是推动经济增长和贸易发展的重要力量，也是实现传统贸易向价值链贸易顺利转变的"变革力量"（Low，2013）。鉴于服务贸易的重要性，中国和非洲国家参与的大部分自由贸易协定均将其作为重要的内容，扩大服务领域开放水平。近年来，中非服务贸易稳步发展，主要集中在建筑、运输、旅游、政府服务、电信、计算机和信息服务、保险和金融等领域。2020 年，建筑与运输领域贸易额分别占比 37% 与22%，占整个服务领域近 60%（张小虎和曹磊，2022）。因此，中非深度自由贸易区可以在建筑、通信服务、金融服务、旅游和运输等相对重要的五个领域作出优先承诺。此外，双方还可以选择在教育、文化和医疗等已有基础的领域开展更富有成效的合作。

三、投资合作

投资合作是推动中非务实合作提质升级的强劲动力。近年来，随着中国对非洲直接投资的迅速增长，其遭遇的政治风险和争议纠纷亟须获得法律保护和制度解决。根据中国商务部网站及联合国贸发会网站提供的双边投资协定进行统计，中国已与非洲 34 个国家签署了双边投资协定。但是，这些协定签署的年份较早，普遍集中在 20 世纪 90 年代，且只有 18 份生效（见表 6 - 19），内容过于简单，不能满足中非双边投资的现实需求，其余可能被认为过于强调投资东道国保护外国投资者的义务而面临无法生效的挑战（韩秀丽，2015；朱伟东，2015）。因此，中非深度自由贸易区的投资条款应以加强投资合作为重点，积极推动已生效双边投资协定的升级，并结合国际投资条约的发展趋势，将劳工标准、环境保护、健康福利等方面的内容纳入其中，争取在保护范围、保护水平和争端解决机制等方面实现较大的改进。

表 6 – 19　　　　　　　　　中非签署并生效得双边投资协定

序号	国家	签署日期	生效日期
1	加纳	1989 年 10 月 12 日	1990 年 11 月 22 日
2	埃及	1994 年 4 月 21 日	1996 年 4 月 1 日
3	摩洛哥	1995 年 3 月 27 日	1999 年 11 月 27 日
4	毛里求斯	1996 年 5 月 4 日	1997 年 6 月 8 日
5	津巴布韦	1996 年 5 月 21 日	1998 年 3 月 1 日
6	阿尔及利亚	1996 年 10 月 17 日	2003 年 1 月 28 日
7	加蓬	1997 年 5 月 9 日	2009 年 2 月 16 日
8	尼日利亚	2001 年 8 月 27 日	2010 年 2 月 18 日
9	苏丹	1997 年 5 月 30 日	1998 年 7 月 1 日
10	南非	1997 年 12 月 30 日	1998 年 4 月 1 日
11	佛得角	1998 年 4 月 21 日	2001 年 10 月 1 日
12	埃塞俄比亚	1998 年 5 月 11 日	2000 年 5 月 1 日
13	突尼斯	2004 年 6 月 21 日	2006 年 7 月 1 日
14	赤道几内亚	2005 年 10 月 20 日	2006 年 11 月 15 日
15	马达加斯加	2005 年 11 月 21 日	2007 年 7 月 1 日
16	马里	2009 年 2 月 12 日	2009 年 7 月 16 日
17	坦桑尼亚	2013 年 3 月 24 日	2014 年 4 月 17 日
18	刚果（布）	2000 年 3 月 20 日	2015 年 7 月 1 日

资料来源：中国商务部网站。

四、电子商务

电子商务作为一种新兴的商品交易模式，正在为世界经济带来前所未有的发展机遇。中国是电子商务大国，非洲电子商务方兴未艾，双方在电子商务领域的合作也在快速推进（黄梅波和段秋韵，2021）。截至2022 年底，中国已经与卢旺达、南非、埃及、毛里求斯和塞内加尔等非洲国家签署电子商务合作备忘录或者在电子商务领域政策方面达成合作协定，建立了双边电子商务的合作机制。未来，中非深度自由贸易区可以借鉴中国—毛里求斯自由贸易协定中的电子商务条款，双方积极推进在关税、透明度、贸易便利化、电子认证和数字证书、网络消费者保护、数据保护、网络安全和争端解决等领域开展合作。此外，中非双方还应加强政策沟通，通过电子商务促进市场繁荣和优质特色产品进出口贸易，鼓励人工智能、区块链等新技术交流，探索移动支付、物流服务等领域合作，开展数字技能培训和联合研究，为两国中小微企业提供更多的发展机遇和空间。

五、"一带一路"倡议合作

自 2013 年中国提出"一带一路"倡议以来，非洲国家踊跃参与。截至 2022 年底，在 53 个同中国建交的非洲国家中，有 52 个国家及非盟已经同中国签署共建"一带一路"的合作文件（见表 6 - 20），几乎在非洲实现了全覆盖。① "一带一路"建设所倡导的"五通"（政策沟通、设施联通、贸易畅通、资金融通和民心相通）和"三同"（利益共同体、责任共同体、命运共同体）② 理念，将为非洲国家可持续发展创造新机遇。不过，"一带一路"倡议不属于国际法上的国际协定，其目前依托的多双边合作机制存在主体交叉、职责重叠和组织松散等法律缺陷，制约了"一带一路"建设的全面推进（李雪平，2017）。自由贸易协定是一种重要的国际法治形式，它可为多个议题设定实体性和程序性规则，因而适宜以其为支撑建立"一带一路"的长效合作机制，为"一带一路"不同的建设内容如基础设施投资、贸易、服务、知识产权、环境保护等诸多领域提供法律保护，确保国际合作的稳定连续发展（李西霞，2020）。2020 年签署的中国—柬埔寨自由贸易协定是首个将"一带一路"倡议合作独立设章的自由贸易协定，它的做法为中非双方以自由贸易协定机制

---

① 光明网. 中非共建"一带一路"合作取得新进展. https：//m. gmw. cn/baijia/2022 - 08/20/1303100473. html.

② 中国贸易报. 以"五通三同"理念引领一带一路. https：//he. singlewindow. cn/Publish/2022/5/ff8080818 089338f0180cbae360b0634. html.

为支撑推动共建"一带一路"高质量发展提供经验借鉴。未来，中非自由贸易区的"一带一路"条款可以探讨以促进基础设施互联互通、加强发展政策对接、促进可持续发展为目标的潜在合作领域。

表 6 - 20　　签署共建"一带一路"倡议谅解备忘录的非洲国家

签约时间	签约国家
2015 年 12 月	南非
2016 年 1 月	埃及
2017 年 3 月	马达加斯加
2017 年 11 月	摩洛哥
2018 年 7 月	利比亚、突尼斯、塞内加尔、卢旺达
2018 年 9 月	非洲联盟、科特迪瓦、塞拉利昂、索马里、喀麦隆、南苏丹、塞舌尔、几内亚、加纳、赞比亚、莫桑比克、加蓬、纳米比亚、毛里塔尼亚、安哥拉、吉布提、埃塞俄比亚、肯尼亚、尼日利亚、乍得、刚果（布）、津巴布韦、阿尔及利亚、坦桑尼亚、布隆迪、佛得角、乌干达、冈比亚、多哥、苏丹、尼日尔
2019 年 4 月	利比里亚、赤道几内亚
2019 年 6 月	莱索托、科摩罗、贝宁
2019 年 7 月	马里
2021 年 1 月	刚果（金）、博茨瓦纳
2021 年 11 月	中非、几内亚比绍、厄立特里亚
2021 年 12 月	布基纳法索、圣多美和普林西比
2022 年 3 月	马拉维

资料来源：根据公开报道整理。

六、其他条款

借鉴中国与非洲国家参与的自由贸易区经验，中非深度自由贸易区在 WTO＋条款领域可以涉及贸易便利化、出口税/补贴、反倾销、反补贴、动植物卫生检疫和技术性贸易壁垒等条款，在 WTO－X 条款领域可以涉及信息合作和区域合作等条款，其余条款如政府采购、知识产权、竞争政策、环境、农业、金融援助、公共管理和税收等条款可以根据双方的发展需求有选择性地纳入。此外，针对非洲国家的特色产业或商品，中非还可以在渔业、地理标志商品保护等积极开展合作。

第四节　小　　结

本章首先借鉴霍恩等（2010）对深度自由贸易协定条款的分类方法，对比分析了中国和非洲国家各自参与的自由贸易协定在合作领域的异同点，发现中国与非洲国家由于发展水平的限制，在对外开展自由贸易区建设时设定的议题范围仍高度集中在 WTO 框架内（WTO＋边境规则）的关税减让等传统领域，而对于那些触及国内政策的投资开放、知识产权、政府采购、劳工标准、中小企业、标准认证和国有企业等 WTO 框架外（WTO－边境内规则）的领域仍持保守态度。不过，从最新的发展趋势来看，中国和非洲国家正在借助于签订高标准的自由贸易区倒逼国内经济制度改革与完善。

其次，选择中国或非洲国家参与的五个典型自由贸易区进行案例分析，提炼出这些自由贸易区合作领域中的创新做法。比如，欧非经济伙伴关系协定采取设置不对称的关税消减方案、制定灵活的区域累计原产地规则、保留一定程度的出口关税和消除农产品出口补贴等措施，助推非洲国家的经济和区域一体化发展；非洲大陆自由贸易区采取了分阶段谈判的模式，从边境上议题到边境内议题，先易后难，逐步推进。同时，在制定关税减让模式时，允许最不发达国家在更长时间消减关税，允许关税同盟实施统一的关税减让方案，充分考虑到成员国的发展水平差异和区域一体化情况；中国—东盟全面经济合作框架协定采取先易后难、循序渐进的合作模式，从最初包括早期收获计划在内的单一货物贸易，到服务贸易和相互投资，再到数字经济、绿色经济、供应链互联互通、竞争、消费者保护和中小微企业等开展合作，这种合作模式符合双方的发展关切和需求，为发展中国家的制度性合作提供了最成功和最具活力的典范；区域经济伙伴关系协定在市场准入、服务贸易和投资领域保持较高的开放水平，纳入了知识产权、电子商务、竞争政策、政府采购等现代化议题，照顾到不同国家国情，满足了发展中国家和最不发达国家的实际需求；中国—毛里求斯自由贸易协定实现了全面、互惠和高水平的目标，为中非建立深度自由贸易区提供了本地化样本借鉴。

　　基于以上研究结论，本章提出中非建立深度自由贸易区的合作领域应聚焦 WTO＋边境规则，并结合双方的共同兴趣在 WTO－边境内规则有所拓展，合作领域主要包括货物贸易、服务贸易、投资合作、电子商务和"一带一路"倡议合作。此外，中非深度自由贸易区还可以根据双方发展需求有选择性地纳入其他领域。

第七章 中非建立深度自由贸易区的次序安排

在选定的潜在自由贸易区伙伴中，哪些国家应当先行达成协定，哪些领域应当优先合作，哪些产业可以先行开放，涉及一国自由贸易区建设的次序安排。由于非洲国家或区域组织数量诸多、经济发展水平参差不齐、产业结构发展不均衡，如何合理安排中国与之建立深度自由贸易区空间布局、合作领域和产业开放的优先次序意义重大。在已有研究中，学者们普遍认为经济收益的大小是一国与不同国家确定自由贸易协定谈判优先次序的重要参考指标（黄鹏和汪建新，2009；李春顶等，2018）。为此，本章将基于全球贸易分析模型（global trade analysis project，GTAP），结合第五章和第六章筛选出的潜在非洲自由贸易区伙伴和主要合作领域，设定多个自由贸易区情境，模拟各自由贸易区对成员国的贸易、经济增长和产业发展等经济效应，并根据各方案的综合经济收益大小，提出中国与非洲不同国家或区域组织建立深度自由贸易区的次序安排。

第一节 GTAP 模型的理论基础

GTAP 模型是由美国普渡大学开发的一个多国多部门 CGE 模型，该模型被广泛应用于评估贸易政策冲击的影响。GTAP 模型由模型主程序和模型数据库两个部分组成，前者主要进行模拟运算，后者是 GTAP 模型最重要的数据资源，其详细记载了全球大多数经济体的贸易数据和相关产品的生产情况，为前者的运行提供数据支持。GTAP模型的架构为先构建各国或地区的生产、消费、政府支出等经济行为的子模型，然后通过国家之间的贸易关系将各子模型连接起来，形成了一种多个国家或地区、多个部门的CGE模型。当一国或地区的贸易政策被调整时，将对原有的均衡市场产生冲击，并形成新的均衡市场，比较两个均衡市场的差别就是贸易政策变化所带来的经济效应。GTAP模型还可以模拟贸易政策对各国或地区各部门的生产、产品价格、要素报酬、GDP、社会福利水平和贸易条件等方面的影响。

　　图7-1展示了GTAP模型中开放经济条件下主要部门之间的联系。GTAP模型主要包括生产要素和行为主体，生产要素包括土地、劳动力、

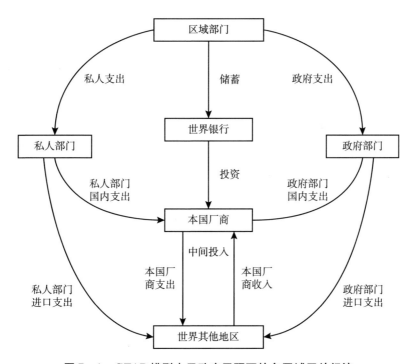

图7-1　GTAP模型中无政府干预下的多区域开放经济

资料来源：刘宇.全球贸易分析模型：理论与实践（第2版）[M].北京：社会科学文献出版社，2021.

资本以及自然资源，行为主体包括私人部门、政府部门及厂商。该模型假定由区域部门决定该国或地区政府部门与私人部门的储蓄及消费行为。政府与私人部门的消费可以通过购买本国产品及进口世界其他地区的产品来实现，该国的厂商中间原材料可通过世界其他地区进口，并且生产出来的产品可在本国和国外销售。此外，GTAP 模型还假设来自世界其他地区的产品不具有完全替代性，且每个国家或地区的投资资金流向取决于该国或地区在虚拟世界银行的储蓄。GTAP 模型假设的前提条件为：该市场属于完全竞争，生产者规模报酬不变且追求成本最小化，消费者则追求效用最大化，最后产品和投入要素全部要出清。该模型采用的生产函数为固定替代弹性（constant elasticity of substitution，CES），表达方程为：

$$X = A \left[a_L L^\rho + a_k K^\rho \right]^{\frac{1}{\rho}} \qquad (7-1)$$

在式（7-1）中，X 表示产品，L 和 K 分别代表生产 X 产品所投入的劳动力和资本要素；a_L 和 a_K 分别表示生产 X 产品所投入的劳动力和资本要素的占比，A 代表技术进步的参数，ρ 为替代弹性系数。私人部门的支出则采用固定差异弹性的效用函数（constant difference of elasticity，CDE），政府部门支出采用柯布—道格拉斯（Cobb - Douglas，C - D）效用函数：

$$U = X^a Y^{1-a} \qquad (7-2)$$

在式（7-2）中，U 代表效用；X 和 Y 分别为产品 X 和 Y，a 和 $1-a$ 分别表示 X 和 Y 的效用在 U 中的比例。当一国开放经济时，将会在该国经济模型中加入国际贸易的产品以及资本流动，进而构成了多国经济一般均衡模型。在这种情况下，固定替代弹性（CES）方程通常采用阿尔明顿（Armington，1969）假设，将国内产品和进口产品视为不同的产品，两者之间不完全替代，表达式具体如下：

$$F(X_m, X_d) = \left[a_L X_m^\rho + a_k X_d^\rho \right]^{\frac{1}{\rho}} \qquad (7-3)$$

在式（7-3）中，X_m 表示进口产品，X_d 表示本国产品，$\rho \leq 1$ 且 $\rho \neq 0$，其余与式（7-1）一致。除此之外，GTAP 模型还设有不同国家之间进行贸易的关税或补贴和运费。该模型进出口产品价格的表达式呈现如下：

$$P^{FOB} = P^{EX}(1 + T^{EX}) \tag{7-4}$$

$$P^{CIF} = P^{FOB}(1 + F) \tag{7-5}$$

$$P^{IM} = P^{CIF}(1 + T^{IM}) \tag{7-6}$$

在式（7-4）~式（7-6）中，P^{FOB} 为出口离岸价，P^{EX} 为出口国产品的国内价格，T^{EX} 为出口关税，P^{CIF} 为出口到岸价，F 表示运费所产生的费用和保险费，PIM 为进口产品国内价格，T^{IM} 为进口关税。

在实际应用中，GTAP 模型需要将世界各国和地区根据研究对象进行分组，然后运用一系列 CGE 模型设定计算各个贸易政策的影响。在自由贸易区经济效应评估中，可将各成员之间的关税减免及相关的贸易互惠安排设定为主要冲击变量，评估由此引起的进出口产品价格、需求、行为主体支出等方面的变化，进而导致该国或地区经济规模、福利及贸易条件等方面的变化（黄伟荣，2019）。

第二节　GTAP 模型模拟情景设定

本章采用的 GTAP 数据库为 2019 年 7 月发布的最新版本 GTAP10，该数据库以 2014 年为参考年份，包括 141 个国家或地区和 65 个部门。

一、国家和部门归类

根据研究的需要，首先将 GTAP 数据库中的 141 个国家或地区归并为 6 个国家或地区，分别为中国、在非洲筛选出的潜在自由贸易区伙伴国家或区域（见第四章）、欧盟、美国、非洲其他国家以及世界其他国家。在第四章中，通过综合考虑非洲国家的政治和平、营商环境、贸易关系以及区域经济一体化，筛选出中国适宜与之建立自由贸易区的国家或区域，具体表现为：中国可以与毛里求斯（已经建立）、摩洛哥、吉布提、安哥拉、赞比亚、津巴布韦、埃及、突尼斯、马达加斯加、莫桑比克、马拉维等未加入关税同盟的国家优先建立国家对国家层面的自由贸易区，中国可以与南部非洲关税同盟和中部非洲经济与货币共同体等已经建成关税同盟的区域组织，优先建立国家对区域层面的自由贸易区。由于 GTAP 数据库没有提供非洲所有国家的数据，因此这里只涉及存在数据的非洲国家（见表 7 - 1）。其次，将 GTAP 数据库中的 65 个部门合并为 10 个部门（见表 7 - 2），分别是谷物和农作物、畜牧业和肉制品、自然资源、食品加工业、纺织及制衣业、轻工业、重工业、公共事业与建筑、交通与通信、其他服务业等。

表 7 – 1　　　　　　GTAP 中非洲国家或区域的数据存在情况

类型	国家或关税同盟	GTAP 数据存在的国家
国家对国家层面自由贸易区	毛里求斯、摩洛哥、吉布提、安哥拉、赞比亚、津巴布韦、埃及、突尼斯、马达加斯加、莫桑比克、马拉维	毛里求斯、摩洛哥、津巴布韦、赞比亚、埃及、突尼斯、马达加斯加、莫桑比克、马拉维
国家对区域层面自由贸易区	南部非洲关税同盟：南非、博茨瓦纳、纳米比亚、莱索托及斯威士兰	博茨瓦纳、纳米比亚、南非、南部非洲关税同盟其他国家
	中部非洲经济与货币共同体：赤道几内亚、刚果（布）、加蓬、乍得、中非共和国	喀麦隆、中部非洲其他国家

表 7 – 2　　　　　　　　GTAP 中的行业归并

序号	新部门分类	GTAP 原部门分类
1	谷物和农作物	水稻、小麦、谷物及其他相关产品、蔬菜、水果、坚果、油料作物、糖料作物、农作物及相关产品、加工大米、植物纤维
2	畜牧业和肉制品	牛羊马牲畜、动物制品及其他相关产品、奶、毛及丝制品、牛马羊肉、肉制品及其他相关产品

序号	新部门分类	GTAP 原部门分类
3	自然资源	森林、渔业、煤、石油、天然气、矿产及相关产品
4	食品加工业	动植物油脂、乳制品、糖、食物制品及其他相关产品、饮料及烟草制品
5	纺织及制衣业	纺织品、服装
6	轻工业	皮革制品、木制品、纸制品、金属制品、机动车及零配件、交通运输设备及其他相关产品、制造业其他产品
7	重工业	石化及煤制品、黑色金属、有色金属及相关产品、矿产制品及其他相关产品、制造业其他产品
8	公共事业与建筑	水、电力、天然气制造及零售、建筑
9	交通与通信	旅游、海运、空运、通信、交通及相关服务
10	其他服务业	金融及其他相关服务、保险、商务服务及其他相关服务、娱乐及相关服务、政府/法院/医疗/教育/居民

二、模拟情景设定

为了利用 GTAP 模型评估中非建立深度自由贸易区产生的经济效应，这里选择关税壁垒（tms）和非关税壁垒（ams）作为贸易政策变量，并参考李春顶等（2018）设定以下模拟情景。

（1）假设关税壁垒作为冲击变量，自由贸易区成员国相互消减100%的关税壁垒，其他变量均不变（情景Ⅰ）；

（2）假设非关税壁垒作为冲击变量，自由贸易区成员国相互消减50%的非关税壁垒，其他变量均不变（情景Ⅱ）；

（3）假设关税壁垒和非关税壁垒均作为冲击变量，自由贸易成员国相互同时消减100%的关税壁垒和50%的非关税壁垒，其他变量均不变（情景Ⅲ）。

第三节　估计结果

这部分首先基于 GTAP10 数据库提供的 GTAP Agg2 程序将区域和产业聚合到期望水平，并利用 Run GTAP3.70 软件分三种情景评估中国与非洲国家或关税同盟建立的 11 个自由贸易区对成员国的 GDP、福利、贸易条件和产出等产生的影响。然后，根据各自由贸易区产生的综合经济收益大小，提出中非建立深度自由贸易区的次序安排。估计结果如下。

一、对 GDP 的影响

在情景 I （成员国相互消减 100% 的关税壁垒）下，各自由贸易区对中国 GDP 的影响基本不变或呈现微弱的正增长，但是对非洲国家或关税同盟 GDP 产生的影响存在显著差异（见表 7-3）。其中，中国—赞比

表 7-3　　　　中非建立自由贸易区对 GDP 的影响（变化率）　　　单位: %

自由贸易区	情景 I		情景 II		情景 III	
	中国	非洲	中国	非洲	中国	非洲
中国—毛里求斯	0.00	-0.01	0.02	4.85	0.02	4.84
中国—摩洛哥	0.02	-0.08	0.08	3.61	0.09	3.54
中国—赞比亚	0.00	0.06	0.02	26.09	0.02	26.15
中国—津巴布韦	0.00	1.85	0.01	16.73	0.01	18.58
中国—埃及	0.05	-0.57	0.20	5.20	0.26	4.63
中国—突尼斯	0.01	0.37	0.04	5.59	0.05	5.96
中国—马达加斯加	0.00	0.02	0.02	10.89	0.02	10.90
中国—莫桑比克	0.01	-0.02	0.04	22.43	0.04	21.92
中国—马拉维	0.00	0.13	0.00	6.48	0.01	6.61
中国—南部非洲关税同盟	0.07	-0.44	0.53	7.48	0.60	7.04
中国—中部非洲经济与货币共同体	0.01	-1.74	0.04	6.20	0.05	4.46

亚、中国—津巴布韦、中国—突尼斯、中国—马达加斯加和中国—马拉维自由贸易区给非洲国家的 GDP 带来较大的促进作用，5 个国家的 GDP 分别获得 0.06%、1.85%、0.37%、0.02%、0.13% 的正增长。相反，中国—毛里求斯、中国—摩洛哥、中国—埃及、中国—莫桑比克、中国—南部非洲关税同盟、中国—中部非洲经济与货币共同体自由贸易区给非洲国家或关税同盟的 GDP 带来负效应，它们的 GDP 分别获得 0.01%、0.08%、0.57%、0.02%、0.44% 和 1.74% 的负增长。

与情景 Ⅰ 有所不同，在情景 Ⅱ（成员国相互消减 50% 的非关税壁垒）和情景 Ⅲ（成员国相互同时消减 100% 的关税壁垒和 50% 的非关税壁垒）下，各自由贸易区给成员国 GDP 均带来了较显著的正向增长，尤其是非洲国家或关税同盟的增长幅度显著大于中国的增长幅度，这说明中国与非洲国家或关税同盟建立自由贸易区在降低非关税壁垒上的合作将显著地促进双方尤其是非洲国家的 GDP。进一步对比发现，各自由贸易区给成员国 GDP 带来的影响大小存在显著的差别。以情景 Ⅲ 为例，对中国 GDP 正面影响排名前三的为中国—南部非洲关税同盟自由贸易区、中国—埃及自由贸易区和中国—摩洛哥自由贸易区，分别使中国 GDP 获得 0.60%、0.26% 和 0.09% 的正增长，其他自由贸易区给中国 GDP 带来的增长幅度较小，增幅在 0.01% ~ 0.05%。研究发现，前一组为中国与非洲经济发展水平较高的国家（如埃及和摩洛哥）或关税同盟（南部非洲关税同盟）建立的自由贸易区，后一组多为中国与非洲最不发达国家建立的自由贸易区。因此，单纯从给中国 GDP 带来的变动来看，中国对上述 11 个潜在自由贸易区伙伴的选择顺序应以经济发展水平较高的非洲国家或关税同盟为先，然后为非洲最不发达国家。不过，值得注意的是，对中国 GDP 产生较大促进作用的自由贸易区，对非洲国家或关税同盟 GDP 的正向影响程度并不大，这可能会引起非洲部分国家对中非建立深度自由贸易区的担忧。除此之外，在 11 个自由贸易区中，中国—毛里求斯自由贸易区对双方 GDP 的正向影响并不是最大的，这反映出中非建立自由贸易区的动因不完全局限于经济收益，还可能受到非传统收益的驱动。中国通过与毛里求斯建立自由贸易区向非洲其他国家或世界释放愿意开放市场，实现区域经济互利共赢的信息。

二、对福利的影响

这里所指的福利是用希克斯等价变差（equivalent variation，EV）来衡量的，该指标使用全社会总体收入来表示社会福利水平。如表 7－4 所示，在情景 I 下，各自由贸易区不仅提高了中国的福利水平，而且也提高了非洲国家或关税同盟的福利水平。不过，整体而言，中国的福利增加水平显著大于非洲国家或关税同盟的福利增加水平。在情景 II 和情景III 下，中国和非洲国家或关税同盟的福利均呈现较大幅度的提升，而且

表 7－4　　　　中非建立自由贸易区对福利的影响（变化额）　单位：百万美元

自由贸易区	情景 I		情景 II		情景 III	
	中国	非洲	中国	非洲	中国	非洲
中国—毛里求斯	19.52	1.26	557.13	565.96	576.64	567.21
中国—摩洛哥	421.56	149.66	2 893.51	3 280.02	3 315.07	3 429.69
中国—赞比亚	97.01	27.34	1 762.33	1 864.86	1 859.34	1 892.20
中国—津巴布韦	59.39	94.30	763.72	985.60	823.11	1 079.90
中国—埃及	1 466.11	54.02	6 870.73	9 341.09	8 336.84	9 395.10
中国—突尼斯	282.97	146.57	1 301.03	1 824.72	1 584.00	1 971.30
中国—马达加斯加	98.54	21.66	550.78	802.55	649.33	824.21
中国—莫桑比克	208.50	2.78	1 609.62	2 348.50	1 818.12	2 351.29
中国—马拉维	29.51	7.63	167.02	209.12	196.52	216.75
中国—南部非洲关税同盟	1 909.14	810.74	22 210.20	19 638.47	24 119.35	20 449.21
中国—中部非洲经济与货币共同体	364.84	75.78	1 477.48	2 104.33	1 842.32	2 180.11

大部分非洲国家的福利增加额大于中国的福利增加额，说明中国与非洲国家或关税同盟在降低非关税壁垒的合作将显著提升双方尤其是非洲国家的福利水平。表7-4的数据还透露，中国与非洲经济发展水平较高的国家（如埃及和摩洛哥）以及关税同盟（南部非洲关税同盟）建立自由贸易区为双方成员国带来的福利水平也较高。以情景Ⅲ为例，对中国福利水平正面影响排名前三的为中国—南部非洲关税同盟自由贸易区、中国—埃及自由贸易区和中国—摩洛哥自由贸易区，分别使中国福利获得241.19亿美元、83.37亿美元和33.15亿美元的增幅。相反，中国与非洲最不发达国家建立自由贸易区给中国福利带来较小的增长幅度，增幅在5.77亿~18.59亿美元。此外，各自由贸易区对非洲国家或关税同盟福利的影响与对中国福利的影响趋势基本一致。这一结论再次确认了中非建立深度自由贸易区的空间布局次序安排，应以非洲发展水平较高的国家或关税同盟为先，然后为非洲最不发达国家。

三、对贸易条件的影响

贸易条件是用来衡量，在一定时期一个国家出口相对于进口的盈利能力和贸易收益的指标，它反映了一国对外贸易的经济收益。从表7-5可以看出，在情景Ⅰ下，各自由贸易区对中国的贸易条件基本没有影响或呈微弱的正向影响，而对非洲国家或关税同盟贸易条件的影响存在明显差异。中国—毛里求斯、中国—津巴布韦、中国—莫桑比克、中国—马拉维自由贸易区给非洲国家的贸易条件带来积极的正向影响，中国—摩洛哥、中国—赞比亚、中国—埃及、中国—突尼斯、中国—马达加斯加、中国—南部非洲关税同盟、中国—中部非洲经济与货币共同体自由贸易区给非洲国家的贸易条件带来负效应。在情景Ⅱ和情景Ⅲ下，各自由贸易区并没有引起中国贸易条件的显著变化，但是对非洲国家的贸易条件均产生显著的促进作用，部分国家，如赞比亚、津巴布韦和莫桑比克的贸易条件增长率达到10%以上，这意味着中非在降低非关税壁垒上的合作显著改善了非洲国家的贸易条件。

表7-5　　　中非建立自由贸易区对贸易条件的影响（变化率）　　单位：%

自由贸易区	情景Ⅰ		情景Ⅱ		情景Ⅲ	
	中国	非洲	中国	非洲	中国	非洲
中国—毛里求斯	0.00	0.01	0.01	1.41	0.01	1.41
中国—摩洛哥	0.01	-0.15	0.06	1.00	0.07	0.85
中国—赞比亚	0.00	-0.01	-0.01	16.80	-0.01	16.79
中国—津巴布韦	0.00	1.22	0.00	10.33	0.00	11.55
中国—埃及	0.04	-0.49	0.16	1.65	0.20	1.16
中国—突尼斯	0.00	-0.01	0.03	1.24	0.04	1.23
中国—马达加斯加	0.00	-0.37	0.01	2.93	0.01	2.56
中国—莫桑比克	0.01	0.01	0.01	10.29	0.02	10.12
中国—马拉维	0.00	0.05	0.00	3.56	0.00	3.62
中国—南部非洲关税同盟	0.05	-0.28	0.03	4.42	0.35	4.14
中国—中部非洲经济与货币共同体	0.01	-1.15	0.03	3.92	0.04	2.77

四、对产出的影响

中非建立深度自由贸易区还会对双方产业的产出产生影响。由于篇幅有限，这里仅列出了情景Ⅲ的影响结果。从各自由贸易区对中国产业产出的影响来看（见表7-6），不仅同一自由贸易区对中国不同产业产出的影响有所差别，而且不同自由贸易区对中国同一产业的影响也有所不同。不过，通过计算各自由贸易区不同产业产出变化率的方差发现，它们的方差平均值仅为0.01，说明各自由贸易区引起中国不同产业产出变动幅度的离散程度普遍较小,各产业产出受到的影响较为平和。从各产业产出变化的平均值来看,中非建立深度自由贸易区将会导致中国的谷物和农作物、畜牧业和肉制品、自然资源、食品加工业、重工业、交通与通信等产业受到负面影响,纺织及制衣业、轻工业和其他服务受到正向影响,不过这些产业受到的负面或正面影响程度普遍较小。

与之有所不同,各自由贸易区对非洲国家或关税同盟各产业产出的影响存在较大的差异(见表7-7)。不过,从差异的程度来看,中国与非洲最不发达国家(如莫桑比克、津巴布韦、赞比亚、马拉维、马达加斯加)和关税同盟(南部非洲关税同盟和中部非洲经济与货币共同体)建立深度自由贸易区对后者各产业产出的影响差异度相对较大,方差值在85.81~1 338.87。由此,可以推断这些自由贸易区可能会招致非洲国家某些产业的强烈反对。中国与非洲经济发展水平较高的国家,如摩洛哥、埃及和突尼斯建立深度自由贸易区,对后者各产业产出的影响差异度相对较小,方差值在7.93~20.07,说明各产业产出受到的影响较为平和。从各产业产出变化的平均值来看,中非建立深度自由贸易区会导致非洲国家纺织及制衣业、轻工业以及重工业等工业受到较大的负面冲击,这些产业产出变化率的平均值分别为 -21.08%、-7.71%和 -12.98%。比如,中国—莫桑比克、中国—南部非洲关税同盟、中国—中部非洲经济与货币共同体自由贸易区,导致非洲国家纺织及制衣业的产出分别下降71.76%、55.47%和50.54%。谷物和农作物、自然资源和食品加工业等农业和矿产业也受到负面冲击,但是影响程度与上述工业相比较小,这些产业产出变化率的平均值分别为 -2.56%、-1.34%和 -1.2%。相反,畜牧业和肉制品、公共事业与建筑、交通与通信和其他服务业等服务业受到了正向影响,这些产业产出变化率的平均值分别为2.04%、7.00%、0.85%和2.81%。因此,从各自由贸易区对不同产业产出的影响来看,双方可以先开放农业、矿产业和服务业,然后是制造业。

表7—6　情景Ⅲ下中非建立自由贸易区对中国各产业产出的影响（变化率）

单位：%

自由贸易区/产业	1	2	3	4	5	6	7	8	9	10	方差
中国—毛里求斯	-0.00	0.01	-0.01	0.00	0.01	0.00	-0.00	0.01	-0.00	0.00	0.00
中国—摩洛哥	0.01	-0.00	0.00	-0.00	0.05	-0.00	0.01	-0.01	0.00	-0.00	0.00
中国—赞比亚	-0.01	0.00	-0.02	0.00	-0.04	0.02	-0.02	0.03	0.00	0.01	0.00
中国—津巴布韦	-0.02	0.00	-0.01	-0.06	0.01	0.01	0.00	0.01	0.00	0.01	0.00
中国—埃及	-0.02	-0.03	-0.17	-0.03	0.47	0.04	-0.08	0.14	-0.04	0.01	0.03
中国—突尼斯	-0.01	-0.00	-0.02	-0.01	0.01	-0.02	0.00	0.03	-0.01	0.00	0.00
中国—马达加斯加	-0.00	0.01	-0.02	-0.00	0.01	-0.00	-0.00	0.01	-0.00	0.00	0.00
中国—莫桑比克	-0.02	-0.00	-0.04	-0.00	-0.02	-0.03	0.00	0.04	-0.00	0.01	0.00
中国—马拉维	-0.00	-0.00	-0.01	-0.00	0.00	0.00	-0.00	0.00	-0.00	0.00	0.00
中国—南部非洲关税同盟	-0.17	-0.13	-0.81	-0.06	0.13	0.06	-0.06	0.51	-0.02	0.04	0.11
中国—中部非洲经济与货币共同体	-0.02	-0.00	-0.06	0.01	0.01	0.01	-0.01	-0.00	-0.00	0.05	0.00
平均值	-0.02	-0.01	-0.11	-0.01	0.06	0.01	-0.01	0.07	-0.01	0.01	0.01

注：1 谷物和农作物，2 畜牧业和肉制品，3 自然资源，4 食品加工业，5 纺织及制衣业，6 轻工业，7 重工业，8 公共事业与建筑，9 交通与通信，10 其他服务业。

表7-7　情景Ⅲ下中非建立自由贸易区对非洲各产业产出的影响（变化率）

单位：%

自由贸易区/产业	1	2	3	4	5	6	7	8	9	10	方差
中国—毛里求斯	-4.66	-1.68	-1.20	-4.22	-3.57	-4.01	-17.94	16.16	5.61	1.41	74.35
中国—摩洛哥	-1.04	-0.15	-0.13	-1.99	-5.31	-5.97	-2.62	2.16	1.27	1.87	7.93
中国—赞比亚	-8.01	0.41	-10.18	-5.50	-10.73	-46.03	8.98	8.55	-2.71	1.83	243.86
中国—津巴布韦	-0.79	4.00	-8.35	12.47	-13.24	-22.42	-21.26	10.13	3.08	1.35	151.44
中国—埃及	-1.42	0.16	-0.84	1.14	-12.04	-2.00	-3.54	3.61	2.50	2.41	20.07
中国—突尼斯	-3.57	-0.12	-2.69	0.16	-7.59	-2.63	-5.98	6.56	-0.49	2.41	16.66
中国—马达加斯加	-4.62	1.73	-0.90	1.26	19.40	-15.58	-3.52	10.48	4.80	1.14	85.81
中国—莫桑比克	-1.93	-0.09	-4.82	-15.57	-71.76	65.87	-53.04	-11.08	3.00	6.24	1 338.87
中国—马拉维	-1.42	6.69	-0.39	-2.12	-21.00	-23.35	-13.05	12.65	-1.69	3.05	135.01
中国—南部非洲关税同盟	-2.81	7.74	8.85	0.29	-55.47	-7.06	-7.62	8.40	-3.37	3.11	354.76
中国—中部非洲经济与货币共同体	2.11	3.74	5.86	0.92	-50.54	-21.65	-23.20	9.34	-2.64	6.05	361.73
平均值	-2.56	2.04	-1.34	-1.20	-21.08	-7.71	-12.98	7.00	0.85	2.81	253.68

注：1 谷物和农作物，2 畜牧业和肉制品，3 自然资源，4 食品加工品，5 纺织及制衣业，6 轻工业，7 重工业，8 公共事业与建筑，9 交通与通信，10 其他服务业。

第四节 小 结

本章采用最新版本的 GTAP10 数据库，模拟评估了筛选出的 11 个中非自由贸易区在三种情景下可能产生的经济影响，并根据各方案的综合经济收益大小，提出中国与非洲不同国家或区域组织建立深度自由贸易区的次序安排。模拟评估主要得到三个结论。（1）如果中非自由贸易区仅在降低关税领域开展合作，其对中国的 GDP 和贸易条件基本没有影响或呈微弱的正向影响，但是会给非洲部分国家的 GDP 和贸易条件带来负向影响，并且对中国福利的正效应大于对非洲国家福利的正效应；（2）如果中非自由贸易区在降低非关税壁垒领域也开展合作，其对中国和非洲国家的 GDP、贸易条件以及福利均产生了显著的正向影响，并且非洲从中获得收益大于中国。进一步对比发现，从给中国 GDP 和福利效应带来的变化看，中国与非洲发展水平较高的国家和关税同盟建立自由贸易区对其产生的促进作用大于中国与非洲最不发达国家建立自由贸易区产生的促进作用；（3）各自由贸易区对成员国不同产业产出产生不同的影响。在同时考虑降低关税和非关税壁垒的情景下，各自由贸易区对中国各产业产出的影响不大，但是对非洲国家各产业产出的影响存在明显差异。其中，对制造业产生较大的负面冲击，对初级产品产生相对较小的负面冲击，对服务业产生正向促进作用。

结合以上结论，本章针对中非深度自由贸易区的次序安排提出三点建议。（1）在空间布局方面，中国应优先与非洲经济发展水平较高的国家或关税同盟建立自由贸易区。非洲是发展中国家最集中的大陆，不过这些国家之间的经济发展水平存在较大的差异。在非洲 55 个国家中，33 个属于最不发达国家。这些最不发达国家的经济结构单一，人均收入偏低，财政高度依赖关税收入。特别是这些国家97%的商品已经享受了中国单方面给予的零关税待遇，可能会导致其拒绝与中国建立双边优惠的自由贸易区。与之有所不同，非洲经济发展水平较高的国家普遍具备一定的工业基础，但是由于资金技术匮乏，因而吸引外资、参与区域分工以谋求经济发展的意愿强烈。中国与这些国家建立深度自由贸易区不仅可以获得更高的GDP和福利水平，而且有助于加强双边价值链合作和升级；（2）在合作领域方面，将降低非关税壁垒作为中非自由贸易区货物贸易领域的重点合作方向。传统上，国家之间建立自由贸易区的主要目的是降低货物贸易的关税水平，但是这往往会导致非洲国家的GDP下降、贸易条件恶化以及福利效应受损，进而引起非洲利益集团对当地政府与中国开展自由贸易区合作产生抵触情绪。相反，如果中非自由贸易区加强在降低非关税壁垒上的合作，成员国双方不仅均可以从中获益，而且非洲国家获得的收益甚至高于中国，进而消除非洲国家的担心和疑虑，推动中非自由贸易区建设的顺利开展；（3）在产业开放方面，中非建立自由贸易区应优先促进农业、矿产业和服务业的开放，然后是制造业的开放。农业是非洲国家和中国经济的重要部门。根据世界银行数据，以撒哈拉以南非洲为例，2000~2020年，该地区的农业增加值在GDP的平均占比达到18.14%，部分国家如塞拉利昂、乍得、几内亚比绍、埃塞俄比亚的占比更是达到50%。在同时期，中国的农业增加值在GDP的占比虽然从14.67%下降到7.65%，但是该部门依然是国民经济基础的地位始终没有改变，它为其他部门提供重要的粮食、工业原材料和出口物资来源。矿产业是非洲许多国家的重要出口创汇来源，也是支撑中国经济高速增长的有力支撑。服务业正在成为非洲国家和中国经济的支柱性产业，该部门对双方经济增长的贡献率达到60%。① 因此，在中非自由贸易区建设中，鼓励农业、矿产业和服务业等部门的优先开放，将有助

① 澎湃网.2022年非洲经济增长最大引擎——服务业. https：//m. thepaper. cn/baijiahao_ 21424230.

于双方尤其是非洲国家实现较快的经济增长速度。工业对于中非两国稳定经济增长、保证就业机会发挥着不可替代的重要作用。不过，从发展水平来看，中国已经于 2020 年基本实现现代化，并持续保持世界第一制造大国的地位，而非洲国家的工业化水平普遍较低。因此，要求非洲国家优先开放工业部门，不可避免地会引起该地区对幼稚产业受到来自中国具有较强竞争力产品冲击的担忧。

第八章 中非建立深度自由贸易区的模式选择

本书的前几章已经从动力机制、空间布局、合作领域以及次序安排四个方面，为中非建立深度自由贸易区的模式选择提供了理论基础和定量依据。不过，在确定最终的模式选择之前，还需要考虑到中非自由贸易区建设面临的挑战，并采取相应的推进措施。基于此，本章将从理论基础、国际环境、政治和文化差异以及利益分配等方面，分析中非建立深度自由贸易区面临的挑战，从合作目标、空间布局、合作领域和次序安排等方面最终确定模式选择，并从机制保障、政治交往、民间交往和人才培养等方面提出推进措施。

第一节 中非建立深度自由贸易区面临的挑战

一、基于全球价值链建立深度自由贸易区的逻辑局限性

基于全球价值链视角解释深度自由贸易区动因的理论，符合当前以生产过程分节化和中间品贸易为主要特征的世界经济发展规律，有助于提升发展中国家之间的价值链合作，提高其在全球价值链的地位。但是，该理论也存在一定的局限性。例如，世界银行（World Bank，2015）曾将全球价值链作为其分析框架，认为当前非洲国家实现减贫的主要战略

应该是通过生产中间品参与全球价值链，集中发展服务部门（在南部非洲建立服务中心），不仅对其非洲邻国而且对所有其他第三国家开放关税制度，实施开放型区域主义。针对这种观点，许多国际机构和学者对此进行了批判。联合国贸易和发展会议（UNCTAD，2013）认为，开放型区域主义倾向关注贸易的关税和其他边境壁垒，没有充分重视成员国面临的供给限制。非洲国家应该实施以发展为导向的一体化，国家之间不仅仅在贸易自由化和便利化方面开展合作，还应在投资、研发和区域基础设施等领域进行合作，以克服非洲国家面临的生产和供给限制。联合国非洲经济委员会（UNECA，2015）认为，非洲国家在过去一直参与全球价值链，但是这些国家主要是作为原材料和低端制造品的供应者，长期位于全球价值链的最低端位置。如果非洲国家要实现从全球价值链中获益，采取的贸易政策必须以产业发展为核心。伊斯梅尔（Ismail，2017）认为，世界银行倡导的开放区域主义是华盛顿共识的重现，将导致非洲去工业化、增长放缓并且贫穷加剧。华盛顿共识是 20 世纪 80 年代世界银行和国际货币基金组织在发展中国家倡导实施的结构调整计划，该计划涉及新自由主义的自由贸易、放松管制、私有化和经济紧缩政策。作为获得贷款的附加条件之一，非洲国家也被要求实行结构调整计划改革，但是该计划对非洲的稳定和发展产生了灾难性影响。在该计划要求下，非洲国家政府被迫紧缩开支、消减赤字，政府能够用于社会保障的支出大幅减少，导致人们受教育和获得医疗的机会严重受限。贸易自由化、货币贬值和当地产业私有化最终导致非洲制造业崩溃，出口竞争力削弱，失业问题加剧。总之，基于全球价值链视角解释中非建立深度自由贸易区动因的理论，必须要克服非洲国家面临的生产和供给限制。

二、西方渲染中国威胁论，为中非自由贸易区合作带来的舆论压力

自 20 世纪 90 年以来，随着中国的崛起与西方的相对衰落，以西方

媒体为主导的国际舆论先后掀起多次"中国威胁论"浪潮，对外扭曲中国国际形象，成为中国崛起外部环境的"无形天花板"（苏珊珊，2019）。在非洲，中国威胁论主要呈现这四种形式。第一，经济威胁论。鉴于中国对非洲贸易和投资的迅速增长，该言论声称中国对非洲加大投入是基于对石油、有色金属等战略原材料的需要；中国以廉价商品占领非洲市场，特别是纺织品对非洲国家的大幅度出口增长，严重冲击了当地的纺织业发展，造成了企业倒闭和工人失业（贺文萍，2007）。第二，中国模式输出论。该言论认为中国向非洲国家推销中国经济发展模式，对所谓"无赖"国家不附加任何条件的援助，不利于西方国家在非洲推动的民主、人权事业以及反专制和反腐败运动的进展。也有言论称，中国通过"一带一路"倡议输出中国模式，转移过剩产能、挑战国际秩序（张发林，2019）。第三，债务陷阱论。该言论成为近年来国际上部分人指责中国对非洲投资与援助的高频词，指责中国的投资与援助是在制造债务陷阱，宣称中国不顾项目所在国的债务状况和偿债能力，通过对一些项目进行大规模的投资与援助，加重东道国的债务负担，直至该国无力偿还债务，从而取得对该项目或领域控制权，进而影响该国的外交政策（卢凌宇和古宝密，2020）。第四，窃听威胁论。该言论指责中国利用基础设施建设窃听非洲。2020 年 5 月，位于华盛顿的保守派智库美国传统基金会曾发布一份题为《非洲的政府大楼可能是中国间谍活动的载体》的报告，称中国通过在非洲修建和翻新至少 186 座政府建筑、建立至少 14 个政府内部通信网络和向至少 35 个非洲政府赠送了计算机等模式，获取政治经济方面情报，为中国公司获取竞争优势的同时，达到监视西方国家、影响非洲官员等目的。总之，西方国家炮制的"中国威胁论"，在本质上是为了保护其在非洲的既有利益，不希望看到甚至想阻碍中国在非洲影响的扩大。由于长期受西方主导国际主流媒体的影响，一些非洲人甚至政治领导对中国缺乏全面正确的认识，极易先入为主地接受"中国威胁论"的观点，会给中非正常的自由贸易区合作造成极其不利的舆论压力。

三、发达国家与非洲自贸区建设，为中非自由贸易区合作带来的竞争压力

由于非洲拥有丰富的自然资源和巨大的人口红利，并且近年来大多数国家政局趋于稳定，经济复苏稳健，该地区日益成为世界政治经济格局中的重要一级，一些发达国家正在尝试与非洲国家建立自由贸易区，以维护自身在当地的经济利益。例如，欧盟自2000年以来，一直致力于与非洲建立经济伙伴关系协定，该协定要求将欧盟自1975年给予非洲国家的单向贸易特惠待遇转变为符合WTO非歧视规则的双边自由贸易协定，相互间取消贸易壁垒，加强在所有与贸易有关的领域内合作；目的是通过贸易和区域一体化减少非洲国家的贫困现象、保持其可持续发展态势并加快融入世界经济的步伐。目前，欧非经济伙伴关系协定，已经成为欧盟与非洲开展经贸合作的重要框架。截至2022年12月底，在同欧盟进行谈判的非洲五个区域或48个非洲国家中，1个区域签署了区域经济伙伴关系协定，另有8个国家分别签署了临时经济伙伴关系协定。美国自2000年以来对非洲实施的《非洲增长与机遇法案》，一直被称为美国对非洲经济政策的基石，是美国在非洲的最大贸易倡议，目的是通过给予非洲商品进入美国市场的优惠准入，促进撒哈拉沙漠以南非洲国家的经济发展以及扩大美国对非洲的投资。2025年，该法案即将到期，之后美国将计划与非洲国家签署双边自由贸易协定，以符合WTO非歧视规则。2018年，时任美国总统特朗普和肯尼亚总统乌胡鲁·肯雅塔将美—肯关系提升为战略伙伴关系，成立了贸易投资工作组，探索深化双边合作。2020年初，双方同意开展自贸协议谈判。2022年7月，美国与肯尼亚签署战略贸易和投资协定，开始实质推进贸易协定谈判。从欧美与非洲开展自由贸易区建设的经验来看，欧盟和美国均是为了符合WTO非歧视规则将长期对非洲国家实施的单边贸易优惠待遇转向双边自由贸易协定，同时两者还是非洲最大的援助来源国。对于那些曾获得单边贸易优惠待

遇的非洲受益国来说，优惠的市场准入以及增加的投资援助预期将驱动其与欧美国家开展自由贸易区建设。相对而言，中国对非洲实施的贸易优惠待遇目前仅局限于对非洲最不发达国家实施的零关税待遇，以及中国与毛里求斯签署的自由贸易协定，但是由于这两类政策受益国家的身份特定化，且生效的时间相对较短。因此，无法为非洲国家提供充分的自由贸易获益体验，对中非自由贸易区造成一定的不利影响。

四、非洲区域内加强经济一体化，为中非自由贸易区合作带来的法律障碍

近年来，非洲大陆和次区域均在积极推进经济一体化，特别是非洲大陆自由贸易区的启动将使中国与非洲国家或区域组织的自由贸易区合作被置于非洲经济一体化的背景下重新审视，潜在压力加大（马汉智，2021）。非洲大陆自由贸易区建立之后，大多数非洲国家会倾向于依托非洲联盟或次区域组织与区域外国家进行自由贸易区谈判，联合起来的非洲有可能抬高价码，各国复杂多样的需求将使集体谈判旷日持久（姚桂梅，2021）。例如，欧非经济伙伴关系协定和美国—肯尼亚自由贸易区谈判困难重重。一个重要的原因是非盟及次区域组织并不支持成员国单独与域外国家进行自贸区谈判，担心损害非洲整体利益。预计中国与单个非洲国家或区域组织的自由贸易区谈判较之前将更为艰难。尽管非洲区域内经济一体化在不断增强，但是该地区尚未形成完备的统一经贸法律体系，可能会为中非自由贸易区建设带来一定的协调成本（贺鉴和杨常雨，2021）。在大陆层面，非洲大多数国家在大陆自由贸易区的推进上存在明显的滞后现象。根据非洲冠军联合咨询机构（Afro Champions）2020 年发布的报告，[①] 非洲各国对大陆自由贸易区总体平均承诺水平仅为 44.48%，且尼日利亚、南非和埃及等经济大国均不在承诺水平前十

---

① Afro Champions. AfCFTA Year Zero Report. http：//www. konfidants. com/wp-content/uploads/2020/05/AfCFTA-Year-Zero-Report. pdf. 2020.

的国家在之列。在次区域层面，非洲众多区域经济共同体的成立产生了大量双边或多边与经贸有关的条约和协定，这些条约和协定之间缺乏有效的协调与统筹，导致非洲大陆区域经贸法律规则变得错综复杂，中国与之开展自由贸易区建设会面临规则选择与适用的冲突。

五、国家间政党制度和文化差异，为中非自由贸易区合作带来的沟通成本

自由贸易区实际上是两国政府在经贸领域开展的制度性合作，因此会受到两国政党制度的影响。与中国长期实行的中国共产党领导的多党合作和政治协商制度不同，非洲国家自独立以来的政党制度经历了从短暂的多党制到一党制再到多党制转变的发展道路，并且国家之间的政党制度存在较大的差异。目前，除了斯威士兰实施君主制以及厄立特里亚实施一党制外，非洲国家主要实施三类政党体制。第一类为一党主导型体制，包括坦桑尼亚、多哥、乌干达、莫桑比克、安哥拉、喀麦隆、刚果（布）、吉布提、埃塞俄比亚、赤道几内亚、加蓬、毛里塔尼亚、乌干达、津巴布韦、布基纳法索、莱索托、塞舌尔、冈比亚、尼日利亚、赞比亚、博茨瓦纳、纳米比亚、南非；第二类为稳定的两党或多党制，包括佛得角、加纳、毛里求斯；第三类为碎片化政党体制，包括圣多美和普林西比、塞内加尔、马达加斯加、马拉维、肯尼亚、马里、尼日尔、贝宁。不同类型的政党对开展自由贸易区的态度也有所不同。在一党主导型体制和稳定的两党或三党型体制国家，主要执政党对其执政有很高且稳定的预期，因而更可能制定和落实更长远的经济社会发展规划或开展自由贸易区建设。相反，制度化水平较低的碎片化型政党体制内，政党对执政并没有稳定预期，不得不将大量精力和资源用于权力竞争，因而更可能注重短期利益而忽视长期可持续的发展规划和自由贸易区建设（王学军，2021）。因此，中国与不同政党制度的非洲国家开展自由贸易区建设时，需要协调多方利益，增加了沟通成本。比如，南部非洲关税同盟的成员国斯威士兰实施君主制且尚未

与中国建交，不利于中国与该组织建立自由贸易区。

　　另外，由于非洲历史悠久，种族、部族繁多，加之曾经受殖民统治，使得当地的文化尤其是语言使用状况极其复杂。根据国际 SIL-Ethnologue 统计，非洲大陆现有 2 092 种语言，约占世界语言总数的 30.3%（梶茂树和徐微洁，2016）。不仅如此，非洲的语言分布极不均衡，各国在官方语言的选择上一般呈现三种类型。第一，将宗主国语言作为官方语言的国家，包括佛得角、科特迪瓦、塞内加尔、马里、布基纳法索、贝宁、加蓬、几内亚、几内亚比绍、冈比亚、塞拉利昂、利比里亚、加纳、多哥、尼日尔、尼日利亚、南苏丹、莫桑比克、纳米比亚、安哥拉、赞比亚、马拉维、博茨瓦纳、圣多美和普林西比；第二，将宗主国语言与本国选出的地方语言并列为官方语言的国家，包括喀麦隆、南非、乌干达、肯尼亚、坦桑尼亚、刚果（布）、刚果（金）、卢旺达、布隆迪、赤道几内亚、津巴布韦、厄立特里亚、索马里、中非共和国、吉布提、塞舌尔、乍得、斯威士兰、莱索托、科摩罗、毛里求斯等；第三，将本国地方语言作为官方语言的国家，包括阿尔及利亚、苏丹、埃塞俄比亚、马达加斯加等（李岩，2021）。由于非洲各国及中非之间语言存在较大的差异，未来中非开展自由贸易区谈判时会遇到谈判语言的选择、协定文本的翻译等问题，增加了谈判的复杂度和困难度。

六、自由贸易区建设可能引起的利益分配不均带来的发展担忧

　　由于中国与非洲国家的经济实力差距较大，双方建立自由贸易区可能会引发非洲国家对利益分配不均的担忧（Vinaye & Rajiv，2022）。一方面，中国制造业一直保持强大的国际竞争力，而非洲国家的制造业竞争力较弱。根据联合国工业发展组织发布的 2020 年版《全球制造业竞争力指数》，在 152 个国家的制造业竞争力排名中，中国位列世界第 2 名。但是，非洲 33 个国家中没有一个国家位于前 10 名。排名最高的国家为南非，位于第 52 名，仅有 10 个国家位于前 100 名，其余 23 个国家位于

末尾。① 因此，非洲国家担心开放市场后，中国廉价的制成品大量涌入，会对本地脆弱的制造业造成严重的负面冲击，不利于其实现工业化。另一方面，虽然建立自由贸易区后，非洲国家也可以获得中国的免关税待遇，但是这些国家经济规模较小且出口商品结构单一，其出口的商品无法在短时间内满足巨大中国市场的多样化需求。而且，中国已经与其周边多数国家建立了自由贸易区，邻国的地理优势和相对较强的出口竞争力会导致非洲国家享受的零关税待遇受到侵蚀。除此之外，中非自由贸易区建立之后，从中国吸引的投资可能大部分流向非洲国家的房地产市场，而较少流向制造业，进而导致投机泡沫，房产价格飙升超出中等收入者的承受能力。并且，非洲多数国家将关税作为本国财政收入的重要来源，其担心中非建立自由贸易区会导致非洲国家的关税大幅度降低，财政赤字增加，债务风险加大。不仅如此，非洲国家间的经济发展水平也存在较大差异，中国与非洲区域组织建立自由贸易区也可能会引起非洲国家之间的利益分配产生不均。以南部非洲关税同盟为例，2021 年，南非的 GDP 是其余四个成员国 GDP 合计的 10 倍，是莱索托 GDP（最小）的 135 倍。因此，建立自由贸易区后，非洲国家会担心中国的投资可能会倾向流入经济规模较大且基础设施较好的国家，并将周边的小国作为出口目的地，不利于这些国家的自主发展。

第二节　中非建立深度自由贸易区的模式选择

一、基于全球价值链建立以促进发展为导向的深度自由贸易区

在当前，以中国为枢纽点的"双流环"价值链体系中，中国与位于

---

① Unido. African industrial competitiveness report：An overview of the manufacturing industry in the region. https：//www.unido.org/sites/default/files/files/2021 – 02/African% 20Industrial% 20Competitiveness% 20Report_0. pdf.

"下环流"的非洲国家建立向下垂直型自由贸易区顺应全球价值链的发展规律，通过降低贸易成本、促进直接投资以及扩大服务贸易等渠道，促进中国和非洲国家的价值链合作，并有效对冲两者面临的"低端锁定"风险，助推中国向价值链高端攀升，为处于价值链低端的非洲国家提供参与全球价值链分工并从中获益的机会。不过，当基于全球价值链为中非建立深度自由贸易区提供理论基础时，需要重视两方面的问题。一方面，不过分强调以消减关税为主要内容的市场一体化，而是转向实施以促进发展为导向的一体化，将市场一体化、工业化发展和基础设施建设作为自由贸易区的三大支柱，帮助非洲国家提升参与全球价值链分工的能力。在市场一体化方面，考虑到成员国发展水平的差异，对最不发达国家采取灵活性、适度性和渐进性原则，允许其在更长的时间实现贸易自由化；实施原产地区域累计原则，加强非洲区域内价值链的发展；探索开放补偿机制，对因贸易开放而遭受损失的产业及其从业人员给予调整支持措施；在工业化发展方面，推进中非产能合作，对接《非洲工业发展行动计划》，帮助非洲国家完善制造业体系，培育"非洲制造"品牌，助力其融入国际产业链供应链；在基础设施建设方面，在亚吉铁路和蒙内铁路基础上，对接《非洲基础设施发展计划》，继续参与非洲跨国跨区域基础设施合作，实现基础设施互联互通。另一方面，不走早期华盛顿共识将新自由主义与贷款和政治挂钩的老路，避免对非洲国家主权造成灾难性损害。

二、基于非洲区域经济一体化构建自由贸易区的空间布局

考虑到区域经济一体化对于非洲国家实现经济转型和内生性经济增长具有重要的战略意义，中国与非洲建立自由贸易区需要以非洲国家的区域经济一体化为基础，强调区域一体化是非洲国家融入世界经济的关键性工具，它的进展将决定着双方合作的深度和广度。结合当前非洲区域经济一体化呈现的特征，如区域组织设置了比较健全的组织机构、制

定了实现经济一体化的路线图、一体化水平存在差异以及成员国重叠现象严重等，中国在非洲的自由贸易区空间布局可以分为三个层面。第一个是国家对大陆层面。中国与非洲联盟建立自由贸易区。非洲联盟是集政治、经济和军事于一体的全非洲性政治实体，其一直致力于推进非洲大陆经济一体化，并计划于2028年建立大陆经济和货币同盟。目前，非洲大陆自由贸易区已经生效，泛非支付结算系统已经建成，非洲航空一体化开始启动，非洲经济一体化正在提速发展。因此，中国与非洲联盟建立自由贸易区是未来的必然趋势，但是由于其涉及的国家较多，短时间内无法实现。第二个是国家对次区域层面，中国与非洲关税同盟建立自由贸易区。中国可以选择东非共同体、南部非洲关税同盟、西非国家经济共同体、中部非洲经济与货币共同体建立自由贸易区，这些区域组织均已经建立关税同盟，并且彼此之间不存在成员国重叠问题，中国与之建立自由贸易区可以避免对这些关税同盟的运行造成冲击，而且规避成员国重叠造成的区域经贸制度间法律适用冲突问题。第三个层面是国家对国家层面。中国与未加入关税同盟的非洲单个国家建立自由贸易区。在综合考虑非洲国家的政治和平、营商环境、贸易关系和区域经济一体化等因素之后，中国可以优先与毛里求斯（已建）、摩洛哥、吉布提、安哥拉、赞比亚、津巴布韦、埃及、突尼斯、马达加斯加、莫桑比克、马拉维等建立国家对国家层面的自由贸易区。除此之外，中国与非洲关税同盟或单个国家开展自由贸易区谈判时，应尽量避免自由贸易区之间重要合作领域的政策存在巨大差异，以推动非洲国家之间的政策实现整合，进而助力整个非洲大陆实现经济一体化。

三、在 WTO 框架下，开展多领域深度自由贸易区合作

由于中国和非洲国家均属于发展中国家，考虑到双方的发展水平和承受能力，两者在自由贸易区的合作领域应聚焦 WTO + 边境规则，并结合双方的共同兴趣在 WTO - 边境内规则有所拓展。结合中国和非洲各自参与的

自由贸易区经验以及中非已经制定的政策性文件，双方建立深度自由贸易区可以在货物贸易、服务贸易、投资合作、电子商务、"一带一路"倡议等主要领域开展合作。在货物贸易领域，针对非洲国家经济发展水平差异较大的特点，中国可以采取分阶段地、有差别地消减关税；在服务贸易领域，双方可以在建筑、通信服务、金融服务、旅游和运输等相对重要的五个领域作出优先承诺，还可以选择在教育、文化和医疗等已有基础的领域开展更富有成效的合作；在投资合作领域，以加强投资合作为重点，积极推动已生效双边投资协定的升级，并结合国际投资条约的发展趋势，将劳工标准、环境保护、健康福利等方面的内容纳入其中，争取在保护范围、保护水平和争端解决机制等方面实现较大的改进；在电子商务领域，双方积极推进在关税、透明度、贸易便利化、电子认证和数字证书、网络消费者保护、数据保护、网络安全和争端解决等领域开展合作；在"一带一路"倡议领域，为"一带一路"倡议提供长效合作机制，探讨以促进基础设施互联互通、加强发展政策对接、促进可持续发展为目标的潜在合作领域。除此之外，中非深度自由贸易区在 WTO＋条款领域可以涉及贸易便利化、出口税/补贴、反倾销、反补贴、动植物卫生检疫和技术性贸易壁垒等条款，在 WTO－X 条款领域可以涉及信息合作和区域合作等条款，政府采购、知识产权、竞争政策、环境、农业、金融援助、公共管理和税收等条款可以根据双方的发展需求有选择性地纳入。

四、采用先易后难和循序渐进的自由贸易区推进方式

借鉴中国与发展中国家建立自由贸易区的经验，中国和非洲国家或区域组织在建立自由贸易区之前，可以实施早期收获计划，即双方选择一些共同感兴趣、互补性强的产品，用较快的速度和较大的幅度提前进行降税，先行开放市场，目的是使中国和非洲国家尽早享受到自由贸易区的好处，树立建立自由贸易区的信心。这些产品可以选择《海关税则》第 1~8 章及少量其他章节的农产品，包括活动物、肉及食用杂碎、鱼、乳品、食

用水果及坚果、食用蔬菜、咖啡和茶等。经过计算，2021 年，这些产品的中非贸易互补指数[①]平均约为 8，远大于 1，贸易互补性较强。在此基础上，中非成立自由贸易区谈判委员会，确定谈判工作大纲。根据自由贸易区合作领域的难易程度，将谈判先后分为三个阶段。第一个阶段协商货物贸易、服务贸易以及争议解决，第二个阶段协商投资、竞争政策和知识产权，第三个阶段协商电子商务和"一带一路"倡议等。

表 8 - 1　　　　　　　　　2021 年中非农产品贸易互补指数

HS2	商品	指数	HS2	商品	指数
01	活动物	6.03	13	虫胶树胶及其他植物液	3.28
02	肉及食用杂碎	0.11	14	编结用植物材料	1.17
03	鱼及其他水生无脊椎动物	2.01	15	动植物油脂及其分解产品	1.19
04	乳蛋品	0.39	16	肉、鱼及其他水生无脊椎动物制品	18.40
05	其他动物产品	0.67	17	糖及糖食	4.18
06	活树及其他活植物	24.60	18	可可及可可制品	49.06
07	食用蔬菜	8.23	19	谷物、粮食粉、淀粉或乳的制品	0.81
08	食用水果及坚果	3.91	20	蔬菜、水果、坚果或其他制品	4.60
09	咖啡、茶及调味香料	14.74	21	杂项食品	1.71
10	谷物	0.46	22	饮料、酒及醋	1.59
11	制粉工业产品	2.13	23	食品工业的残渣及废料	1.17
12	含油籽仁及果实	0.38	24	烟草、烟草及烟草代用品的制品	9.00

资料来源：基于 TRADEMAP 数据进行计算得到。

---

① 贸易互补指数的计算公式为 $TII_{ab} = (X_{ab}/X_a)/(M_b/M_w)$。式中 a、b、w 表示 a、b 两国及世界市场，TII_{ab} 表示 a、b 两国的贸易结合度，X_{ab} 表示 a 国对 b 国的出口额，X_a 表示 a 国的出口总额，M_b 表示 b 国进口总额，M_w 表示世界进口总额。当 $TII_{ab} > 1$ 时，表明 a、b 两国贸易联系紧密；当 $TII_{ab} < 1$ 时，则表明 a、b 两国的贸易联系松散。

第三节　中非建立深度自由贸易区的推进措施

一、强化中非合作论坛，为中非自由贸易区建设提供的机制保障

中非合作论坛是中国和非洲国家之间在南南合作范畴内的集体对话机制，论坛自 2000 年成立至今已经成为中非政治、经济、文化和安全等领域合作最为重要的平台。推动中非经贸合作是中非合作论坛成立最为重要的原因之一（沈晓雷，2020），在已经举办的八届中非合作论坛部长级会议上，中国在贸易、投资、基础设施、农业、金融、产能合作等经贸合作领域对非洲提出了一系列重要举措。在贸易领域，中国进一步向非洲国家开放市场，逐步给予与中国建交的最不发达国家 98% 的税目产品零关税待遇，同时，实施"对非贸易专项计划"并积极向非洲国家提供促贸援助"，增加非洲地理标志认定的进程；在投资领域，举办中非企业家大会，建立中国—非洲联合工商会，设立中非民间投资促进平台，成立中国在非企业社会责任联盟，支持有实力的中国企业在非洲国家建立境外经济贸易合作区，定期发布《中国企业投资非洲报告》；在基础设施领域，支持非洲实现互联互通和一体化，对接《非洲基础设施发展计划》和《总统优先基础设施倡议》，同非洲联盟成立非洲跨国跨区域基础设施建设联合工作组，启动编制《中非基础设施合作规划》；在农业领域，大力支持非洲农业发展，向非洲国家陆续派遣 80 个农业技术组，为非洲国家培训了 2 000 名农业技术人员，设立 20 个农业技术示范中心，建立非洲农产品输华"绿色通道"；在产能合作领域，将非洲作为产业对接和产能合作的优先对象，优先选择几个非洲国家打造先行先试示范点，为非洲援助实施 10 个工业化和就业促进项目；在金融领域，

创新中非金融合作，建立优惠贷款等政策性金融、中非发展基金、非洲中小企业专项贷款、非洲共同增长基金、中非产能合作基金、金砖国家新开发银行等投融资平台。加强央行间货币合作，商讨扩大跨境本币结算和互换安排。这些领域与深度自由贸易区的协议条款基本一致，可以作为未来中非深度自由贸易区建设的基础。不仅如此，在2018年中非合作论坛北京峰会上，中方首次提出"继续同非洲有意愿的国家和地区开展自由贸易谈判，愿秉持互利、共赢、开放原则，与非方积极探讨合作可行性"，为中非自由贸易区建设提供了方向性指引和机制化保障。未来，借助于中非合作论坛，中国可以继续与非洲国家开展自由贸易区建设的集体对话和磋商，针对双方存在的疑虑和困难，提出互惠互利的合作方案。

二、加强政治交往，为中非自由贸易区建设提供的政治保障

中国历来重视同非洲国家加强政治交往，高层交往对中非关系发展发挥着重要引领作用。1963年12月至1964年2月，周恩来总理首度出访非洲10国，宣布同非洲国家发展国家关系五项原则和中国对外经济援助八项原则，为中非长期友好合作奠定了坚实基础。自1991年以来，中国外交部长每年首访都选择非洲，凸显加强同非洲国家的团结与合作始终是中国外交政策的重要基石。自党的十八大以来，习近平主席四次出访非洲。2013年3月，习近平就任国家主席后首次出访就选择了非洲国家，并首次提出中非从来都是命运共同体的重要论断和真实亲诚对非政策理念以及正确义利观。2015年12月，习近平主席再次访问非洲，在中非合作论坛约翰内斯堡峰会上提出中非合作"五大支柱"和"十大合作计划"，为中非友好合作关系发展提供了有力支撑和坚实保障。2016年1月，习近平出访埃及，双方发表关于加强全面战略伙伴关系的实施纲要。2018年7月，习近平主席连任国家主席后首次出访再次选择非

洲。2023 年 1 月，中国新任外交部长出访非洲，延续了中国外长连续 33 年保持的新年首访非洲的惯例，出访的国家包括埃塞俄比亚、加蓬、安哥拉、贝宁、埃及，这四个国家在地域上涵盖非洲东南西北中，在语种上包括阿拉伯语、英语、法语、葡语国家，在经济实力上既有大国也有小国，体现出中非关系发展的全面性、总体性和均衡性。此外，出访还包括非洲联盟和阿拉伯联盟两个区域组织，表明中国对非洲区域整体力量的重视，体现出中方支持非洲国家在国际事务中"用一个声音说话"，提升国际话语权。中非高层频繁互动不仅可以交流双边信息，还可以增进两国理解和互信，减少因双边政治冲突与政治偏见给经贸合作带来的安全威胁，避免选择性歧视甚至集体抵制所产生的障碍与风险。未来，中国需要继续与非洲国家加强政治交往，特别是在和平共处五项原则和一个中国原则基础上积极推动与斯威士兰建立外交关系，消解中非自由贸易区的政治障碍。

表 8-2　　　　　　　　　历年中国外长首访的非洲国家

年份	外交部部长	访问国家
1991	钱其琛	埃塞俄比亚、乌干达、肯尼亚和坦桑尼亚
1992	钱其琛	马里、几内亚、塞内加尔、科特迪瓦、加纳和纳米比亚
1993	钱其琛	毛里塔尼亚、喀麦隆、加蓬、布隆迪、卢旺达
1994	钱其琛	埃塞俄比亚、厄立特里亚、苏丹、肯尼亚、马达加斯加和毛里求斯
1995	钱其琛	刚果（金）、刚果（布）、多哥、贝宁和尼日利亚
1996	钱其琛	突尼斯、乍得、吉布提和塞舌尔
1997	钱其琛	尼日尔、赤道几内亚、圣多美和普林西比、毛里塔尼亚、佛得角
1998	钱其琛	南非
1999	唐家璇	埃及、肯尼亚、乌干达、坦桑尼亚和赞比亚
2000	唐家璇	尼日利亚、纳米比亚、津巴布韦、莫桑比克和塞舌尔
2001	唐家璇	利比亚、中非、喀麦隆、加蓬、安哥拉
2002	唐家璇	厄立特里亚、埃塞俄比亚、南非
2003	唐家璇	毛里求斯、博茨瓦纳、刚果（金）、刚果（布）

续表

年份	外交部部长	访问国家
2004	李肇星	苏丹、科摩罗、吉布提、乌干达
2005	李肇星	莱索托、塞舌尔、马达加斯加、毛里求斯
2006	李肇星	佛得角、塞内加尔、马里、利比里亚、尼日利亚、利比亚
2007	李肇星	贝宁、赤道几内亚、几内亚比绍、乍得、中非、厄立特里亚
2008	杨洁篪	南非、刚果（金）、布隆迪、埃塞俄比亚
2009	杨洁篪	乌干达、卢旺达、马拉维、南非
2010	杨洁篪	肯尼亚、尼日利亚、塞拉利昂、阿尔及利亚、摩洛哥
2011	杨洁篪	津巴布韦、加蓬、几内亚、多哥和乍得
2012	杨洁篪	科特迪瓦、尼日尔、纳米比亚
2013	杨洁篪	坦桑尼亚、南非、刚果（布）
2014	王毅	埃塞俄比亚、吉布提、加纳、塞内加尔
2015	王毅	肯尼亚、苏丹、喀麦隆、赤道几内亚和刚果（金）
2016	王毅	马拉维、毛里求斯、莫桑比克、纳米比亚
2017	王毅	马达加斯加、赞比亚、坦桑尼亚、刚果（布）和尼日利亚
2018	王毅	卢旺达、安哥拉、加蓬、圣多美和普林西比
2019	王毅	埃塞俄比亚、布基纳法索、冈比亚、塞内加尔和非洲联盟
2020	王毅	埃及、吉布提、厄立特里亚、布隆迪、津巴布韦
2021	王毅	尼日利亚、刚果（金）、博茨瓦纳、坦桑尼亚、塞舌尔
2022	王毅	厄立特里亚、肯尼亚、科摩罗

资料来源：根据网上公开信息整理获得。

三、重视民间交往，为中非自由贸易区建设发挥的桥梁作用

民间交往是指国际背景下不同国家的社区或社会之间的直接接触，这种交往一般由民间推动，正日益成为稳定国家关系、传播人民友谊、促进务实合作、开展文明对话的重要渠道和宽广舞台（林松添，2022）。中非民间交往主要呈现三种形式，即中非合作论坛支持下的民间交往、

个人之间的交往和组织结构性的民间交往（见图 8 - 1）（李安山，2015）。在中非合作论坛框架下，民间交往从最初鲜有提及如今被作为中非合作的重要组成部分。在该框架下，中非双方通过中非民间论坛、文化交流项目、文化活动等渠道促进青年、志愿者、妇女、工会、非政府组织、社会团体、特殊需求人群等群体的民间交流。个人之间的交往包括在中国的非洲人与在非洲的中国人在经商或留学过程中与当地人的文化交流和民意沟通。比如，胡介国、李满虎、赖剑峰、郑晓鹏、房一波等中国人由于对非洲当地发展的特殊贡献被授予酋长头衔，协调参与政府政策和法令的出台，调解中非民事商务纠纷。近年来，来华的非洲人逐渐增多。比如，在浙江义乌，常驻的非洲客商近 2 000 人，每年入境非洲客商最高时达 9.5 万人次[1]，促进了中非经贸和人文交流。组织结构性的民间交往，主要是社会团体、社会服务机构和基金会推动的中非民间交往。比如，中非人民友好协会、中国民间组织国际交流促进会、中国国际扶贫中心和中国扶贫基金会等推动的中非文化联系和交流活动，中国国际贸易促进委员会和中非民间商会等促进了中非经贸的务实合作。中非民间交往在维持良好中非关系中发挥着重要的纽带作用。根据非洲民调机构《非洲晴雨表》（*Afrobarometer*）在 2019 ~ 2021 年对 34 个非洲国家公民进行的问卷调查中，63% 的人对中国在非洲政治和经济影响力持积极态度，该占比高于对美国和非洲联盟等国家或组织的态度。[2] 未来，中非双方应继续加强民意沟通，积极推动民间交往向民间外交升级，交往的领域从过去以文化和政治为主拓展至经济和科技等多个领域，推动外部世界客观理性、历史辩证地认知、认可、认同中国的社会制度、发展道路、价值理念、发展思想与巨大成就等对中国认识问题，为中非自由贸易区建设充分发挥沟通桥梁作用。

---

[1]　观察者网．范丽珠、赵春兰：我在义乌遇到的阿拉伯人和本地人一样，"努力过好日子". https：//baijia hao. baidu. com/s？id = 1752055416382414806&wfr = spider&for = pc.

[2]　Afrobarometer. AD489：Africans welcome China's influence but maintain democratic aspirations，https：//www. afrobarometer. org/publication/ad489 – africans-welcome-chinas-influence-maintain-democratic-aspirations/.

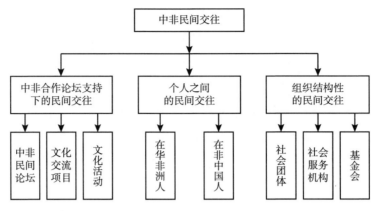

图 8-1　中非民间交流的三种形式

四、培养涉非复合型商务人才，为中非自由贸易区建设提供智力支持

由于中国与非洲国家在政治、经济、文化和法律等方面的巨大差距，培养一批中国的"非洲通"和非洲的"中国通"复合型商务人才，对于推动中非自由贸易区建设具有重要的现实意义。围绕中非自由贸易区建设的需求，中国可以从这两种形式开展涉非复合型商务人才的培养。第一，开展学历和学位教育。2022 年 9 月，国务院学位委员会、教育部印发《研究生教育学科专业目录（2022 年）》，区域国别学正式成为交叉学科门类下的独立一级学科，并明确区域国别学学科可授予经济学、法学、文学和历史学学位。以此为契机，一些有基础的高校可以开设非洲方向的经济学和法学一级学科，涉及国际商法、国际商务、工商管理、国际经济与贸易和电子商务等专业本硕博教育。目前，浙江师范大学依托该校在非洲研究的优势，早在 2011 年就建立了国内高校首个面向中非经济合作教学机构，同时学校还设有非洲学交叉学科硕士点、博士点。此外，启动非洲小语种人才培养计划，培养更多法语、阿拉伯语、葡萄牙语、斯瓦希里语、豪萨语等语种人才，着力培养一批既懂外语又掌握经贸知识和中非商业文化的复合型商务人才。第

二，开展非学历教育培训和咨询，建立政府、高校和商会组织共同参与的涉非高端人才培养协同机制。一方面对中国涉非企业和政府人员开展有关非洲国家的经济环境、商业信息、投资领域、市场情报、法律法规等方面的信息咨询和培训。另一方面依托国家及各级政府部门的援非教育合作项目，为非洲国家的企业和政府人员开展有关中国经济和法律法规的信息咨询和培训。

附　　录

论坛	内容
第一届 （2000～ 2002 年）	3．贸易和投资 3.1 部长们注意到在促进贸易和投资方面取得的进展，并表示愿通过创造有利的法律和商业环境，制定促进投资和贸易的战略，以使这一合作在中非经济伙伴关系中逐渐发挥主要作用 3.2 部长们同意就以下问题制定适宜的法律框架 3.2.1 促进贸易和增强能力 3.2.2 鼓励、保护和保障投资 3.2.3 避免双重征税 3.2.4 加强在海运和空运方面的合作 3.3 部长们同意共同努力，通过根据现行国家法律相互给予优惠待遇、平等对待所有投资者、提供投资保障、依照国际上公认的规则和做法公正解决可能产生的争议等措施，改善贸易和投资环境 4．贸易 4.1 部长们注意到有必要努力实现贸易的平衡与扩大；认识到需要帮助非洲提高其生产能力，实现非洲出口多样化；决心进行合作，分享经验，以改变非洲出口依赖初级产品、单一产品和原料的状况 4.2 部长们强调有必要协调贸易政策，积极参与贸易谈判，包括在世界贸易组织框架中的谈判，以确保多边贸易体制有利于中国和非洲各国增强竞争力、实现经济增长和可持续发展 4.3 部长们表示，双方企业界愿意以一种进取精神，在产品出口方面依照国际公认的准则和质量标准，积极拓展双方市场提供的一切机遇，并从中获取效益 4.4 部长们关切地注意到双向贸易不平衡以及尽早解决这一问题的必要性，中方允诺 4.4.1 鼓励中国企业根据市场需求和条件，优先进口非洲产品 4.4.2 努力办好在非洲的"中国投资开发贸易促进中心"，并为非洲国家在中国设立类似的中心提供便利，以使这些中心在帮助双方企业交往和沟通中有效发挥桥梁作用 4.4.3 与非洲国家的商会和行业组织联合成立："中国—非洲工商联合会"，从而建立起与非洲企业的对话和协商机制，促进双方经济合作与贸易 4.4.4 在中国设立"中国—非洲产品展示展销中心"，促进双向贸易，便于非洲产品进入中国市场 4.5 部长们指出，为具有商业价值的非洲出口提供更好和优惠的对中国市场准入是重要的 4.6 部长们一致认为，应在多边贸易自由化以及非洲区域一体化步骤取得进展的情况下，确保相互间更好的市场准入 5．投资 5.1 部长们承诺，将鼓励本国企业到对方国家投资、交流商业管理经验、建立合资或独资企业包括中小型企业、建立联合商业论坛，使之成为中非经济伙伴关系的关键因素

论坛	内容
第一届 （2000～ 2002年）	5.2 中方将提供专项资金，支持和鼓励有实力的中国企业到非洲投资，建立有效益、适合当地需要的合资或合作项目，增加当地就业，转让技术 5.3 中方同意同非洲国家分享在设立和管理自由区和经济特区等方面促进投资的经验 5.4 部长们同意确定双方的互补性，以通过双边和（或）三边合作渠道投资共同项目 5.5 部长们同意，双方公共和私营部门将要成立的联合商会目的在于举行经济经营者、行业组织间的定期商业会议，以及侧重于市场特定方面的商务培训研讨会 5.6 部长们表示，愿进一步发展中非间相互投资和经济伙伴关系所需的金融体系 6. 工程和其他基础设施项目合作 6.1 部长们积极评价双方在非洲国家开展工程项目合作。中方将继续鼓励有实力的中国企业参与非洲国家的经济、基础设施建设和开发方面的项目。中方表示愿在工程承包、技术和管理合作等领域提供现代和适宜的技术和管理技能。中方还将鼓励这些企业加强与当地同等的合作，增加对当地人员的培训，并雇用更多的当地劳力，包括使用当地现有资源。在开展此类合作时，中方可考虑接受如实物支付等多种支付方式，以减轻非洲国家资金压力，并带动非洲产品向中国出口 7. 金融合作 7.1 注意到中非金融机构间的合作业已启动，部长们表示，决心鼓励双方金融机构积极探讨联合融资、平等融资等形式的合作，并认识到必须继续加强中国与非洲开发银行集团、东南非贸易与开发银行等多边金融机构的合作，特别是进一步推动中国与非洲开发银行集团签订的双边技术合作协定的实施
第二届 （2003～ 2006年）	4. 经济发展领域 4.1 农业 4.1.1 意识到发展农业是解决非洲粮食安全、消除贫困和提高人民生活水平的有效途径。加强双方农业合作，有利于交流发展经验，推动非洲经济发展，是充实中非合作论坛后续行动、发展农业以加强非洲粮食安全，以及增加非洲向中国及其他市场出口的重要举措 4.1.2 注意到双方在农业部门交流、探讨农业合作新举措、加强农业技术合作和人员培训等方面进行了有益尝试，并积累了一些合作经验。因此，应制订2004～2006年中非农业合作工作计划，继续推动在土地和水资源管理、农业基础设施建设、种植和养殖、加强粮食安全、农业实用技术交流和转让、技能转让、技术援助、农用机械生产、农副产品业加工等领域的合作 中国将继续通过金融等优惠政策，支持和鼓励有实力的中国企业在非洲开展农业合作项目 4.2 基础设施建设 4.2.1 认为基础设施落后依然是制约非洲社会经济发展的不利因素，非洲国家为此把加强基础设施建设作为 NEPAD 的优先领域。注意到长期以来，中国政府通过向非洲国家提供贷款或无偿援助，重点帮助非洲国家建设道路、桥梁、医院、学校等基础设施项目，为非洲国家社会经济发展作出了积极贡献 4.2.2 同意继续将基础设施建设作为双方合作的重点领域，积极探讨多种形式的互利合作。在这方面，中国将对有助于缓解无出海口内陆国家困境的基础设施项目给予特别支持。中方鼓励中国企业积极参与非洲基础设施建设项目，扩大在交通、通信、能源、供水、电力等领域的合作 非洲国家对此表示欢迎，愿本着友好协商、量力而行的原则确定优先项目，特别是在公路、建筑、电信、电力供应等领域，鼓励双方企业开展互利合作

论坛	内容
第二届 （2003～ 2006 年）	4.3 贸易 4.3.1 注意到双方贸易发展迅速，贸易额逐年增长，商务人员往来增加，贸易法规不断健全和完善 4.3.2 认识到有必要扩大中非之间平衡的双向贸易 4.3.3 认识到扩大市场准入的重要性，同时非洲国家也应为此加强自身的供应能力 4.3.4 中方决定给予非洲最不发达国家进入中国市场的部分商品免关税待遇，中方将从 2004 年开始，与有关国家就免关税的商品清单及原产地规则进行双边谈判 非洲国家对此表示赞赏，有关国家愿在确定免关税商品及制定原产地规则的问题上积极配合，为双边谈判做好一切必要的准备 4.4 投资 4.4.1 注意到双方的双向投资不断增长，尤其是中国对非投资增长较快。双方政府支持、鼓励企业投资的措施取得初步成效 4.4.2 认为部长级会议期间举行的"中非企业家大会"，有助于双方企业家相互了解，有利于促进投资与合作。双方重申将支持并推动本国企业落实在企业家大会上达成的投资合作意向 4.4.3 决心采取切实措施，继续促进双向投资。中国将进一步鼓励和支持有实力的各种所有制企业赴非洲投资，包括通过创办旨在鼓励技术转让、创造非洲国家就业机会的中非合资企业。双方同意采取投资便利措施，重点是简化对有意到非洲投资的中国公司审批程序。鼓励非洲各国同中方签署双边"投资保护协定"和"避免双重征税协定" 4.4.4 为推动早日成立"中国—非洲工商联合会"，呼吁非洲国家及区域集团确定对口机构与中国贸促会开展协商 4.5 旅游合作 4.5.1 认为非洲国家发展旅游事业是促进国民经济发展的有效措施。注意到中国与一些非洲国家的旅游合作取得了实质性进展 4.5.2 非洲国家注意到中国给予毛里求斯、津巴布韦、坦桑尼亚、肯尼亚、埃塞俄比亚、塞舌尔、突尼斯及赞比亚"中国公民自费出国旅游目的地"地位的积极举措。为进一步加强中非旅游合作，非洲方面希望中方给予其他非洲国家同样地位 4.6 减债 4.6.1 非洲国家满意地看到，中国在承诺的时间内，提前同 31 个非洲最不发达国家和重债穷国签署了免债议定书，减免到期债务 156 笔，共计 105 亿元人民币。非洲国家赞赏中国作为外债负担沉重的国家，为减免非洲对华债务所采取的上述步骤 4.6.2 非洲债务问题是当前影响非洲发展的重大障碍之一。双方决心继续共同努力，推动国际社会更加重视并早日解决非洲债务问题。中国愿在国际场合与非洲国家协调立场，呼吁国际社会，特别是发达国家采取切实行动，加快实施"重债穷国减债倡议"方案，包括针对没有资格入选"重债穷国减债倡议"的中低收入国家的新措施，为非洲经济发展和振兴减轻负担 4.7 发展援助 4.7.1 注意到中国在自身还是受援国的情况下，仍在力所能及范围内，努力向非洲国家提供援助的积极行动 4.7.2 为支持非洲国家的发展事业，中国同意，将根据自身财力和经济发展状况，继续向非洲国家提供不附加任何政治条件的经济援助，适当增加提供无偿援助，用于双方商定的项目

论坛	内容
第二届 （2003～ 2006 年）	非洲国家承诺，本着南南合作宗旨和量力而行原则，提出并同中国商定优先建设项目，并努力保证援助项目的实施 4.8 自然资源及能源开发 4.8.1 意识到双方在可持续开发和利用自然资源，促进社会经济繁荣和人类发展方面的立场是一致的；双方在自然资源开发，特别是能源开发领域的合作富有成效，但合作规模有待扩大 4.8.2 为此，同意就该领域的合作加强磋商，确定实现合作目标的具体方式。中国愿本着互利互惠和可持续发展的原则，以积极姿态参与非洲国家资源开发项目，增加投资。非洲国家将向中方企业提供相关信息和便利条件，推动双方企业根据国际商业规则和惯例开展有效合作 双方保证所有合作项目要遵守环境保护的原则，实施合作项目的企业应制订具体的环保及森林开发计划
第三届 （2007～ 2009 年）	3. 经济领域合作 3.1 农业 3.1.1 强调农业在各自国民经济中的重要地位，认为加强农业合作，对双方消除贫困、促进发展以及保障粮食安全将发挥积极作用 3.1.2 高兴地看到中非农业合作取得较大进展，决心加强在种植业、畜牧业、灌溉、渔业、农业机械、农产品加工、动植物卫生与食品安全和疫病防治等领域的交流与合作，积极探讨开展农业合作的新形式和新途径 3.1.3 中方决定：向非洲派遣 100 名高级农业技术专家，在非洲建立 10 个有特色的农业技术示范中心。鼓励和支持中国企业扩大对非农业投资，进一步参与非洲农业基础设施建设、农机生产和农产品加工业。加强与非洲在农业实用技术和农业人力资源开发方面的合作。加强与非洲国家在联合国粮农组织"粮食安全特别计划"框架内的合作 3.2 投资与企业合作 3.2.1 高兴地看到自 2003 年中非合作论坛第 2 届部长级会议以来，双向投资稳步增长，投资领域不断拓宽；认为这有助于密切双方之间的经济联系，带动当地的经济发展；承诺继续鼓励和支持相互投资，积极探讨扩大投资合作的新领域、新方式，并采取切实措施维护其健康发展 3.2.2 推动商签并落实双边促进和保护投资协定、避免双重征税协定，营造良好的投资合作环境，保护双方投资者的合法权益。承诺对双方的投资企业在许可手续、物品通关、人员出入境等方面给予必要的便利 3.2.3 高兴地看到中非领导人与工商界代表高层对话会和第 2 届中非企业家大会在北京峰会期间成功举行。对"中国—非洲联合工商会"的成立表示祝贺，希望并支持其成为促进中非之间开展务实经贸与投资合作的有效沟通平台 3.2.4 致力于加强双方中小企业合作，推动非洲工业发展，增强生产和出口能力 3.2.5 中国政府重视推动扩大对非投资，决定支持中国有关银行设立中非发展基金，逐步达到总额 50 亿美元，鼓励和支持有实力、有信誉的中国企业到非洲投资兴办有利于提高非洲国家技术水平、增加就业和促进当地经济社会可持续发展的项目 3.2.6 中国愿在今后 3 年内，支持有实力的中国企业在有条件的非洲国家建立 3～5 个境外经济贸易合作区 3.3 贸易 高兴地看到中非合作论坛第 2 届部长级会议以来双边贸易快速发展，认为进一步扩大中非贸易符合双方的利益。决定：继续致力于为中非贸易发展创造良好条件，

论坛	内容
第三届 (2007~ 2009 年)	促使中非贸易向平衡方向发展。中方承诺进一步向非洲国家开放市场,将同中国有外交关系的非洲最不发达国家输华商品零关税待遇受惠商品由 190 个税目扩大到 440 多个税目,并尽快与有关国家进行磋商,早日签署协议并付诸实施 加强双方在海关、税务、检验检疫等领域的合作,促进中非贸易健康、有序发展 本着互谅互让原则,通过双、多边友好协商,妥善解决贸易分歧和摩擦 逐步完善"中国—非洲联合工商会"机制,充分发挥其沟通、协调和促进作用 3.4 金融 3.4.1 高兴地看到中国有关金融机构与非洲开发银行、东南非贸易与开发银行、西非开发银行等非洲金融机构进行了富有成果的合作,决定继续推动相关合作并支持双方商业银行间开展业务往来,充实中非经济合作的内涵 3.4.2 中方鼓励中国金融机构在非洲设立更多分支机构,非洲方面愿意就此提供必要协助;非洲方面预祝中国承办非洲开发银行 2007 年年会取得成功 3.5 基础设施建设 3.5.1 注意到基础设施建设在非洲发展中具有举足轻重的作用。中国有适合非洲的相关技术和发展经验,双方合作潜力巨大。同意继续将基础设施建设,特别是交通、通信、水利、电力等设施建设作为双方合作的重点领域 3.5.2 中国政府将继续鼓励和支持中国企业参与非洲基础设施建设,同时注重加强与非洲在技术和管理方面的合作,帮助非洲国家提高自主发展能力 3.5.3 非洲方面承诺,继续加大在该领域的开放度,欢迎中国企业参与非洲基础设施建设并为此提供必要的协助与便利 3.6 能源、资源合作 3.6.1 注意到中非在能源、资源领域具有很强的互补性,加强在该领域的信息交流与务实合作,符合双方的长远利益;决心根据互惠互利、共同发展的原则,采取多样化的合作方式,鼓励和支持双方企业共同开发和合理利用双方的能源、资源 3.6.2 中方高度重视在合作中帮助非洲国家将能源、资源优势转变为发展优势,保护当地生态环境,促进当地经济社会的可持续发展 3.7 科技、信息、航运、质检等领域合作 3.7.1 本着相互尊重、优势互补、互利共赢的原则,促进在科技应用、技术开发、成果转让等方面的合作。中国将继续为非洲举办实用技术培训班,开展技术援助示范项目,推动中国科技成果和先进适用技术在非洲的推广和应用 3.7.2 加强在共同感兴趣的农业生物技术、太阳能利用技术、地质勘查、采矿技术和新药研发等领域的科技合作 3.7.3 加强在信息基础设施建设、信息技术应用、电信普遍服务、网络与信息安全、电信人力资源开发等方面的合作。中国支持非洲国家根据突尼斯信息峰会的建议推动缩小数字鸿沟、加快信息社会建设的努力 3.7.4 鼓励双方航空、海运企业建立更多的连接中国与非洲的直达航线 3.7.5 进一步加强在认证认可、标准、计量、消费品安全、工业品质量检验、出入境动植物检疫、卫生检疫和特种设备安全监察等领域的合作
第四届 (2010~ 2012 年)	4. 经济领域合作 4.1 农业与粮食安全 4.1.1 赞赏非洲为提高农业生产水平,在"非洲农业全面发展计划"框架下,实施以增长为中心的农业规划 4.1.2 认为维护世界粮食安全是国际社会当前面临的重要挑战,注意到非洲国家面临的粮食安全问题更为突出,强调农业发展对保障非洲粮食安全至关重要,是

论坛	内容
第四届 （2010～ 2012年）	非洲消除贫困、保障人民生活和实现经济发展的基本要素。双方决定将农业和粮食安全作为合作的优先领域 4.1.3 高兴地看到，中非农业合作有序开展，不断深入。双方承诺将继续保持并加大中非农业合作力度，尤其是扩大在农业基础设施建设、粮食生产、养殖业、农业实用技术交流和转让、农产品加工和储运等领域的合作 4.1.4 中国政府决定：今后3年内，向非洲国家派遣50个农业技术组，为非洲国家培训2 000名农业技术人员 今后3年内，将为非洲国家援建的农业技术示范中心数量增至20个 继续办好已经建立的援非农业技术示范中心，各个示范中心将陆续开展农作物品种的选育和栽培养殖业等各项试验、示范、培训工作。落实好向联合国粮农组织捐款3 000万美元设立信托基金的工作，积极利用上述信托基金支持中国在联合国粮食及农业组织"粮食安全特别计划"框架下，与非洲国家开展南南合作 4.2 投资与企业合作 4.2.1 注意到自2006年中非合作论坛北京峰会以来，中非双向投资不断增长，特别是中方对非投资增长较快。非方欢迎中方投资，认为这对于促进当地经济增长和可持续发展具有重要作用 4.2.2 继续推动商签和落实双边促进和保护投资协定，营造良好投资环境，加大相互投资力度。中国和非洲国家政府鼓励和支持更多有实力的本国企业赴对方国家投资，提高合作水平和质量，实现互利共赢 4.2.3 中方决定将中非发展基金规模增加到30亿美元，支持中国企业扩大对非投资 4.2.4 继续建设好在非洲设立的境外经贸合作区，加大招商引资力度，积极推动更多中国企业入区投资，并为非洲中小企业入区发展提供便利 4.2.5 注意到本届部长会期间召开的中非企业家大会取得的积极成果，将进一步鼓励双方企业界加强合作，深化经贸关系 4.3 基础设施建设 4.3.1 认为基础设施落后是制约非洲发展和一体化建设的不利因素。积极评价近年来中国为非洲基础设施建设所做的贡献 4.3.2 同意将基础设施继续作为中非合作的优先领域。基于此，非方希望中方支持促进地区一体化的发展项目。注意到非洲在发展基础设施方面的迫切需要，为促进非洲社会经济发展，中方愿为非洲大型基础设施建设提供支持 4.3.3 中方将通过向非洲国家提供贷款或无偿援助、鼓励中国企业投资等不同方式，加大对非基础设施建设的投资与参与力度。今后3年内，中方将向非洲国家提供100亿美元优惠性质贷款，主要用于基础设施项目和社会发展项目 4.4 贸易 4.4.1 继续推动中非贸易发展，并注重把经贸合作的方式从以货物贸易为主，转向货物贸易、投资、服务贸易、技术、项目承包等多种方式并重的方向发展 4.4.2 高兴地看到，对非免关税政策顺利实施，非洲实际受惠范围不断扩大。将继续致力于改善中非贸易结构，促进贸易平衡 4.4.3 中方承诺进一步向非洲国家开放市场。决定逐步给予与中国有外交关系的非洲最不发达国家95%的产品免关税待遇，2010年年内，首先对60%的产品实施免关税 4.4.4 为推动中非贸易健康发展，进一步加强在海关、税务、检验检疫等领域的合作，商签和落实有关合作协定。中国愿与非洲各国建立进出口产品监管合作机制，加强进出口产品质量、食品安全监管，维护双方消费者利益

论坛	内容
第四届 （2010～ 2012年）	4.4.5 在中国设立"非洲产品展销中心"，对入驻的非洲企业给予减免费用等优惠政策，促进非洲商品对华出口 4.4.6 为帮助非洲国家改善商业设施条件，中方将在非洲国家建设3～5个物流中心 4.4.7 本着互谅互让原则，通过友好协商，妥善解决贸易分歧和摩擦 4.4.8 双方同意，在解决中非企业合同纠纷时，鼓励利用各国和地区性的仲裁机构 4.5 金融和银行业 4.5.1 继续加强中国有关金融机构与非洲金融机构的合作，支持非洲地区经济一体化建设 4.5.2 鼓励双方商业银行在商业互利的基础上，扩大业务往来和互设分支机构，为中非重大经贸合作项目提供融资支持，为中非经贸合作创造良好金融环境 4.5.3 支持中国金融机构设立10亿美元的非洲中小企业发展专项贷款，帮助非洲的中小企业发展 4.6 能源资源合作 中非在能源资源领域具有互补性与合作潜力。中方将遵循互利互惠和可持续发展原则与非方开展合作，并注重提高非洲国家能源资源产品附加值、提高其深加工能力 4.7 信息通信 中方将进一步加强与非洲国家信息通信主管部门的合作，加大对非洲信息通信领域人才的培训，同时积极支持和鼓励优秀的中国信息通信企业参与非洲通信基础设施建设，与非洲企业开展互利合作 4.8 服务业 注意到服务业在经济发展中的作用越来越强，双方将加强在这一领域的交流与合作，促进经济产业结构不断升级，转变经济增长方式 4.9 交通 认为随着中非合作与交往的不断深入，双方在交通领域发展潜力巨大，将继续鼓励和支持双方航空、海运企业建立更多连接中国与非洲的航线
第五届 （2013～ 2015年）	4. 经济领域合作 4.1 农业与粮食安全 4.1.1 注意到非洲国家面临的粮食安全问题尤为突出，强调农业发展对保障非洲粮食安全至关重要。决定继续将农业和粮食安全作为合作的优先领域 4.1.2 积极评价双方长期以来在农业和粮食安全领域所取得的重要合作成果 4.1.3 赞赏非洲国家在"非洲农业全面发展计划"框架下，实施以增长为中心的农业规划取得的进展，承诺支持"非洲农业全面发展计划" 4.1.4 承诺将开展多层次、多渠道、多形式的农业合作与交流。继续支持和帮助非洲提高农业生产水平，增强非洲粮食安全保障能力，扩大双方在农业技术交流和人才培训、农业发展规划和体系建设、农产品加工和农机推广等领域的合作，为非洲国家以本国农业生产和农产品加工为基础持久实现粮食安全创造有利的环境 中国政府决定： 继续向非洲国家派遣农业技术组，加强非洲农业技术人员培训 向非洲国家派遣农业职业教育培训教师组，帮助非洲建立农业职教体系 增加援非农业技术示范中心，继续发挥援非农业技术示范中心的功能和作用，共同开展生产示范和技术推广

论坛	内容
第五届 （2013～ 2015 年）	在粮食种植、储存、加工和流通领域，帮助非洲国家提高自主发展能力，并提供技术支持 鼓励中国金融机构支持中非企业开展农业种植、农产品加工、畜牧业养殖、渔业捕捞和养殖等领域的合作 积极支持联合国粮食及农业组织在非洲开展的农业发展项目，在联合国粮农组织"粮食安全特别计划"框架下与非洲国家和地区组织开展粮食安全相关合作 促进非洲农产品进入中国市场 4.2 投资与企业合作 4.2.1 我们高兴地看到，自 2009 年中非合作论坛第四届部长级会议召开以来，中非双向投资稳步增长，特别是中方对非投资增长迅速，投资领域不断拓宽。认为这有助于密切双方的经济联系，带动当地的经济发展和就业 4.2.2 双方承诺继续鼓励和支持相互投资，积极探讨扩大投资合作的新领域、新方式。继续推动商签和落实双边促进和保护投资协定，营造良好投资环境，保护双方投资者的合法权益 4.2.3 中国政府继续鼓励和支持有实力、信誉好的中国企业到非洲投资，继续引导中国企业在非洲建立加工和制造业基地，提高非洲出口产品附加值，加大在商贸服务、交通运输及咨询管理等服务行业的投资，提升合作层次和质量 4.2.4 中方将继续发挥中非发展基金的作用，逐步扩大到 50 亿美元的基金规模，进一步加强中非合作 4.2.5 中方将继续为在非洲设立的境外经贸合作区建设提供支持，为中非企业入区投资提供便利，并支持其遵循合作区战略重点，促进经贸合作区更快投入使用，为非洲加快实现工业化和经济结构调整作出贡献。鼓励进入经贸合作区的企业与当地企业和社区加强联系，在生产一线加强技术和经验交流，促进技术转让和创造就业 4.2.6 中方将继续加强与非方在技术和管理方面的合作，加大技术支持和经验共享，帮助非洲国家提高自主发展能力 4.2.7 注意到第四届中非企业家大会取得的积极成果，将进一步鼓励双方企业界加强合作。中国政府将继续引导中国企业积极履行社会责任，回馈当地社会 4.3 基础设施建设 4.3.1 双方同意继续将基础设施作为中非合作的优先领域，加强在交通、通信、广播电视、水利、电力、能源等基础设施建设领域的合作 4.3.2 为支持非洲实现互联互通和一体化，使非洲拥有更多一体化基础设施，中国将同非盟在"非洲基础设施发展规划"和"总统支持基础设施倡议"的项目设计、考察、融资和管理等方面建立合作伙伴关系，并加强相关对话与交流，为项目规划和可行性研究提供支持 4.3.3 中国政府将继续鼓励有实力的中国企业和金融机构参与非洲跨国跨区域基础设施建设，继续提供优惠性质贷款支持非洲基础设施建设 4.4 贸易 4.4.1 高兴地看到，近年来中非贸易迅速发展，特别是在国际金融危机的不利背景下，中非贸易仍保持健康发展，有力地带动了双方的经济增长。重申促进中非贸易平衡发展的重要性 4.4.2 中方决定实施"对非贸易专项计划"，适时派出赴非投资贸易促进团，扩大非洲产品进口，支持举办非洲商品展，为非洲国家推介优势商品对华出口提供便利 4.4.3 中方将与非方一道加强对非出口产品品牌和营销渠道建设，优化对非出口商品结构，保护知识产权，促进对非出口产品质量提升

续表

论坛	内容
第五届 （2013～ 2015年）	4.4.4 中方将积极向非洲国家提供促贸援助，为非洲农产品和工业原材料的深加工提供技术支持，鼓励中国企业以投资方式提高非洲初级产品附加值，帮助非洲增加高附加值产品出口，加大同非洲国家在贸易和工业政策规划方面的交流 4.4.5 中方承诺进一步向非洲国家开放市场。决定在南南合作框架下，逐步给予与中国建交的非洲最不发达国家97%的税目的产品零关税待遇。为保证零关税待遇有效实施，中方愿与非洲国家建立零关税原产地磋商机制并完善零关税实施合作机制 4.4.6 进一步加强双方在海关、税务、检验检疫、标准、认证认可等领域的合作，商签和落实有关合作协定。中国愿与非洲国家建立进出口产品检验检疫监督合作机制，加强进出口产品质量安全、动植物卫生和食品安全监管，在维护双方消费者利益的前提下，积极促进双方农产品进入对方市场 4.4.7 中方将帮助非洲国家改善海关、商检设施条件，为非洲国家提高贸易便利化水平提供支持，推动非洲区内贸易增长 4.4.8 双方决定增加贸易互访团组，并本着互谅互让原则，通过友好协商，妥善解决中非贸易分歧和摩擦 4.5 金融和银行业 4.5.1 高兴地看到，近年来中非金融和银行业合作稳步推进，为支持双方企业发展、提升中非经贸合作水平发挥了积极作用 4.5.2 中国将扩大同非洲在投资和融资领域的合作，为非洲可持续发展提供助力，将向非洲国家提供200亿美元贷款额度，重点支持非洲基础设施建设、农业、制造业和中小企业发展 4.5.3 赞赏"中非金融合作论坛"成功举行，同意双方金融机构继续加强磋商机制，加大合作力度 4.5.4 中方将加强同非洲开发银行及次区域金融组织的合作，并探讨新的合作机制，支持非洲地区经济一体化建设和非洲国家能力建设 4.5.5 鼓励双方金融机构在互利互惠的基础上，扩大业务往来，增设分支机构，加强双方金融机构间的人员交流与培训 4.5.6 鼓励双方金融机构为中非能源、矿产开发、农业、加工制造、电信及电力、铁路、公路、港口等基础设施合作提供融资支持 4.5.7 中方对与非洲国家中央银行开展本币互换合作持开放态度，鼓励双方企业自由选择使用本币结算双边贸易，开展直接投资。支持中国金融机构向非方提供人民币贷款。对有条件的非洲国家中央银行投资中国银行间债券市场，并将人民币纳为外汇储备货币持开放态度 4.5.8 中方将鼓励中国金融机构继续为非洲中小企业发展提供融资支持 4.6 能源资源合作 4.6.1 注意到中非在能源资源领域具有较强的互补性和较大的合作潜力。鼓励和支持双方企业共同开发和合理利用双方的能源资源。研究在中非合作论坛框架内建立中非能源论坛，促进中非能源领域的交流与合作 4.6.2 中方重视在合作中提高非洲国家能源资源产品深加工能力，增加产品附加值，帮助非洲国家将能源资源优势转化为发展优势，保护当地生态环境，促进当地经济社会的可持续发展 4.6.3 双方将根据互利互惠和可持续发展原则，积极推进清洁能源和可再生资源项目合作

论坛	内容
第五届 （2013～ 2015 年）	4.6.4 双方同意在地下水开发、灌溉、水资源综合规划与管理、防灾减灾、小流域治理以及小水电等方面开展合作，加强双方在上述领域的专家、技术和研究成果的交流。中方将向非洲水资源和能源发展提供资金及技术支持，并推动中方企业参与相关活动。中方将继续为非洲援助打井供水项目 4.7 信息通信 中方将进一步加强与非洲国家信息通信和广播电视主管部门的合作，加大对非洲信息领域人才的培训，同时积极支持和鼓励有实力的中国信息通信和广播电视企业参与非洲信息基础设施建设，与非洲企业开展互利合作 4.8 交通 4.8.1 双方将继续鼓励和支持双方空运、海运企业建立更多的连接中国与非洲的航线，并鼓励中方有实力的企业投资非洲地区的港口、机场和航空公司 4.8.2 中方将发挥在铁路领域技术等方面优势，支持非洲加强铁路网建设和现代化改造，促进非洲大陆实现经济高效的交通与贸易流通 4.9 旅游 4.9.1 注意到近年来中非旅游合作取得积极进展，中非双向游客人数快速增加，特别是中国赴非洲游客人数增长显著，非洲已成为中国公民新兴旅游目的地。非洲国家对此表示欢迎，并鼓励其国民赴华旅游 4.9.2 双方将继续加强双边旅游交流与合作，在信息分享、旅游投资、技能培训、旅游安全和品质保障等方面开展合作 4.9.3 双方将继续采取切实措施，为双方公民赴对方国家和地区旅游提供便利，并支持在对方境内举办旅游推介活动
第六届 （2016～ 2018 年）	3. 经济合作 3.1 农业与粮食安全 3.1.1 认为加强中非农业合作，助推非洲实现农业现代化是帮助非洲实现粮食安全的重要途径，应列入中非合作的优先领域。该领域合作将根据现行规则要求，推动非洲农业转型升级，提高农业产量、加工水平和收入，促进粮食安全 3.1.2 继续加强农业政策磋商、规划设计等领域合作，通过援建农业技术示范中心、派遣农业专家开展技术合作、培训农业技术人员等方式，支持非洲国家实施"非洲农业综合发展计划"。非方赞赏中方为推动实施该计划给予非洲国家的支持 3.1.3 中方将在非洲实施农业示范项目，建设或升级援非农业技术示范中心，有效发挥示范中心在农业研究、示范、培训等方面的作用，扩大培训，传授育种和种植技术，支持非洲国家提高农业单位产量 3.1.4 中方将继续向非洲国家派遣 30 批高级农业专家组，提供农业职业教育培训，扩大为非洲国家在华培训农业技术和管理人员，提升农业整体技术与管理水平 3.1.5 中方将帮助非洲国家建设农田水利设施，在非洲 100 个乡村实施"农业富民工程"，向非洲国家提供紧急粮食援助 3.1.6 参照非盟和"非洲发展新伙伴计划"做法，积极推进在"非洲农业综合发展计划"框架下的项目设计、融资和管理等合作，为农业基础设施建设项目的可行性研究提供支持 3.1.7 中方将继续同非洲国家共同实施农业优质高产示范工程，鼓励与引导中国农业科研单位、企业同非洲国家共同开展农作物优质高产试验示范，建立中非农业科研机构"10 + 10"合作机制，重点推动在育种制种、植物保护等领域开展联合研究，提高非洲国家粮食、棉花和其他重点农作物的产量和质量

续表

论坛	内容
第六届 （2016～ 2018年）	3.1.8 中方将鼓励并支持中国企业在非洲开展农业投资，在粮食种植、仓储、卫生和植物检疫、畜牧养殖、农产品加工、林业、渔业等领域实施合作项目，提供技术支持，为非洲国家实现以本国农业生产和加工为支撑的长期粮食安全创造有利条件 3.1.9 鼓励农产品贸易，完善贸易政策，评估促进农产品贸易的方式，不断扩大中非农产品贸易规模 3.1.10 中方将继续加强在联合国粮农组织"粮食安全特别计划"框架内同非洲国家加强农业合作，探讨与其他组织和国家共同开展对非农业合作 3.1.11 非方承诺在农业政策交流、农业基础设施改善、农业支持服务体系发展、现代农业发展能力建设及农业全产业链投资等重点领域同中方开展合作，提高非洲农业产量，增强非洲粮食安全保障能力，并根据当地法律为中国企业在非开展农业投资及贸易营造良好环境，在农业、土地、农业基础设施、财政金融、保险方面提供包括优惠政策等在内的支持 3.2 产业对接与产能合作 3.2.1 认为工业化是非洲实现自主可持续发展的必然途径，中非开展产业对接与产能合作互有需要、互有优势、互为机遇，双方愿将中国优势产业和优质产能同非洲实现工业化和经济多元化紧密结合起来，推动双方合作全面发展 3.2.2 本着义利并举、合作共赢、开放包容、市场运作的原则，积极开展产业对接与产能合作，绝不以牺牲当地的生态环境和长远利益为代价 3.2.3 充分发挥现有多双边合作机制的作用，加强规划、政策协调和产业对接，促进产能互利发展 3.2.4 中方愿将非洲作为产业对接和产能合作的优先对象。非方欢迎中方优质劳动密集型产能向非洲有序转移，帮助非洲增加就业、税收和外汇，实现技术转让和共同发展。双方同意优先选择几个非洲国家打造先行先试示范点，合作新建或升级一批工业园区，并提供基础设施和公共服务设施建设支持，为全面、有序推进中非产业对接和产能合作积累经验，探讨有效途径，提供合作样板 3.2.5 中方将设立首批资金100亿美元的"中非产能合作基金"，支持中非产业对接与产能合作 3.2.6 中方将向非洲国家派遣政府高级专家顾问，提供工业化规划布局、政策设计、运营管理等方面的咨询和帮助 3.2.7 非洲国家将继续尽力完善法律法规和基础设施、出台优惠政策、提供高效务实的政府服务，为吸引中国企业投资、承接中方产业和产能创造良好条件和环境，实现双方互利 3.3 基础设施建设 3.3.1 认为基础设施滞后是制约非洲实现自主可持续发展的主要瓶颈之一。决心采取切实举措，优先鼓励中国企业和金融机构采取"公私合营"或"建设—经营—转让"等多种形式，扩大投资规模，支持非洲国家和非洲的旗舰项目，尤其是"非洲基础设施发展计划"和"总统优先基础设施倡议"，支持铁路、公路、区域航空、港口、电力、供水和信息通信等基础设施项目建设，支持非洲国家建设5所交通大学，促进非洲基础设施互联互通和经济一体化进程 3.3.2 根据非洲跨国跨区域基础设施建设规划，深入探讨并推进非洲次区域互联互通和一体化项目的规划和建设合作。同意兼顾国家发展需要和项目经济效益，平衡、有序推进非洲基础设施建设 3.3.3 就非洲公路网建设和改造加强规划与协调，尤其是共同推进非洲国家之间高速公路网建设

论坛	内容
第六届 （2016～ 2018年）	3.3.4 共同制订《中非铁路合作行动计划（2016～2020年）》，推进非洲铁路网建设 3.3.5 落实中非区域航空合作计划，积极支持非洲国家之间的区域航空网建设，并在非洲国家适航标准、规划咨询、专项培训、完善航空基础设施建设、开展合资航空运营、提供民用支线客机等方面加强协调与合作，充分考虑当地就业、当地采购、人员能力建设和技术转移 3.3.6 在航空市场准入方面相互支持，鼓励和支持双方空运、海运企业建立更多连接中国与非洲的航线。鼓励和支持有实力的中国企业投资非洲港口、机场和航空公司 3.3.7 中方将探讨在非洲设立中非民航学院，建设地勤服务设施，加强非洲民航专业人员培训和技术转让 3.3.8 鼓励和支持中国企业通过多种方式参与非洲电力项目的投资、建设和运营，包括扩大双方在水电、火电、太阳能、核电、风电、生物能发电、输变电、电网建设和维护等领域的合作 3.3.9 加强信息通信和广播电视主管部门的交流合作，增加信息领域人才培训，分享信息通信发展经验，共同维护信息安全 3.3.10 鼓励中国企业帮助非洲国家建设广播电视数字化播放系统，助力广播电视数字化，扩大非洲农村受益面 3.3.11 鼓励和支持有实力的中国信息通信和广播电视企业参与非洲国家光缆网和互联互通网络等信息基础设施建设，并在建设、运营、服务等方面同非洲企业开展互利合作，帮助非洲建设覆盖整个大陆的信息网络 3.3.12 积极探讨和推进信息通信技术合作，帮助非洲国家建设"智能城市"，提升信息通信技术在维护社会治安、反恐和打击犯罪等方面的作用 3.3.13 与国际电信联盟等国际组织合作，缩小非洲数字鸿沟，推进非洲信息社会建设 3.4 能源和自然资源 3.4.1 注意到中非在能源、自然资源领域具有很强的互补性和合作潜力，鼓励双方开展资源开发合作，支持双方共同开发和合理利用能源和自然资源，包括惠及资源当地 3.4.2 决心在合作中提高非洲国家能源和自然资源产品深加工能力，增加当地就业和初级产品附加值，保护当地生态环境 3.4.3 鼓励能源资源合作，支持中非企业和金融机构开展互利合作，尤其鼓励企业通过技术转移和能力建设帮助非洲从中受益，帮助非洲国家将能源和自然资源潜能转化为实实在在的经济社会发展 3.4.4 同意建立一个培训项目，通过研发交流提高非洲能源从业者的能力 3.4.5 鼓励在中非合作论坛框架内，建立中非能源和自然资源论坛 3.5 海洋经济 3.5.1 非方欢迎中方推进"21世纪海上丝绸之路"，并将非洲大陆包含在内。双方将推进蓝色经济互利合作 3.5.2 加强在近海水产养殖、海洋运输、造船、港口和临港工业区建设、近海油气资源勘探开发、海洋环境管理、海洋防灾减灾、海洋科研、蓝色经济发展等方面的经验交流，支持中非企业开展互利合作，帮助非洲培育新的经济增长点 3.5.3 中方将与非洲国家加强海洋领域的交流与技术合作，开展能力建设，积极探讨共建海洋观测站、实验室、合作中心的可行性 3.5.4 鼓励在中非合作论坛框架内，建立海洋经济领域的部长级论坛

论坛	内容
第六届 （2016～ 2018年）	3.6 旅游 3.6.1 拓展旅游领域合作，鼓励开通更多直航航线，增加旅游领域投资，提升旅游安全和品质，扩大以技巧培训为导向的人员交流，培育非洲新的经济增长点 3.6.2 继续为各自公民赴对方国家和地区旅游提供便利，并支持对方在本国、本地区境内举办旅游推介活动 3.6.3 中方欢迎更多的非洲国家申请成为中国公民出境旅游目的地国家 3.6.4 鼓励和支持中非互设旅游办事处，鼓励和支持中国企业到非洲投资宾馆和景点建设等旅游基础设施 3.7 投资与经济合作 3.7.1 中方将扩大对非投资规模，力争到2020年中国对非直接投资存量由2014年的324亿美元达到1 000亿美元 3.7.2 继续鼓励和支持双方投资，推动商签和落实《促进和保护投资协定》，为双方投资创造良好环境，促进投资合作，切实保护投资者的合法权益 3.7.3 积极开展税务合作，商签和落实《避免双重征税协定》，解决跨境纳税人涉税争议，为中非投资和经贸往来提供有利的税收环境。中方将积极推动与非洲国家税务部门签署双边税收合作备忘录，通过技术援助和转移、人员培训等形式，支持非洲国家提高税收征管能力 3.7.4 中方将继续支持有实力的中国企业在尊重东道国市场规则和工业化进程的基础上，赴非洲国家建设和运营境外经贸合作区、经济特区和工业园区。对已经建设、运营的境外经贸合作园区，双方将继续给予支持并提供必要的服务和便利，考虑促进当地采购、就业和技术转移 3.7.5 同意为扩大相互投资创造良好环境，促进企业合作。中方将支持非方建设工业园区和经济特区，帮助非洲国家吸引投资，鼓励和支持中国企业参与园区规划、设计、建设、运营和管理，考虑促进当地采购、就业和技术转移 3.7.6 鼓励中非开展产业对接和产能建设，助力非洲工业化。鼓励和支持中方劳动密集型产业向非洲转移，开展进口替代型和出口主导型合作，加大当地就业、技术转移和人力资源开发，提高创汇能力 3.7.7 加强与国际金融机构合作，支持举办对非投资论坛和成立对非投资智库联盟，分享中国发展经验，提升对非投资合作，实现共同发展 3.8 贸易 3.8.1 扩大贸易规模，力争到2020年中非贸易规模由2014年的2 200亿美元增加到4 000亿美元，保持贸易增长率，努力实现贸易平衡 3.8.2 鼓励和支持中国企业在非洲设立物流中心，规范和提升中国输非商品质量，促进对非贸易，鼓励中国企业在非洲从事加工和制造业，加大当地就业、技术转移和人力资源开发 3.8.3 加强出入境检查、动植物检疫、食品安全、植物卫生监管合作，推动食品、农产品等进入对方市场 3.8.4 中方将实施50个促进贸易援助项目，支持非洲贸易自由化进程，将继续帮助非洲国家改善贸易和运输条件，提高非洲国家产品的附加值，促进对华产品出口 3.8.5 中方将继续帮助非洲国家加强服务贸易能力建设，加强服务外包产业人才培养，拓展服务外包领域的交流、合作和培训 3.8.6 中方将继续积极落实给予非洲同中国建交的最不发达国家大多数输华产品零关税待遇承诺，根据双边换文情况给予有关国家97%的税目输华产品零关税待遇

论坛	内容
第六届 （2016～ 2018 年）	3.8.7 中方将与非洲国家建立海关、检查和检疫标准、进出口核查认证及管理等合作机制，促进双边贸易便利化，加强打击走私、瞒骗等行为的执法合作，提高中国出口非洲产品质量 3.8.8 中方将同非洲开展电子商务等领域合作，继续帮助提高非洲出口国管理水平和能力，开发建设互联网签证系统，引入电子原产地证书，推进原产地证书的无纸化通关 3.9 金融 3.9.1 中方将向非洲国家提供 350 亿美元的优惠性质贷款及出口信贷额度，提高优惠贷款优惠度，创新融资模式，优化贷款条件，扩大贷款规模，支持中非产能合作和非洲的基础设施建设、能源资源开发、农业和制造业发展 3.9.2 中方将鼓励中国金融机构为中非在能源、矿产、农业、加工制造、航运、冶金、建材、信息通信技术、电力、铁路、公路、港口、机场等领域合作提供融资保险支持 3.9.3 中方将加强双方在本币互换和金融服务等方面的合作，鼓励双方企业在投资和贸易中使用本币结算。中方欢迎非洲国家央行投资中国银行间债券市场，将人民币纳为外汇储备 3.9.4 中方将鼓励并支持双方金融机构加强合作，包括在双方国家增设分支机构、扩大互利交流合作。鼓励和支持中非开发性金融机构间开展合作，进一步提升中非金融合作水平 3.9.5 中方将逐步为中非发展基金增资 50 亿美元，使其总规模扩至 100 亿美元 3.9.6 中方将逐步为非洲中小企业发展专项贷款增资 50 亿美元，使其总规模扩至 60 亿美元 3.9.7 中方将同非洲开发银行及次区域金融机构加强合作，优化中非发展基金、非洲共同增长基金、非洲中小企业发展专项贷款等专项资金，探讨和创新合作机制，支持非洲基础设施建设、农业和工业化进程
第七届 （2019～ 2021 年）	3. 经济合作 3.1 农业、粮食安全与食品安全 3.1.1 非方赞赏中方积极落实"中非农业现代化合作计划"。感谢自上届峰会以来中方向非洲提供紧急粮食援助，助力有关国家缓解危机、提升粮食安全水平。中方将根据非急需，继续提供粮援，非方将为上述工作提供支持和配合 3.1.2 中方支持非洲实现农业现代化，将帮助非洲推动农业升级，改善农业基础设施，提高农业产量和农产品附加值，提升粮食安全保障能力，调试农业机械适应非洲本土情况，培育有售后服务保障能力的非洲经销商，支持非洲乡镇产业发展，促进包容性增长和共同繁荣，支持非洲在 2030 年前基本实现粮食安全 3.1.3 中方将与非洲共同制订并实施中非农业现代化合作规划和行动计划，实施 50 个农业援助项目，向非洲受灾国家提供 10 亿元人民币紧急人道主义粮食援助，向非洲派遣 500 名高级农业专家，培养农民致富带头人 3.1.4 中方支持非洲增强高科技粮食生产、农产品加工等农业生产能力，帮助非洲应对粮食安全挑战以及粮食短缺问题。双方鼓励发展可持续农业和有机农业，提高食品安全与粮食安全水平、环境友好型生产技术利用能力和自然资源管理效率，利用可再生能源和节水系统，降低生产成本，提高气候变化适应力 3.1.5 双方将共同努力完善粮食安全风险管理体系并建立应急反应机制，中方愿为该机制运行提供支持。非方赞赏中方开展农业技术能力服务，实施高级农业技术人员互派项目，培养青年农业发展带头人，开展农业科研、技术培训与转让等

论坛	内容
第七届 （2019～ 2021年）	合作，支持非洲建立生产—加工—营销等农业全产业链。中方将与非方继续加强农业政策磋商、规划设计等合作，支持非洲国家实施《非洲农业综合发展计划》，包括非盟主导的食品安全项目与活动 3.1.6 中方将帮助非洲加强能力建设，通过开展专家交流向非方进行技术转移，开发新的农业研究成果，包括分子级别植物疾病检测与识别、病虫害分析、种子检测认证、生物安全级别高危物质隔离检疫等 3.1.7 共同推动中非农业领域合作机制化，建立中国—非盟农业合作委员会，定期举办中非农业合作论坛深化中非农业领域人力资源合作和农业科研机构"10+10"合作，帮助非方培养青年农业科研领军人才 3.1.8 建立中非绿色农业发展研究中心，积极推进中非农业企业、社会组织间的合作，广泛开展投资促进、技术交流、联合研究和技术推广等活动 3.1.9 中方将加强与非洲棉花生产国合作，全面提升非洲棉花产业规划、品质标准、生产加工、储运贸易能力，促进棉花价值链增值，扩大非洲在国际棉花市场份额 3.1.10 中方将加强蔗糖业领域对非合作，积极研究推动潜力大的糖产品贸易的可能性 3.1.11 双方将在农产品加工领域开展合作，增加农业企业产品区域市场出口能力，增强基层现代农业管理能力，双方将探讨家禽养殖废物处理技术合作 3.2 产业对接与产能合作 3.2.1 中非开展产业对接与产能合作互有需要、互有优势，双方愿充分发挥中方在装备、技术等方面的综合优势，对接中非双方的供给能力和经济发展需求，共同发展实体经济 3.2.2 中方鼓励政策性金融机构、开发性金融机构、中非发展基金、中非产能合作基金和非洲中小企业发展专项贷款等加大对中非产能合作的支持力度，支持非洲工业化进程 3.2.3 全面推进"一带一路"建设与非盟《2063年议程》引领下的中非产能合作，充分发挥产能合作机制作用，推动具体项目取得务实成果，充分发挥大项目合作对深化产能合作的示范效应。中国决定在华设立中国—非洲经贸博览会 3.2.4 中方将加大对非洲加工制造业、经济特区、产业园区等产业发展的支持力度，支持中国民营企业在非洲建设工业园区、开展技术转让，提升非洲国家经济多元化程度和自主发展能力 3.2.5 非洲国家将继续完善法律法规和基础设施、提供高效务实的政府服务，为吸引中国企业投资、开展产能合作创造良好条件和环境 3.3 基础设施建设 3.3.1 赞赏双方共同积极落实"中非基础设施合作计划"。双方将秉持集约发展理念，以项目经济社会效益为导向，进一步加强基础设施规划、设计、建设、运营、维护和良好治理等领域互利合作，保持非洲有关国家债务可持续性。中方支持中国企业利用先进的装备、技术、标准、服务等帮助非洲改善基础设施条件，促进互联互通 3.3.2 双方愿根据非洲跨国跨地区基础设施建设规划，在兼顾国家发展实际需求和项目经济社会效益基础上，探讨并推进非洲大陆、地区和次区域互联互通项目的建设合作。中国决定和非盟启动编制《中非基础设施合作规划》，支持中国企业以投建营一体化等模式参与非洲基础设施建设，重点加强能源、交通、信息通信、跨境水资源等合作，同非方共同实施一批互联互通重点项目

论坛	内容
第七届 （2019～ 2021年）	3.3.3 中方愿在中非区域航空合作框架下，向非洲国家供应民用支线客机，为非方培训专业航空人才，增强非洲与国际民用航空组织标准和建议措施接轨的能力，支持中国企业同非方设立合资航空公司，建设机场等配套基础设施，共同推动非洲区域航空发展 3.3.4 中方支持非洲单一航空运输市场建设。中非将在实现航空市场准入目标方面相互支持，推动实现非盟《2063年议程》旗舰项目非洲单一航空运输市场建设，支持双方空运、海运企业建立更多中非航线。双方将积极研究签署更加自由、灵活协议的可行性，增进航空市场准入合作。中方鼓励和支持有实力的中国企业投资非洲港口、机场和航空公司，非方对此表示欢迎。双方继续开展通信和遥感卫星及应用等领域合作 3.3.5 双方认识到信息通信技术对经济社会发展发挥着战略性和全局性影响，将加强主管部门交流合作，分享信息通信发展经验，共同把握数字经济发展机遇，鼓励企业在信息通信基础设施、互联网、数字经济等领域开展合作 3.3.6 双方将积极探讨和促进云计算、大数据、移动互联网等新技术应用，中方愿支持非洲国家建设"智慧城市"，提升信息通信技术在维护社会治安、反恐和打击犯罪等方面的作用，与非方共同维护信息安全 3.3.7 双方鼓励和支持各自企业合作参与非洲国家光缆骨干网、跨境互联互通、国际海缆、新一代移动通信网络、数据中心等通信基础设施建设，并在相关基础设施建设、运营、服务等方面开展互利合作 3.3.8 双方愿加强在国际电信联盟等国际组织中的合作，促进在人员培训、网络互联互通、创新中心建设等方面的协作。双方愿就信息通信技术政策和发展开展战略咨询，共同努力缩小非洲数字鸿沟，推进非洲信息社会建设 3.4 能源资源合作 3.4.1 中非将加强能源、资源领域政策对话和技术交流，对接能源、资源发展战略，开展联合研究，共同制定因地制宜、操作性强的能源发展规划。双方愿共同努力推动在非洲设立中非能源合作中心，进一步促进中非能源交流与合作 3.4.2 双方鼓励和支持中非企业按照互利共赢的原则开展能源贸易、能源项目投资、建设和运营，实施绿色金融能源示范项目，探索绿色、可持续的能源合作方式。中方将支持可再生能源，主要是太阳能在非洲的发展，支持使用蓄电池和完善电网 3.4.3 中方支持非洲能源领域能力建设，为相关国家政府主管部门、研究机构及重点企业的人员开展专业培训，切实提高非洲国家建设和管理本国能源体系的能力 3.4.4 中方愿在尊重非洲国家意愿的基础上探讨与第三方开展对非能源领域合作，发挥各自优势，为非洲能源发展提供政策建议，推动项目取得进展 3.4.5 双方愿积极考虑共同建立"中非地学合作中心"，开展国家资源可持续利用与环境问题合作研究，提高各自国家资源可持续开发与利用能力 3.5 海洋经济 3.5.1 双方认识到海洋经济领域的巨大合作潜力，将共同推进蓝色经济互利合作 3.5.2 中方将继续在国际海事组织技术合作框架下提供资金和技术援助，帮助非洲国家培养海运人才和加强能力建设，促进海运业可持续发展 3.5.3 双方将加强港口间的交流合作。中方将为非洲国家编制海岸带、海洋经济特区、港口和临港工业区建设以及海洋产业相关规划提供技术援助和支持，支持非洲国家推进港口信息化建设，加强促进蓝色经济的合作，开展投融资合作 3.5.4 双方愿积极考虑共建"中非海洋科学与蓝色经济合作中心"，继续加强在近海水产养殖、海洋运输、船舶修造、海上风电、海上信息服务、海上安全、海洋

论坛	内容
第七届 （2019 ~ 2021 年）	资源开发利用、海岛保护与管理、海洋科学研究、海洋观测、极地考察等方面合作与交流 3.5.5 双方鼓励中非航海院校和海洋科研机构加强交流合作。中方将通过技术支持、人才培训等方式提升非洲国家海洋领域能力建设 3.5.6 中方支持非方加强海上执法和海洋环境保障能力建设，为海洋资源开发与合作创造良好安全环境，通过发展蓝色经济，推动环境、社会、经济效益高的可持续发展模式 3.6 旅游 3.6.1 中方支持更多非洲国家成为中国公民组团出境旅游目的地。双方将推动实施更加便利的旅游签证政策，简化通关手续，不断提升旅游便利化水平，力争实现双向旅游交流人数稳步增加 3.6.2 双方将继续邀请对方国家参加旅游展会、举办旅游宣介会等活动，为中非旅游部门和旅游业界交流经验、洽谈业务、推介产品搭建平台 3.6.3 鼓励双方地方政府、旅游和旅游贸易企业间增进对话，加强合作，增加人员往来和游客数量，扩大双向投资，利用各种渠道加强旅游发展信息和经验交流 3.6.4 鼓励双方开展旅游及相关产业从业人员能力建设和培训交流活动，不断提升旅游服务接待水平。双方将合作改善非洲与旅游业发展相关的基础设施，包括促进赴非洲国家邮轮旅游和过境旅游的发展 3.7 投资与经济合作 3.7.1 非方赞赏中方积极落实"中非工业化合作计划"，推进中非产业对接和产能合作，合作新建或升级工业园区等经济贸易合作区所做努力，为非洲劳动人口提供有效和可持续的基础职业技能培训，助力非洲将人口红利转化为发展优势。中方将继续支持非洲经济转型，提高产业竞争力，增加就业 3.7.2 继续鼓励和支持双向投资，努力减少投资壁垒，合作商签、更新和落实双边投资协定，为双方投资创造良好环境。中方将鼓励中国企业扩大对非投资，在非洲新建和升级一批经贸合作区，推动中国企业未来 3 年对非洲投资不少于 100 亿美元，支持成立中国在非企业社会责任联盟，支持非洲为私营部门投资区域性项目协调相关政策和法律法规 3.7.3 用好中方对非合作倡议及其相关工具，用好中非发展基金、中非产能合作基金来鼓励中国企业赴非洲投资，用好对非投资论坛平台，加强发展经验交流、产能合作和投资贸易合作，分享投资政策和机会、法律法规、经济发展与合作领域等方面信息，进一步发挥对非投资智库联盟作用，为优化非洲投资环境、吸引更多双方共同感兴趣领域投资提供智力支持 3.7.4 继续开展税收领域务实合作。中方通过技术援助和人员培训等支持非洲国家提高税收征管能力，进一步商签和落实中国与非洲国家的避免双重征税协定，解决跨境纳税人涉税争议，为中非投资和经贸往来提供良好税收环境 3.8 贸易 3.8.1 非方赞赏中方积极落实"中非贸易和投资便利化合作计划"，通过支持非洲国家提高海关、税务等执法能力，升级海关设施、交通运输设施等，助力非洲推进贸易畅通。中方将继续在市场准入、人员培训、海关等方面开展对非合作 3.8.2 中方支持非洲大陆自由贸易区建设，继续同非洲有意愿的国家和地区开展自由贸易谈判，愿秉持互利、共赢、开放原则，与非方积极探讨合作可行性 3.8.3 中方支持非洲提振出口能力，决定扩大进口非洲商品特别是非资源类产品，重点关注扩大非洲含附加值农产品和工业制成品对华出口，支持地方政府和商协会组织企业赴非开展贸易促进活动，定期举办中非品牌面对面活动。中国支持非

论坛	内容
第七届 （2019～ 2021年）	洲国家参加中国国际进口博览会，免除非洲最不发达国家参展费用，欢迎非洲企业参加中国进出口商品交易会、中国国际农产品交易会等重要展会，并提供必要的优惠和便利措施 3.8.4 中方将继续积极落实给予同中国建交的非洲最不发达国家97%税目输华产品零关税待遇承诺，根据双边换文情况给予有关国家上述优惠待遇，并采取有效举措促进受惠国家享惠便利化 3.8.5 中方支持企业遵循互利共赢原则，与非方开展合作，支持金融机构在风险可控的前提下，对中方企业承揽的铁路、电信、电力等重点项目提供出口信贷及出口信用保险支持，支持设立50亿美元的自非洲进口贸易融资专项资金。双方欢迎并支持成立中非民营经济合作论坛 3.8.6 中方将积极拓展与非洲国家服务贸易合作，加强信息交流和能力建设，帮助非洲国家加强服务贸易和服务外包产业人才培养，推进相关领域的合作、交流和培训 3.8.7 继续加强市场监管及海关方面交流合作。中方将支持非洲国家海关提高管理和现代化水平，扩大与非洲国家海关的通关便利、执法和能力建设合作，打击濒危物种及其制品走私、假冒侵权、商业瞒骗等违法犯罪行为，为非洲实施50个贸易畅通项目，促进中非贸易健康顺利发展 3.8.8 中方将同非洲开展电子商务合作，建立电子商务合作机制，包括提高出口管理水平和能力，建设互联网签证系统，引入电子证书提升贸易便利化水平 3.8.9 中方将加强同非洲国家在标准和计量领域的交流与合作，支持非洲国家提升标准和计量能力建设 3.8.10 为促进互利合作，中方将继续促进非洲在华设立企业便利化，并保护非洲在华投资企业合法权益 3.9 金融 3.9.1 中方将向非洲国家提供优惠性质贷款、出口信贷及出口信用保险额度支持，适当提高优惠贷款优惠度，创新融资模式，优化贷款条件，支持中非共建"一带一路"，支持中非产能合作和非洲基础设施建设、能源资源开发、农业和制造业发展以及全产业链综合开发。中方将提供200亿美元信贷资金额度，支持设立100亿美元的中非开发性金融专项资金 3.9.2 在对非投融资合作中，中方秉持不附加政治条件、互利共赢、集约发展等原则，支持非洲走多元化、可持续发展之路，并愿为非洲国家解决债务可持续问题，提高自主发展能力，实现经济社会发展良性循环继续作出积极努力 3.9.3 非方欢迎《"一带一路"融资指导原则》。中方将同非洲开发银行等非洲地区多边开发银行加强合作，做好非洲共同增长基金的后续投资管理 3.9.4 支持双方政策性银行、开发性金融机构、商业银行、多边金融机构、股权投资基金、出口信用保险机构间加强合作，建立中非开发性金融论坛和中非金融合作银联体，为非洲国家提供形式多样的资金组合安排。双方加强合作吸引保险公司、主权财富基金等有长期投资倾向的机构投资者的投资 3.9.5 在遵循多边规则和程序的前提下，加强在亚洲基础设施投资银行、新开发银行、丝路基金、世界银行、非洲开发银行等多边开发机构框架下的合作，为促进非洲基础设施建设和可持续发展发挥积极作用 3.9.6 继续加强本币结算合作，扩大本币在双边贸易和投融资中的使用，支持非洲人民币清算行业务发展。中方欢迎非洲主权、多边机构、金融机构等在中国债券市场发行"熊猫债券"，愿为此提供便利，助力非洲市场主体融资渠道多元化，提高非方持有人民币作为储备货币的便利性

论坛	内容
第七届 （2019～ 2021年）	3.9.7 继续鼓励并支持双方金融机构在符合各自法律法规和审慎监管规则的基础上，在对方国家增设分支机构，扩大业务往来。中方金融监管部门愿继续加强与非洲各国金融监管部门合作，共同维护中非金融体系稳健运行、良性发展
第八届 （2022～ 2024年）	3. 经济合作 3.1 农业、粮食安全与食品安全 3.1.1 双方将充分发挥中非农业合作机制作用，举办第二届中非农业合作论坛，召开中国—非盟农业合作联委会第一次会议，创新合作方式，丰富合作内容，确保双方关注的农业领域合作得到有效落实 3.1.2 进一步加强粮食安全合作，充分发挥中国非盟共建"一带一路"合作工作协调机制作用，用好南南合作援助基金，聚焦非盟需求和中方优势，以粮食产后减损等为试点，帮助非洲国家在既有生产能力条件下，提高粮食供给保障能力 3.1.3 支持依托在非各类经贸合作园区，推动涵盖农产品种植、加工、销售等环节全产业链合作，共同提高非洲农产品本地化加工能力，提高农产品附加值。双方将致力于改善非洲国家的城乡联通道路、村镇级别的微型水利灌溉设施、粮食仓储和基本加工设施、可再生能源电力设施和小型农业机械化设备条件 3.1.4 中方愿继续加强与非方在渔业领域的合作和交流，在力所能及范围内继续帮助促进非洲地区渔业发展。非方将出台更加有利于中非渔业合作的政策，吸引更多中方投资合作，实现互惠互利、合作共赢 3.1.5 中国将积极扩大非洲优质特色农食产品进口，建立非洲农产品输华"绿色通道"，加快推动检疫准入程序。继续加强协作共建中非农产品电商孵化培育中心。将加强中非涉农企业对接，畅通农业贸易投资渠道，进一步扩大双方优质农产品贸易、投资品类和规模，支持中国企业在非投资建设农业产业园 3.1.6 双方将充分发挥在非已建农业技术示范中心作用，加强人员培训交流和农业技术试验示范，加速符合非洲国家农情的技术成果集成。开展菌草、杂交水稻、杂交谷子等技术开发和利用合作 3.1.7 中国与非洲开发银行签署农业合作备忘录，通过非洲开发银行平台与非洲国家交流中国农产品加工经验，为非洲农产品加工区项目提供技术支持 3.1.8 中方将向非洲国家派遣500名农业专家，开展规划制定、政策咨询、技术示范、现场教学和能力培训，支持建设农民学校，在华举办非洲乡村发展带头人等专题能力培训，助力当地乡村发展带头人培养，为非洲农业农村发展做好人才储备。中方将继续实施非洲青年农业科研领军人才培养计划，在华设立一批中非现代农业技术交流示范和培训联合中心 3.1.9 加强可持续农业、节水灌溉、粮食减损、农业气候应变等领域科技合作，建立中非种业科技创新研发平台和数字农业联合研究中心，邀请非方专家和科研人员来华接受学历学位教育和合作研究，开展农业生产技术和农产品检疫能力建设，助力非洲提高农业综合生产能力，更好地应对后疫情时期粮食安全挑战 3.1.10 支持开展市场化的对非农业投资，支持非洲国家提高农业自主发展能力，采取绿地、参股、并购、租赁等多种形式，投资粮食生产和经济作物生产项目，推动对非农业投资从农产品种植向仓储物流、生产加工和国际贸易拓展 3.1.11 非方赞赏中方向部分遭受蝗灾影响的非洲国家提供紧急粮食援助和支持，为相关国家减轻粮食安全压力，缓解人道主义危机状况。中国将继续向非洲国家提供紧急人道主义粮食援助 3.2 基础设施建设 3.2.1 非方赞赏中方在非洲基础设施发展领域的合作伙伴作用。双方注意到非洲

论坛	内容
第八届 （2022～ 2024 年）	持续存在的基础设施鸿沟，承诺在未来三年支持和推动为非洲基础设施项目提供创新、有利的中国金融支持。双方愿在可行的情况下，优先加强中非基础设施合作同非洲基础设施发展规划Ⅱ期优先行动计划（PIDA-PAPII）和总统支持基础倡议（PICI）等旗舰项目对接。双方将进一步加强基础设施规划、设计、建设、运营、维护和良好治理等领域互利合作，助力非洲持续改善基础设施条件 3.2.2 中方将继续坚持共商共建共享原则及有利和谐原则，支持中国企业利用先进的装备、技术、标准、服务等帮助非洲改善和发展基础设施条件，促进互联互通，创新融资模式。中方将为非洲援助实施 10 个设施联通项目 3.2.3 中非将积极鼓励中国企业以政府和社会资本合作（PPP）以及三方、多方合作模式在非洲实施互联互通等项目，包括集成高铁网络、非洲单一航空市场、泛非电子网络和网络安全相关项目 3.2.4 双方将在"一带一路"框架下，探讨推动绿色和可持续标准对接与互认，充分发挥"一带一路"绿色发展国际联盟作用，加强在绿色技术研发、节能建筑和节能设施方面的合作 3.2.5 中方鼓励和支持有实力的中国企业投资非洲港口、机场和航空公司，非方对此表示欢迎。支持双方空运、海运企业建立更多中非航线 3.2.6 中方鼓励中国企业同非洲伙伴开展合资合作，在基建项目执行和开发各环节更多雇用本地工人，更多使用本地材料和制成品 3.2.7 双方将进一步增加面向包括妇女在内的涉及非洲基础设施互联互通倡议领域的职业培训，包括工程项目开发管理、电站建设运营、高铁网络管理、航运、投资项目和金融管理等 3.2.8 中方支持非洲单一航空运输市场建设。双方将在实现航空市场准入目标方面相互支持，积极研究签署协议的可行性，增进航空市场准入合作 3.2.9 中非承诺以市场改革、航空技术转移、能力建设等方式，进一步加强、拓展中非民航市场，重申在非建设中非民航学院的提议，以增强与国际民用航空组织标准和建议措施接轨的能力，共同推动非洲区域航空发展 3.2.10 双方认识到信息通信技术对经济社会发展发挥着战略性和全局性影响，将加强交流合作，鼓励和支持各自企业合作参与非洲国家光缆骨干网、跨境互联互通、国际海缆、新一代移动通信网络、数据中心等通信基础设施建设，并在相关基础设施建设、运营、服务等方面开展互利合作 3.2.11 双方将深化物流领域合作，运用现代通信和信息技术，加强物流信息共享，共建非洲物流基础设施，为中非贸易提供稳定顺畅的物流服务。双方将加强信息交流与技术合作，推动中非交通基础设施标准对接和交通行业技术与管理人员职业资格的互认 3.2.12 双方认识到无线电频率和卫星轨道资源的全球协调统一有利于推动信息技术领域深度合作和产业全球化发展，将在国际电信联盟（ITU）框架下，加强推动无线电频谱管理领域的交流合作，积极就双方关切的世界无线电通信大会（WRC）议题开展立场协调 3.3 产业对接与产能合作 3.3.1 基于 2018 年提出的产业促进行动计划、2015 年提出的中非工业化合作计划、中非农业现代化合作计划，以及非方最新发布的非洲大陆自贸区协议、非盟 10 年计划框架，特别是非洲农业全面发展项目、非洲矿业愿景和加速非洲工业化发展等，中方重申致力于支持非洲包容性增长，以实现非洲 2063 年成为世界第三大经济体的愿望

论坛	内容
第八届 （2022～ 2024年）	3.3.2 充分发挥产能合作机制作用，不断完善"企业主体、市场运作、政府引导"的合作机制，对接双方经济发展需求，推动中非项目合作向集群化、规模化、产业化、本土化升级，提升非洲生产能力。中方将为非洲援助实施10个工业化和就业促进项目 3.3.3 双方将结合非洲国家自然禀赋和工业化发展水平的差异，因地制宜开展资源密集型产业（如食品、饮料、烟草、木材、建材等）、劳动密集型产业（如纺织、服装、皮革、金属制品等）、技术或资本密集型产业（如医药、化工、汽车、机械、装备制造、电子、科技等）产能合作，鼓励企业向现代服务业、新能源开发、绿色制造业、信息通信产业等新兴领域拓展 3.3.4 双方将继续支持中国企业在中高技术制造业、能源电力、数字基建和数字经济乃至航空航天等行业领域加大对非投资，帮助非洲国家积累外汇储备，促进技术转移，消除供应瓶颈，为非洲国家经济多元化创造更多机会 3.3.5 双方将继续支持在采矿业延展产业链条，扩大在冶炼、加工等产业链上下游以及电力、交通等配套基础设施的投资建设，在非洲国家开展矿产深加工项目，进行资源开发利用型合作区建设，带动当地工业化发展，将资源优势转化为经济发展优势 3.3.6 双方赞赏经贸合作区对促进产业发展的重要聚集和辐射作用，将积极扶持经贸合作区建设发展，为新建和升级非洲经贸合作区提供服务和指导。中方支持在非经贸合作区升级为中非产业链供应链合作示范区，将继续鼓励中国企业积极参与建设、运营和投资入驻非洲经贸合作区 3.3.7 双方支持加强对中小企业发展合作的政策引导和信息服务，鼓励中小企业优势互补。鼓励双方中小企业在传统制造业转型升级、区域间协调合作等方面开展交流。中方愿邀请非方组织企业参加中国国际中小企业博览会等国际展览类活动，共同推动中非中小企业间的交流与合作 3.3.8 双方同意要使中国在非企业社会责任联盟发挥更大作用，推动中国企业在社区发展、属地化经营、环境保护、节能减排和公益服务等方面积极履行社会责任。鼓励在非中国企业提高本地化水平，为当地创造更多就业岗位 3.3.9 双方支持加强国资国企改革发展交流。加强国资监管经验分享，鼓励探索和选择符合本国发展战略和国情实际的国企改革路径，推动国有企业完善治理机制、提升运营效率、更好服务经济社会高质量发展和人民美好生活需要 3.4 投资与经济合作 3.4.1 非方积极评价中国对非投资对带动非洲产业发展，支持非洲更好融入全球和区域产业链价值链发挥的重要作用。中方将继续鼓励和支持双向投资。不断完善投资合作机制，努力减少投资壁垒，合作商签和升级双边投资保护协定，为双方投资创造良好环境 3.4.2 中国未来3年将推动企业对非洲投资总额不少于100亿美元，特别在制造业、农业、绿色经济、数字经济等领域扩大投资 3.4.3 用好中方对非合作倡议及其相关工具，用好对非投资论坛平台，加强发展经验交流、产能合作和投资贸易合作，分享投资政策和机会、法律法规、经济发展与合作领域等方面信息，进一步发挥对非投资智库联盟作用，为优化非洲投资环境、吸引更多双方共同感兴趣领域投资提供智力支持 3.4.4 中方将设立"中非民间投资促进平台"，鼓励中国企业对非投资，特别是在现有和新建的自贸区、工业园、绿色工业园中投资物流和制造业，以增加非洲内部贸易和包括向中国市场出口的非洲对外贸易，为包括妇女在内的非洲青年创造大量就业

论坛	内容
第八届 （2022～ 2024 年）	3.4.5 双方将鼓励中非发展基金和中非产能合作基金支持中国企业以公私合营等方式投资非洲企业和项目 3.4.6 继续开展税收领域务实合作。中方将通过技术援助和人员培训等支持非洲国家提高税收征管能力，进一步商签和落实中国与非洲国家的避免双重征税协定，解决跨境涉税争议，为中非投资和经贸往来提供良好税收环境 3.4.7 中方将定期发布《中国企业投资非洲报告》，通过发布中非经贸数据、分析企业投资案例，总结中非投资合作经验，提出未来合作建议，引领企业加大投资非洲、支持非洲自主可持续发展 3.5 贸易 3.5.1 中国支持非洲国家通过中国国际进口博览会、中国进出口商品交易会等推介非洲产品，并将提供必要的优惠和便利措施。欢迎非方在华或以线上方式举办各类贸易促进活动，支持非洲扩大对华出口 3.5.2 双方重视发挥中非经贸博览会国家级、综合性、国际化的合作平台作用，愿考虑在博览会休会期间在非洲举办各类经贸活动。双方将进一步汇聚中非政府、地方、智库、企业、金融机构、商会协会等各方力量，共同推动中非务实合作高质量发展 3.5.3 中方将提供 100 亿美元贸易融资额度，用于支持非洲出口；在华建设中非经贸深度合作先行区和"一带一路"中非合作产业园 3.5.4 双方同意提升非洲农产品竞争力，协助小型农商快速进入正规化加工、市场和配送网络 3.5.5 中非共同研究建立电商等合作机制的可能性，积极推进贸易便利化，共同推进跨境贸易无纸化，推动非洲农产品通过电商渠道快速、便捷进入中国，促进贸易畅通 3.5.6 中方将进一步扩大同中国建交的最不发达国家输华零关税待遇的产品范围，继续同非方就促进中非贸易保持沟通，力争未来 3 年从非洲进口总额达到 3 000 亿美元 3.5.7 双方鼓励启动关于增加非洲地理标志认定的进程，以提高非洲加工和制造的产品在中国的价值 3.5.8 双方将探讨在非洲建设电商中心的可能性，促进非洲商品对华出口 3.5.9 支持发展"蓉欧非"等铁海多式联运，打造中非国际陆海物流和贸易新通道，提升双向经贸和物流合作水平 3.6 海关和市场监管 3.6.1 中国将加强同非洲国家和非盟在竞争政策以及反垄断、反不正当竞争领域的交流与合作，建立反垄断和反不正当竞争多双边交流对话机制，为实现中非高质量共同发展营造开放、公平、公正、非歧视的营商环境 3.6.2 加强在质量、长度、时间频率等计量领域的交流与合作，促进计量政策沟通和计量技术交流，并加强在国际计量组织中的相互支持与合作 3.6.3 双方愿加强在标准化领域的交流与合作，提升非洲国家标准化能力水平，发挥标准的"软联通"作用，助力中非经贸往来 3.6.4 加强在合格评定领域的信息交流，增加政策法规透明度，推动建立合格评定合作机制，增进合格评定结果互信互认，降低技术性贸易措施对中非贸易的影响 3.6.5 中方将积极为非洲国家提供动植物检疫、进出口食品安全和国境卫生检疫等方面的能力建设支持，深化动植物检疫和食品安全合作，助力大豆、牛肉、坚果、咖啡、可可、红酒等中非农食产品贸易加速发展

论坛	内容
第八届 （2022～ 2024年）	3.6.6 继续加强海关领域交流合作。中方将支持非洲国家海关提高管理和现代化水平，扩大与非洲国家海关的通关便利、执法和能力建设合作，打击假冒侵权、非法走私文化遗产和野生生物物品、商业瞒骗等违法犯罪行为，促进中非贸易健康顺利发展 3.7 数字经济 3.7.1 双方认识到信息通信技术对以减贫为目标的社会经济发展发挥着战略性和全局性的影响，将加强主管部门交流合作，分享信息通信发展经验，共同把握数字经济发展机遇，鼓励企业在信息通信基础设施、互联网、数字经济等领域开展合作 3.7.2 非方支持中方发起的《中非携手构建网络空间命运共同体倡议》，双方将制订并实施"中非数字创新伙伴计划"。积极探讨和促进云计算、大数据、人工智能、物联网、移动互联网等新技术应用领域合作。中方愿与非洲国家分享智慧城市建设经验 3.7.3 中国将为非洲援助实施10个数字经济项目，支持非洲数字基础设施建设，继续举办中非数字合作论坛和中非北斗合作论坛 3.7.4 中方将同非方合作完善中非技术转移和创新合作网络，举办中非创新合作与发展论坛，支持建设中非联合实验室、伙伴研究所和科技创新合作基地 3.7.5 中方愿加强同非洲各国政府、"智慧非洲"组织等在数字领域的沟通交流，引领非洲数字技术和中非数字合作创新发展。双方将加强在国际电信联盟、世界无线电通信大会等国际组织中的合作，促进在人员培训、网络互联互通、创新中心建设等方面的协作。双方将就信息通信技术政策和发展开展战略咨询，共同努力缩小非洲数字鸿沟，推进非洲信息社会建设 3.7.6 中方将与非洲携手拓展"丝路电商"合作，共同制订中非电商普惠发展计划，举办非洲好物网购节和旅游电商推广活动，实施非洲"百店千品上平台"行动。加强数字经济领域的政策沟通和信息交流，促进能力建设合作，针对减贫分享电商使用经验，提升中小企业发展数字经济能力，分享数字经济红利 3.8 金融 3.8.1 中方将继续向非洲国家提供优惠性质贷款等融资支持。适当提高优惠贷款优惠度，创新融资模式，支持非洲基础设施建设、能源资源开发、农业和制造业发展以及全产业链综合开发 3.8.2 中方将在遵循多边规则和程序的前提下，支持非洲国家更好利用亚洲基础设施投资银行、新开发银行、丝路基金、中非开发性金融专项资金、非洲中小企业专项贷款等资源，进一步拓宽和优化非方募集资金渠道，通过可及、可负担的贷款支持非洲中小企业发展。中方将向非洲金融机构提供100亿美元授信额度，重点支持非洲中小企业发展 3.8.3 双方肯定中非金融合作银联体在服务推动双方贸易往来、产能合作、基础设施建设等领域发挥的作用，鼓励双方金融机构、各类投资基金、多边金融机构等加强合作，加大对中非产能合作支持力度，支持非洲工业化进程，为非洲提供形式多样的资金组合安排。双方呼吁更多保险公司、主权财富基金等有长期投资倾向的机构投资者加大关注中非合作项目 3.8.4 中方将深化与非洲开发银行、非洲进出口银行、东南非贸易与开发银行、西非开发银行等区域和次区域开发性金融机构的合作，用好非洲共同增长基金（AGTF）等联合融资基金，支持基础设施建设、农业发展、产能合作等领域项目 3.8.5 中方欢迎符合条件的非洲主权/多边机构、金融机构等在中国债券市场发行熊猫债券，助力非洲市场主体融资渠道多元化，提高非方持有人民币作为储备货币的便利性

论坛	内容
第八届 （2022～ 2024年）	3.8.6 双方支持非洲人民币离岸业务发展，推动在非洲的中资银行为当地投资者提供债券托管服务，支持中资商业银行充分发挥在非洲地区人民币清算行作用，满足日益增长的中非贸易及投资往来对人民币使用需求。中方将设立中非跨境人民币中心，欢迎非洲国家及金融机构来华发行人民币债券 3.8.7 继续鼓励并支持双方金融机构在符合各自法律法规和审慎监管规则的基础上，通过投资、合资等方式加强互利合作，提供多元化和普惠金融服务。完善中非双方金融机构和金融服务的网络化布局，促进双方贸易投资便利化 3.8.8 非方赞赏中方通过全面落实二十国集团缓债倡议等方式，为帮助非洲国家应对债务脆弱性问题作出的积极贡献。中方将按照二十国集团共识，做好债务处理相关工作，对确有困难的非洲国家提供支持。中非敦促其他双边官方债权人、商业债权人和多边开发银行同样采取切实行动 3.8.9 中方鼓励中国金融机构按市场化原则向非洲国家自主提供新增融资。中方愿从国际货币基金组织增发的特别提款权中拿出100亿美元转借给非洲国家。中方呼吁IMF和世界银行因应新形势，以更适合非洲国家实际的方式，改革贷款审批流程，支持非洲国家更高效地获取发展资金 3.8.10 中方将继续加强同非洲各国金融监管部门在印钞造币、反洗钱和反恐融资等领域的合作，共同维护中非金融体系稳健运行、良性发展 3.8.11 中方赞赏非洲开发银行成为非盟《2063年议程》的主要融资和落实机构，以及非洲各国政策协调的重要平台，欢迎非洲开发银行等国际金融机构积极利用"多边开发融资合作中心（MCDF）"平台促进信息分享、支持项目前期准备和加强能力建设。中方推动中国—IMF联合能力建设中心和IMF非洲技援中心在对非技术援助中发挥更大作用

资料来源：中非合作论坛网站。

附表2　　　　　　　　　　　　非洲国家和区域

区域	国家
中部非洲	布隆迪、喀麦隆、中非、乍得、刚果（布）、刚果（金）、赤道几内亚、加蓬、圣多美和普林西比
东部非洲	科摩罗、吉布提、厄立特里亚、埃塞俄比亚、肯尼亚、马达加斯加、毛里求斯、卢旺达、塞舌尔、索马里、南苏丹、苏丹、坦桑尼亚、乌干达
北部非洲	阿尔及利亚、埃及、利比亚、毛里塔尼亚、摩洛哥、撒哈拉、突尼斯
南部非洲	安哥拉、博茨瓦纳、斯威士兰、莱索托、马拉维、莫桑比克、纳米比亚、南非、津巴布韦、赞比亚
西部非洲	贝宁、布基纳法索、佛得角、科特迪瓦、冈比亚、加纳、几内亚、几内亚比绍、利比里亚、马里、尼日尔、尼日利亚、塞内加尔、塞拉利昂、多哥

资料来源：非洲联盟网站。

参 考 文 献

[1] 彼得·罗布森. 国际一体化经济学 [M]. 上海：上海译文出版社，2001.

[2] 蔡礼辉，曹小衡，王珊珊. 两岸参与全球价值链分工的地位，模式与依赖关系 [J]. 亚太经济，2019 (6)：135 – 143.

[3] 陈雯，卢超铭. 新区域主义下中国—东盟自由贸易区的非传统收益分析 [J]. 国际贸易问题，2009 (11)：47 – 52.

[4] 陈兆源. 中国自由贸易协定的伙伴选择——基于外交战略的实证分析 [J]. 世界经济与政治，2019 (7)：131 – 153.

[5] 程大中，姜彬，魏如青. 全球价值链分工与自贸区发展：内在机制及对中国的启示 [J]. 学术月刊，2017 (5)：48 – 58

[6] 戴翔，宋婕. 中国 OFDI 的全球价值链构建效应及其空间外溢 [J]. 财经研究，2020 (5)：125 – 139.

[7] 东艳，冯维江，邱薇. 深度一体化：中国自由贸易区战略的新趋势 [J]. 中国投资，2009 (4)：111 – 136.

[8] 高敬峰，王彬. 数字技术提升了中国全球价值链地位吗 [J]. 国际经贸探索，2020 (11)：35 – 51.

[9] 郭建军. 南非"黑人经济振兴法案"及其对中国的启示 [J]. 人民论坛：中旬刊，2015 (7)：241 – 243.

[10] 韩晶，孙雅雯. 借助"一带一路"倡议构建中国主导的"双环流全球价值链"战略研究 [J]. 理论学刊，2018 (4)：33 – 39.

［11］韩秀丽．中非双边投资条约：现状与前景［J］．厦门大学学报：哲学社会科学版，2015（3）：48－57．

［12］郝晓，王林彬，孙慧，等．基础设施如何影响全球价值链分工地位——以"一带一路"沿线国家为例［J］．国际经贸探索，2021（4）：19－33．

［13］贺鉴、杨常雨．中国—非洲自贸区构建中的法律问题［J］．国际问题研究，2021（2）：88－101．

［14］贺文萍．"新殖民主义论"是对中非关系的诋毁［J］．学习月刊，2007（5）：46－47．

［15］黄灿，林桂军．全球价值链分工地位的影响因素研究：基于发展中国家的视角［J］．国际商务：对外经济贸易大学学报，2017（2）：5－15．

［16］黄梅波，段秋韵．"数字丝路"背景下的中非电子商务合作［J］．西亚非洲，2021（1）：48－72．

［17］黄梅波，胡佳生．非洲自贸区的建设水平评估及其面临的挑战［J］．南开学报：哲学社会科学版，2021（3）：33－46．

［18］黄鹏，汪建新．对中国潜在自贸区伙伴的选择战略研究［J］．国际贸易，2009（10）：18－21．

［19］黄伟荣．中国—东盟自由贸易区升级版研究——贸易效应与发展前景［D］．对外经济贸易大学，2019．

［20］黄先海，余骁．以"一带一路"建设重塑全球价值链［J］．经济学家，2017（3）：32－39．

［21］霍伟东，陈若愚，林帆．论全球价值链分工下中国外贸之供给侧改革［J］．国际贸易，2018：27－31．

［22］计飞．中非自由贸易区建设：机遇，挑战与路径分析［J］．上海对外经贸大学学报，2020（4）：44－55．

［23］简军波．21世纪欧盟的非洲经贸政策：一项平等化方案？［J］．欧洲研究，2022，40（4）：85－105．

［24］蒋成华. GATT 第 24 条关于关税同盟和自由贸易区的实体外部标准解读［J］. 上海对外经贸大学学报，2011（1）：5－14.

［25］金晓彤，金建恺. 非洲大陆自贸区成立背景下推进中非自贸区建设的建议［J］. 经济纵横，2021（11）：61－67.

［26］蓝庆新，姜峰."一带一路"与以中国为核心的国际价值链体系构建［J］. 人文杂志，2016（5）：29－34.

［27］黎峰. 全球价值链下的出口产品结构与贸易收益——基于增加值视角［J］. 世界经济研究，2016（3）：86－96.

［28］李安山. 中非合作的基础：民间交往的历史，成就与特点［J］. 西亚非洲，2015（3）：51－73.

［29］李春顶，郭志芳，何传添. 中国大型区域贸易协定谈判的潜在经济影响［J］. 经济研究，2018，53（5）：132－145.

［30］李董林，张应武. 中国与"一带一路"沿线国家的 FTA 选择研究［J］. 东南亚纵横，2016（2）：58－65.

［31］李西霞. 建立以自由贸易协定机制为支撑的"一带一路"长效合作机制［J］. 河北法学，2020，38（1）：138－149.

［32］李霞，涂涛涛，雷泽奎. 中非贸易自由化的要素收入分配效应解析［J］. 统计与决策，2020（14）：112－115.

［33］李秀娥，孔庆峰. 中国与南部非洲关税同盟建立自由贸易区的经济效应——基于 GTAP 的模拟分析［J］. 商业经济与管理，2013（7）：65－72.

［34］李雪平."一带一路"的合作机制：法律缺陷、复杂挑战与应对策略［J］. 理论月刊，2017（1）：5－9.

［35］李岩. 非洲国家多语言共生图景揭秘——以贝宁为例［J］. 世界知识，2021（2）：68－70.

［36］李艳秀，毛艳华. 区域贸易协定深度与价值链贸易关系研究［J］. 世界经济研究，2018（12）：25－36.

［37］李艳秀. 区域贸易协定规则特点、深度与价值链贸易关系研

究［J］. 经济学家, 2018 (7): 71-78.

［38］李玉举. 发展中国家参与区域经济一体化: 兼论中国的战略选择和安排［M］. 北京: 中国市场出版, 2008.

［39］梁双陆, 程小军. 国际区域经济一体化理论综述［J］. 经济问题探索, 2007 (1): 40-46.

［40］林松添. 积极开创新时代民间外交工作新局面［J］. 国际问题研究, 2022 (1): 23-30.

［41］刘桓. 双循环格局下中非合作面临的障碍及政策建议［J］. 中国投资 (中英文), 2021 (23): 82-84.

［42］刘力, 宋少华. 发展中国家经济一体化新论［M］. 北京: 中国财政经济出版社, 2002.

［43］刘亮, 刘军, 李廉水, 等. 智能化发展能促进中国全球价值链攀升吗?［J］. 科学学研究, 2021 (4): 604-613.

［44］刘岩. 中国潜在自贸区伙伴的选择战略: 基于贸易效应的局部均衡分析［J］. 国际商务: 对外经济贸易大学学报, 2013 (4): 15-26.

［45］刘宇. 全球贸易分析模型: 理论与实践 (第2版)［M］. 北京: 社会科学文献出版社, 2021.

［46］卢凌宇, 古宝密. 怀璧其罪: 中国在非洲推行"债务陷阱式外交"?［J］. 西亚非洲, 2020 (1): 27-46.

［47］卢晓菲, 章韬. 全球价值链贸易对区域贸易协定发展的影响研究［J］. 世界经济研究, 2020 (4): 46-59.

［48］吕越, 李小萌, 吕云龙. 全球价值链中的制造业服务化与企业全要素生产率［J］. 南开经济研究, 2017 (3): 88-110.

［49］吕越, 毛诗丝, 尉亚宁. FTA深度与全球价值链网络发展——基于增加值贸易视角的测度与分析［J］. 世界经济与政治论坛, 2022 (1): 96-125.

［50］马汉智. 非洲大陆自贸区建设与中非合作［J］. 国际问题研究, 2021 (5): 118-137.

［51］马学礼．重塑规则还是整合地缘：亚太经济深度一体化的模式之争［J］．东南亚研究，2015（5）：54－62.

［52］马盈盈．服务贸易自由化与全球价值链：参与度及分工地位［J］．国际贸易问题，2019：113－127.

［53］倪月菊，中国—东盟自由贸易区：历程、成效、问题及发展建议［Z］．中国与周边国家关系发展报告，北京：社会科学出版社，2021.

［54］牛志伟，邹昭晞，卫平东．全球价值链的发展变化与中国产业国内国际双循环战略选择［J］．改革，2020（12）：28－47.

［55］潘怡辰，袁波，王清晨．《中国自由贸易区建设20周年暨RCEP实施进展报告》解读［J］．中国投资，2022（12）：12－18.

［56］彭冬冬，林珏．"一带一路"沿线自由贸易协定深度提升是否促进了区域价值链合作？［J］．财经研究，2021（2）：109－123.

［57］彭水军，曾勇．FTA深度一体化对贸易增加值的影响——基于中国签订贸易协定的实证研究［J］．厦门大学学报：哲学社会科学版，2022（4）：27－41.

［58］朴英姬．非洲大陆自由贸易区建设的制约因素与策略要点［J］．学术探索，2022（4）：64－74.

［59］朴英姬．非洲大陆自由贸易区：进展，效应与推进路径［J］．西亚非洲，2020（3）：90－116.

［60］全毅．全球区域经济一体化发展趋势及中国的对策［J］．经济学家，2015（1）：90－104.

［61］佘群芝，贾净雪．中国出口增加值的国别结构及依赖关系研究［J］．财贸经济，2015（8）：91－103.

［62］沈晓雷．论中非合作论坛的起源，发展与贡献［J］．太平洋学报，2020，28（3）：80－93.

［63］盛斌，陈帅．全球价值链如何改变了贸易政策：对产业升级的影响和启示［J］．国际经济评论，2015（1）：85－97.

［64］盛斌，魏方．新中国对外贸易发展70年：回顾与展望［J］．

财贸经济，2019（10）：34 – 49.

[65] 舒运国.非洲经济一体化五十年 [J].西亚非洲，2013（1）：85 – 101.

[66] 宋微.开启中非发展合作的新篇章 [N].光明日报，2023.http：//www.china.com.cn/opinion/think/2023 – 01/12/content_85055657.htm.

[67] 苏珊珊.冷战后"中国威胁论"的历史演变 [J].社会主义研究，2019（2）：140 – 147.

[68] 谈毅.国际区域经济合作 [M].西安：西安交通大学出版社，2008.

[69] 唐丽霞，赵文杰.投资非洲要重视劳工权益保护 [J].中国投资（中英文），2020（17）：241 – 243.

[70] 王江杭，马淑琴，李敏.基于"一带一路"沿线中心节点的自由贸易区网络构建 [J].中国流通经济，2021（7）：64 – 74.

[71] 王进杰.2022 年的非洲：经济有危有机，发展趋势向好 [N].光明日报，https：//m.gmw.cn/baijia/2023 – 01/03/36273908.html.

[72] 王学军.20 世纪 90 年代以来非洲政党政治发展与政党现代化——兼论政党因素对非洲国家治理的影响 [J].西亚非洲 2021（3）：28 – 53.

[73] 王振国，张亚斌，单敬，等.中国嵌入全球价值链位置及变动研究 [J].数量经济技术经济研究，2019（10）：77 – 95.

[74] 王直，魏尚进，祝坤福.总贸易核算法：官方贸易统计与全球价值链的度量 [J].中国社会科学，2015（9）：108 – 127.

[75] 梶茂树，徐微洁.非洲的语言与社会 [J].非洲研究，2016（2）：192 – 211.

[76] 席艳乐.区域经济一体化的非传统收益：理论、评述及启示 [J].中南财经政法大学研究生学报，2006（5）：105 – 110.

[77] 徐姗，李容柔.全球价值链地位的测度：方法评述及研究展

望 [J]. 科技管理研究, 2020 (8): 72 - 82.

[78] 许培源, 罗琴秀. "一带一路" 自由贸易区网络构建及其经济效应模拟 [J]. 国际经贸探索, 2020 (12): 4 - 19.

[79] 许亚云, 岳文, 韩剑. 高水平区域贸易协定对价值链贸易的影响——基于规则文本深度的研究 [J]. 国际贸易问题, 2020 (12): 81 - 99.

[80] 杨勇. 国际区域经济一体化与中国对外贸易——基于贸易效应与生产效应的研究 [M]. 北京: 人民出版社, 2011.

[81] 姚桂梅. 非洲大陆自贸区与中非经贸合作: 影响与对策 [J]. 当代世界, 2021 (3): 59 - 64.

[82] 余淼杰, 高恺琳. 中国—东盟自由贸易区的经济影响和减贫效应 [J]. 国际经济评论, 2018 (4): 104 - 125.

[83] 余心玎, 杨军, 王茸, 等. 全球价值链背景下中间品贸易政策的选择 [J]. 世界经济研究, 2016 (12): 47 - 59.

[84] 岳文, 韩剑. 我国高标准自由贸易区建设: 动因, 现状及路径 [J]. 经济学家, 2021 (7): 92 - 100.

[85] 张发林. 化解 "一带一路" 威胁论: 国际议程设置分析 [J]. 南开学报: 哲学社会科学版, 2019 (1): 146 - 155.

[86] 张辉. 全球价值双环流架构下的 "一带一路" 战略 [J]. 经济科学, 2015: 5 - 7.

[87] 张恪渝, 周玲玲. RCEP 对中国经济及其区域内部的影响分析 [J]. 国际贸易问题, 2021 (11): 37 - 53.

[88] 张小虎, 曹磊. 非洲大陆自贸区服务贸易协定解读 [J]. 中国投资 (中英文), 2022 (13): 46 - 47.

[89] 赵金龙, 王斌. 我国 FTA 战略的路径选择与影响因素研究——基于二元响应模型的分析 [J]. 世界经济研究, 2015 (11): 40 - 49.

[90] 赵金龙, 王斌. 我国 "一带一路" FTA 战略的路径选择研究 [J]. 世界经济研究, 2016 (12): 106 - 117.

［91］朱伟东，王婷．非洲区域经济组织成员身份重叠现象与消解路径［J］．西亚非洲，2020（1）：96-117．

［92］朱伟东．中非双边投资条约存在的问题及完善［J］．非洲研究，2015（1）：149-168．

［93］AfDB，OECD，UNDP. Global value chains in Africa：Potential and evidence［R］. African Economic Outlook，2014.

［94］Ajibo C C. African Continental Free Trade Area Agreement：The Euphoria，Pitfalls and Prospects［J］. Journal of World Trade，2019，53（5）：871-894.

［95］Antràs S P，Staiger R W. Offshoring and the Role of Trade Agreements［J］. American Economic Review，2012，102（7）：3140-3183

［96］Armington，P S. A theory of demand for products distinguished by place of production［J］. International Monetary Fund Staff Papers，1969，16（1）：159-178.

［97］Baier S L，Bergstrand J H. Economic Determinants of Free Trade Agreements［J］. Journal of International Economics，2004，64（1）：29-63.

［98］Balassa B. The theory of economic integration［M］，Homewood，Irwin，1961.

［99］Baldwin R. The Causes of Regionalism［J］. The World Economy，1997，20（7）：865-888.

［100］Dür A，Baccini L，Elsig M. The Design of International Trade Agreements：Introducing a New Dataset［J］. Review of International Organizations，2014，9（3）：353-375.

［101］Drysdal P. Japan，Australia，New Zealand：the prospect for western pacific economic integration［J］. Economic Record，1969，45（3）：321-342.

［102］Egger P，Larch M M. Interdependent preferential trade agreement memberships：An empirical analysis［J］. Journal of International Economics，2008（76）：384-399.

[103] Endoh M. Quality of Governance and the Formation of Preferential Trade Agreements [J]. Review of International Economics, 2006, 14 (5): 758 – 772.

[104] Fernández R, Portes J. Returns to Regionalism: An Analysis of Nontraditional Gains from Regional Trade Agreements [J]. The World Bank Economic Review, 1998, 12 (2): 197 – 220.

[105] Foster-McGregor N, Kaulich F, Stehrer R. Global Value Chains in Africa [Z]. UNU-MERIT Working Papers, 2015: 1 – 90.

[106] Gereffi G. Global production systems and third world development [M]. Cambridge: Cambridge University Press, 2001: 94 – 98.

[107] Grossman G M, Helpman E. Protection For Sale [R]. National Bureau of Economic Research Working Paper Series No. 4149, 1994.

[108] Hofmann C, Osnago A, Ruta M. Horizontal depth: a new database on the content of preferential trade agreements [J]. Policy Research Working Paper Series, 2017.

[109] Horn H, Mavroidis P C and Sapir A. Beyond the WTO? An anatomy of EU and US preferential trade Agreements, The world Economy, 2010, 33 (11): 1565 – 1588.

[110] Hummels D, Ishii J, Yi K M. The nature and growth of vertical specialization in world trade [J]. Journal of International Economics, 2001, 54 (1): 75 – 96.

[111] Ismai F A. Advancing Regional Integration in Africa through the Continental Free Trade Area (CFTA) [J]. Law and Development Review, 2017, 10 (1): 119 – 146.

[112] Jayathilaka R, Keembiyahetti N. FTA Negotiations in Asia-Pacific Region: An Empirical Study on the Determinants FTA among the Bilateral Trading Partners [J]. The Journal of The Korean Economy, 2009, 10 (1): 93 – 125.

[113] Kim S Y. Deep Integration and Regional Trade agreements, In: Martin, Lisa L (eds), Oxford Handbook of the political Economy of International trade, Oxford University Press, 2015: 360 - 379.

[114] Koopman R, Wang Z, Wei S. Tracing value-added and double counting in gross exports [J]. American Economic Review, 2014, 104 (2): 459 - 494.

[115] Krugman P. Chapter 24 Increasing returns, imperfect competition and the positive theory of international trade [J]. Handbook of International Economics, 1995, 3 (1475): 1243 - 1277.

[116] Krugman P. Geography and Trade [M]. Leuven and Cambridge, MA: MIT Press, 1992.

[117] Laget E, Osnago A, Rocha N et al. Deep Trade Agreements and Global Value Chains [J]. Review of Industrial Organization, 2020, 57 (2): 379 - 410.

[118] Lany S A. The Role of Trade Policies in Building Regional Value Chains: Some Preliminary Evidence From Africa [J]. South African Journal of Economics, 2019.

[119] Lawrence R Z. Regionalism, Multilateralism and Deeper Integration [J]. George Washington Journal of International Law & Economics, 1996, 73 (4): 792 - 811.

[120] Limao N. Preferential Trade Agreements [M]. In Handbook of Commercial Policy, Vol. 1B, edited by K. Bagwell and R. Staiger, Amsterdam: North Holland, 2016: 279 - 367.

[121] Lloyd P J. Measures to Enhance Deep Integration Between Australia and Malaysia [R]. The Australian APEC studies centre conference on an Australia/Malaysia Free trade Agreement, 2005.

[122] Low P. The role of services in global value chains [Z]. In Global value chains in a changing world. Geneva: World Trade Organization, 2013:

61 - 81.

[123] Milner C, Morrissey O, Zgovu E. Designing economic partnership agreements to promote intra-regional trade in ACP countries [J]. South African Journal of Economics, 2011, 79 (4): 376 - 391.

[124] Márquez-Ramos L, Márquez-Zarzoso I, Celetino Suárcz-Burguet C. Determinants of Deep Integration: Examining Socio-political Factors [J]. Open Econ Rev, 2011, 22 (3): 479 - 500.

[125] Ndonga D, Laryea E, Chaponda M. Assessing the Potential Impact of the African Continental Free Trade Area on Least Developed Countries: A Case Study of Malawi [J]. Journal of Southern African Studies, 2020: 1 - 20.

[126] Orefice G, Rocha N. Deep Integration and Production Networks: An Empirical Analysis [J]. World Economy, 2014, 37 (1): 106 - 136.

[127] Porter M E. Competitive advantage, creating and sustaining superior performance [M]. New York: The free Press, 1985.

[128] Schiff M, Winters A. Regional Integration as Diplomacy [J]. The World Bank Economic Review, 1998 (12): 272 - 295.

[129] Tinbergen J. International Economic Integration [M]. Amsterdam: Elsevier Publishing Co., 1954.

[130] UNCTAD. Economic development in Africa report 2013: Intra-African Trade: Unlocking Private Sector Dynamism [R]. United Nations Conference on Trade and development, 2013.

[131] UNCTAD. Economic Development in Africa Report 2009 [R]. https: // unctad. org/system/files/official-document/aldcafrica2009_en. pdf.

[132] UNECA. Economic Report on Africa 2015: Industrializing through Trade [R]. New York: United Nations, 2015.

[133] Vinaye A, Rajiv N. Mauritius' Free Trade Agreement with China: Lessons and Implications for Africa [R]. Policy Insights 127. 2022. https: // saiia. org. za/wp-con tent/uploads/2022/05/Policy-Insights - 127 - ancharaz-

nathoo. pdf.

[134] Viner J. The custom unions issue [M]. New York: Carnegie Endowment for World Peace, 1950.

[135] Wang Z, Wei S J, Zhu K. Quantifying International Production Sharing at the Bilateral and Sector Levels [Z]. NBER Working Paper, 2013.

[136] Woolfrey S, Bilal S. The impact of Economic Partnership Agreements on the development of African value chains: Case studies of the Kenyan dairy value chain and Namibian fisheries and horticulture value chains [R]. ECDPM Discussion Paper 213, 2017: 1 – 30.

[137] World Bank. Factory Southern Africa? SACU in global value chains-summary report [R]. Washington, DC: World Bank Group, 2015.

[138] WTO, World Trade Report 2011: The WTO and preferential trade agreements: From co-existence to coherence [R]. Geneva: World Trade Organization, 2011.